주님, 깊은 우물 속에서는 낮에도 별들이 보이니,

우물이 깊을수록 주님의 별들은 더 밝게 빛납니다.

나로 하여금 나의 어둠에서 주님의 빛을,

　　　나의 죽음에서 주님의 생명을,

　　　나의 슬픔에서 주님의 기쁨을,

　　　나의 죄에서 주님의 은혜를,

　　　나의 가난에서 주님의 부요를,

　　　나의 골짜기에서 주님의 영광을 발견하게 하소서.

청교도 신앙과 신학이 빚어낸 깊은 '기도의 골짜기'를 탐색하는 데 이 책보다 더 요긴한 자료는 없다. 삼위 하나님과의 내밀한 교제 속에 잠긴 영혼의 환희와 찬미와 외침이, 청교도 신학의 정교함과 경건의 특출한 열심과 어울려 감미로운 기도의 선율을 자아낸다. 정제된 기도의 언어에 복음의 진리에 대한 탁월한 이해와 확신, 그들의 심령을 사로잡은 갈망과 추구와 비전과 목마름이 고스란히 묻어 나온다. 『기도의 골짜기』는 대표적인 청교도들의 영감 어린 기도를 주제별로 엮어 개인 기도와 묵상뿐 아니라 공적 기도를 위한 소중한 자료를 제공한다. 우리 안에서 솟구쳐 오르는 외침과 간구가 적절한 언어를 찾지 못해 답답할 때, 이 책에 담긴 기도들이 그 분출구가 될 것이다. 또한 그들의 기도를 낭송할 때 마치 시편을 읽는 것처럼, 영적 순례길에서 지친 우리 영혼이 새로운 활력을 얻게 될 것이다.

박영돈 고려신학대학원 교의학 교수

제자 중 하나가 주님께 "우리에게도 기도를 가르쳐 주옵소서"(눅 11:1)라고 요청했던 것과 같이 오늘 조국 교회도 기도를 제대로 배우는 일이 필요하다. 『기도의 골짜기』는 시대에 큰 영향을 미쳤던 인물들인 토머스 왓슨, 리처드 백스터, 존 버니언, 아이작 왓츠, 오거스터스 탑레이디, 데이비드 브레이너드 등의 기도문들을 엮은 책으로, 기도를 배우는 데 매우 적합하다. 이 책이 기도에 좋은 모범과 지침을 제공하여 조국 교회의 기도와 경건의 부흥에 귀한 역할을 할 것이라고 확신한다.   화종부 남서울교회 담임목사

언어는 생각의 집이다. 사람이 사용하는 언어가 그 사람의 생각을 결정하고 삶을 규정한다. 하나님 앞에서 기도하고 찬양할 때 사용하는 언어는 더욱 중요하다. 요즈음 찬양과 기도의 언어가 너무도 가볍고 얕고 하찮아졌다. 자기중심적이고 감상적이다. 이 기도서를 펼쳐서 한 편씩 정성 들여 읽고 그것을 당신의 기도로 삼으라. 하나님께 대한 당신의 언어가 바뀔 것이고, 그로 인해 당신의 삶이 바뀔 것이다.   김영봉 와싱톤사귐의교회 담임목사

기도는 고백이고, 시이고, 찬송이고, 갈망이며, 숨길 수 없는 내면의 진솔한 표현이다. 탁월한 신앙의 여정을 걸어간 이들의 기도문은 들여다볼 충분한 가치가 있다. 『기도의 골짜기』를 읽다 보면 이전에 알지 못했던 내밀한 세계가 보인다. 기도의 커튼을 열어 갈수록 진한 감동과 오래 간직하며 암송하고 싶은 열망이 일어난다. 한꺼번에 읽어 내려가기보다는 곁에 두고 조금씩 묵상하며 고요히 기도문을 따라가라. 믿음을 배워 가는 축복을 이 책에서 얻게 될 것이다.   이규현 수영로교회 담임목사

『기도의 골짜기』는 우리의 기도를 지도하고 이끄는 데 도움을 주는 값진 청교도 기도집이다. 오랜 세월에 걸쳐 검증되고 깊이 숙성된 기도를 올리는 일을 좀처럼 찾아볼 수 없는 우리 시대에, 이 책은 매우 유익한 도움을 줄 것이다.   팀 켈러

『기도의 골짜기』에 수록된 기도들이 우리의 예배에 얼마나 자주 나타나는지 진실로 놀라운 일이 아닐 수 없다. 이 책은 청교도들의 기도 모음집으로서 사유적이고, 사색적이며, 묵상적이다. 또한 운율적이기까지 한데, 이는 여러 사람이 함께 사용할 수 있도록 하기 위함이다. 그러나 이 기도들은 무엇보다 하나님과 깊이 교감하는 마음으로부터 나왔다.

존 파이퍼

『기도의 골짜기』는 독자들에게 기도의 모범을 가르치는 책이다. 이 책의 기도들은 온전히 성경으로 둘러싸여 있지만 결코 형식적인 문구의 나열이 아니다. 신학적으로 새롭고 활력이 넘치지만 또한 신앙고백에 바탕을 두고 있다. 이 기도들은 기독교 신앙의 광범위한 체험과 경건을 다루고 있지만 결코 난해하지도 으스대지도 않는다. 또한 깊은 감정과 꾸밈없는 열정이 넘치지만 단순한 감상주의를 주의 깊게 피해 간다.

D. A. 카슨

나는 이십여 년 전에 처음으로 『기도의 골짜기』를 접하고서 이내 애독자가 되었다. 이 기도서는 하나님께 드리는 찬양을 모아 놓은 찬양집으로, 나의 연약한 혀로 말할 수 있는 것보다 훨씬 장엄한 언어로 표현되어 있다. 이 기도서로 인해 하나님과 함께한 나의 걸음이 더욱 풍성해졌으며, 기도의 삶 또한 새로운 단계로 나아가게 되었다.　　　　존 맥아더

『기도의 골짜기』는 아무리 칭찬해도 지나침이 없다. 이 책은 청교도들의 기도를 한데 묶어 편집한 것으로서, 나는 날마다 이 기도들 가운데 한 편을 처음부터 끝까지 읽으며 기도한다. 어떤 때는 이 기도들이 너무도 의미 깊고 적절해서 한 기도를 며칠씩이나 되풀이하기도 한다. 이 기도서는 우리 개인 기도의 모자란 부분을 보완하는 놀라운 도구이다. 진실로, 이 책은 기도하는 법을 가르치고 동시에 신학적 진리 또한 가르친다. 이 책으로 인해 유익을 얻지 못할 그리스도인이 과연 한 사람이라도 있을 것인가.　　　　그레고리 빌

기도와 묵상을 목적으로 이 책을 천천히 넘겨 가며 읽을 때, 성령께서 빈번히 나의 메마른 가슴에 불을 붙여 주셨다.

마크 데버

『기도의 골짜기』는 청교도들의 기도를 모아 놓은 놀라운 책으로, 우리 각 사람이 경건을 형성하고 이루어 가는 데 도움이 된다. 특히 목회자들이 회중을 이끌어 기도와 하나님의 임재로 들어가게 하고자 할 때 더더욱 큰 도움이 된다.

칼 트루먼

기도의 골짜기

The Valley of Vision

A Collection of Puritan Prayers and Devotions

Edited by

Arthur Bennett

The
Valley
of
Vision

위대한 청교도의 샘에서 길어 낸
기도 모음집

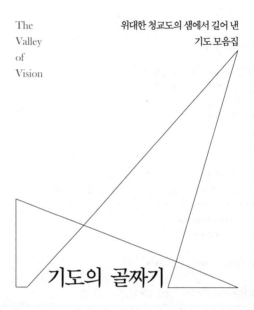

기도의 골짜기

아서 베넷 편저
김동완 옮김

복 있는 사람

기도의 골짜기

2018년 5월 30일 초판 1쇄 발행
2024년 2월 28일 초판 5쇄 발행

지은이 아서 베넷
옮긴이 김동완
펴낸이 박종현

(주) 복 있는 사람
주소 서울특별시 마포구 연남동 246-21(성미산로23길 26-6)
전화 02-723-7183, 7734(영업·마케팅) 팩스 02-723-7184
이메일 hismessage@naver.com
등록 1998년 1월 19일 제1-2280호

ISBN 979-11-7083-114-3 03230

이 도서의 국립중앙도서관 출판예정도서목록(CIP)은
서지정보유통지원시스템 홈페이지(http://seoji.nl.go.kr)와 국가자료공동목록시스템(http://
www.nl.go.kr/kolisnet)에서 이용하실 수 있습니다. (CIP 제어번호: 2018015104)

The Valley of Vision

by Arthur Bennett

그리스도 안에서 십 년 동안 우정을 나눈
웨어 열방 기독교 대학의 동료와 학생들에게

차례 ———

서문

이 책에 있는 기도들은 청교도들의 영적인 훈련과 묵상과 열망이라는, 대부분 잊혀진 신앙 유산의 저장고에서 찾아낸 것이다. 이 기도들은 기독교 신앙 역사의 한 중요한 흐름에 생명과도 같은 경건을 불어넣은 복음적인 사고 및 언어의 풍요로움과 다양성을 입증한다. 이 기도들이 출간됨으로써 이처럼 광대한 청교도 영성의 바다에 대한 무관심이 개선되기를 기대한다.

청교도 운동은 16-17세기에 있었던 한 종교적 사건이지만, 그 영향력은 적어도 위대한 마지막 청교도라 불리는 찰스 해던 스펄전의 시대까지 지속되었다. 그 운동의 정치적 격랑은 1660년에 끝났지만, 그 신학적 여파는 특별히 가족 예배와 개인 경건이라는 실천 신앙의 독특한 형태들을 수십 년 동안 촉진시켰다. 이러한 영역에서 그리고 전 삶을 지배하는 성경적 권위라는 영역에서, 뉴잉글랜드 장로

교인들 및 회중교회 신자들은 영국 분리주의자들 및 성공회 복음주의자들과 예배, 규약, 조직의 차이를 초월하는 긴밀한 견해의 일치를 보였다. 그들은 동일한 영적인 언어를 사용했고, 동일한 가치 기준을 공유했다. 또한 기독교 신앙에 대해 동일한 태도를 취했고, 국교도의 음성과 비국교도의 음성을 구분할 수 없을 정도로 동일한 하나님 중심의 열망을 토로했다. 따라서 청교도들의 기도를 담은 이 책은 비슷한 저작에서는 흔히 발견되지 않는 통일성이 있다. 청교도적 품성과 삶의 힘은 기도와 묵상의 실천에 있었다. 은혜의 교리를 믿고 있던 사람들 중 많은 이들이 하나님과 그들 영혼의 내밀한 교제를 기록해 두었는데, 이는 출판을 염두에 둔 것이 아니라 데이비드 브레이너드의 경우에서 보듯, 영혼의 성장을 가늠해 보고 또한 영적인 열기가 식었을 때 다시 숙독하여 스스로를 격려하기 위해서였다. 윌리엄 제이나 헨리 로 같은 이들은 그들의 기도를 가족 예배를 위한 공동의 형식으로 바꾸어 교회에 발표했다. 반면에 필립 도드리지와 윌리엄 로메인 같은 이들은 독자들의 영적인 반응을 불러일으키기 위해 자신들의 기도를 문학 작품으로 기록했다. 많은 목회자들이 여기서 더 나아가, 그들의 회중에게 개인 기도를 종이에 적어서 소리 내어 읽도록 권고했다. 그리하여 여전히 상당 부분 사용되지 않고 있는 감동적인 청교도 기도들의 중대한 자료가 출현하게 되었다.

청교도 문헌에서 이 선집을 발췌할 때, 독자들이 주로 개인 경건에 사용할 수 있도록 어떤 기도들은 복수 및 3인칭을 단수 및 1인칭으로 변경해야 할 필요가 있었다. 하지만 이렇게 변경한 기도들 대부분은 대명사만 바꾸면 공동 예배에서 사용할 수 있다. 마지막 장은 공동 예배를 위해 덧붙였다. 옛 관용구는 그대로 두었지만, 고대의 사고를 현대의 이해 방식에 맞추고자 어떤 관용구들은 재구성할 필요가 있었다. 이 책의 많은 기도들이 토머스 쉐퍼드의 경우에서 보듯 본래 영적인 체험에서 나온 것이고, 일부 기도들은 각기 다른 자료들에서 뽑아 주제별로 엮은 것이다.

쉽게 이해하고 낭송할 수 있도록 책 전반에 걸쳐 시적인 형식을 채택했다. 각 기도는 여러 개의 주절과 아울러, 주제를 밝히고 확대하는 종속절로 구성되어 있다. 이와 같은 방식으로 휴지(休止)와 성찰의 기회를 제공한다. 따라서 편집자는 이 기도들의 형식과 구조를 원서의 방식 그대로 유지해야 할 책임이 있다. 이 책은 기도하는 법을 알려 주는 안내서로 읽도록 의도된 것은 아니다. 영혼은 기도함으로써 기도를 배우는데, 기도는 초월적이고 내재적인 하나님과 교통하는 일이며, 그 하나님께서는 성품과 속성이 그러하시므로 구속받은 영혼이 온 힘을 다해 기도하고 헌신할 때 그 영혼의 모든 능력을 이끌어 내시기 때문이다. 그러므로 이 책의 기도들은 주제별로 사용되어야 하며, 각 주제에 딸린 여러 기도들은 기도하는 이들의 개인적인 기도 주제를 위한 디딤판이 될 수 있다. 이와 같이 기도를 주제별로 구분한 것은 또한 설교하는 목적에도 부합할 수 있다.

이 책의 기도들은 토머스 쉐퍼드(Thomas Shepard), 토머스 왓슨(Thomas Watson), 리처드 백스터(Richard Baxter), 존 버니언(John Bunyan), 아이작 왓츠(Isaac Watts), 윌리엄 윌리엄스(William Williams), 필립 도드

리지(Philip Doddridge), 윌리엄 로메인(William Romaine), 데이비드 브레이너드(David Brainerd), 오거스터스 탑레이디(Augustus M. Toplady), 크리스마스 에번스(Christmas Evans), 윌리엄 제이(William Jay), 헨리 로(Henry Law), 찰스 해던 스펄전(Charles Haddon Spurgeon)의 저작에서 선정했다. 필립 도드리지의 다음과 같은 염원과 함께 이 기도들을 독자들 앞에 내놓는다. "세상 사람들의 눈에 이 작품이 아무리 나약하고 하찮아 보이고 또한 실제로 아무리 불완전하다 해도, 이 작품은 그대 앞에 살아 있을 것이며, 거룩한 능력으로 강대해져 신앙의 향상과 진보를 이루어 낼 것이다."

이 책을 출간하도록 격려해 준 The Banner of Truth Trust 출판사의 이안 머레이 목사님, 정성 어린 비평으로 많은 것을 조언해 준 S. M. 호튼 씨, 신학적인 문제 해결에 도움을 준 R. E. 데이비스 목사님께 감사를 드린다. 또한 절판된 책들을 접할 수 있도록 허락해 준 대영박물관 이사회, 윌리엄스 박사 도서관, 복음주의 도서관 측에도 감사를 표한다.

아서 베넷

환상의 골짜기

높고 거룩하시며 온유하고 겸손하신 주님,

주께서 나를 이 환상의 골짜기로 데려오셨습니다.

내가 여기 낮은 데 살지만 높은 곳에 계신 주님을 봅니다.

내가 여기 죄악의 산에 둘러싸여 주님의 영광을 봅니다.

나로 하여금 내려가는 길이 올라가는 길이며,

상한 마음이 치유된 마음이며,

뉘우치는 영이 기뻐하는 영이며,

회개하는 영혼이 승리하는 영혼이며,

아무것도 가지지 않은 것이 모든 것을 소유한 것이며,

십자가를 지는 것이 면류관을 쓰는 것이며,

주는 것이 받는 것이며,

어두운 골짜기가 계시로 빛나는 곳이라는

진리를 배우게 하소서.

주님, 깊은 우물 속에서는 낮에도 별들이 보이니,

우물이 깊을수록 주님의 별들은 더 밝게 빛납니다.

나로 하여금 나의 어둠에서 주님의 빛을,

나의 죽음에서 주님의 생명을,

나의 슬픔에서 주님의 기쁨을,

나의 죄에서 주님의 은혜를,

나의 가난에서 주님의 부요를,

나의 골짜기에서 주님의 영광을 발견하게 하소서.

1. 아버지, 아들, 성령

삼위일체 하나님

한분으로 계신 삼위이시며, 삼위로 계신 한분이신 나의 구원의 하나님,

하늘에 계신 아버지, 복되신 아들, 영원하신 성령이여,

　죄인들을 인도하셔서 주님을 알게 하시고 주님 나라에 이르게 하셨으니,

　내가 주님을 한 존재, 한 본질로,

　각기 구별된 삼위로 계시는 한 하나님으로 경배합니다.

오, 아버지, 주께서는 나를 사랑하셔서 예수께 보내어 구속받게 하셨습니다.

오, 예수님, 주께서는 나를 사랑하셔서 나의 본성을 취하시고,

　　　　　　몸소 피 흘려 나의 죄를 씻기셨으며,

　　　　　　의를 이루셔서 나의 무익함을 덮으셨습니다.

오, 성령님, 주께서는 나를 사랑하셔서 나의 마음에 들어오시고,

　　　　　　나의 마음에 영원한 생명을 심어 주셨으며,

　　　　　　나에게 예수님의 영광을 계시하셨습니다.

삼위이시며 한분이신 하나님, 주님의 값없이 주시는 사랑을 인하여,

　형용할 수 없는 놀라운 사랑, 잃은 자를 구하여 영광에 이르게 하시는

　그 강한 사랑을 인하여 주께 찬양하고 감사드립니다.

오, 아버지, 감사드리오니 주께서는 넘치는 은혜로

　나를 예수께 주셔서

　그분의 양이요 보석이요 분깃이 되게 하셨습니다.

오, 예수님, 감사드리오니 주께서는 넘치는 은혜로

　나를 받아 주시고 신부로 맞으셔서 연합하게 하셨습니다.

오, 성령님, 감사드리오니 주께서는 넘치는 은혜로

　나의 구원 되시는 예수님을 보이시고

　내 안에 믿음을 심으셨으며,

　나의 완악한 마음을 누르시고

　나로 영원히 예수님과 하나 되게 하셨습니다.

오, 아버지, 주께서는 보좌에 앉으셔서 나의 기도를 들으십니다.

오, 예수님, 주께서는 손을 내밀어 나의 간구를 받아 주십니다.

오, 성령님, 주께서는 기꺼이 나의 약함을 도우시고,

　나의 필요를 보이시며, 할 말을 가르치시고, 내 안에서 기도하시며,

　나를 강하게 하셔서 지치지 않고 간구하게 하십니다.

오, 우주를 명하시는 삼위일체 하나님,

　주께서는 내게, 주님 나라의 일들과

　내 영혼의 일들을 구하라 명령하셨습니다.

내가 삼위일체 이름으로 세례받은 자로 살며, 기도하게 하소서.

모든 것 되시는 하나님

오, 하나님, 주님의 뜻보다 앞서는 것은 없으니,
주님을 즐거워하고 주님 섬기는 일을 떠나서는
  내게 어떠한 위로도 없습니다.
주께서는 내게 전부이시며, 나의 모든 기쁨은 오직
  주께서 만들어 주시는 것뿐입니다.
나는 주님의 뜻이면 무엇이든 기뻐할 것이며,
  어떠한 경우에도 기뻐할 것입니다.
주께서 내게 스스로 어떤 일을 결정하라 명하시면,
  차라리 나는 모든 것을 주께 맡겨 드릴 것입니다.
  주께서는 무한히 지혜로우셔서, 나와는 달리
  무엇을 그르치실 일이 없기 때문입니다.
모든 것이 주님의 손에 달려 있음을 생각하니 기쁘고,
  그 모든 것을 주님의 손에 맡기니 즐겁습니다.
그리하여 기도는 온전히 찬양이 되고,
  내가 할 수 있는 것은 주님을 경배하고 찬양하는 일뿐입니다.

주님의 그 모든 은총에 내가 무엇을 드려야 하겠습니까?

나는 어찌할 바를 몰라 갈팡질팡합니다.

주께 보답하고자 해도 드릴 것이 없으니, 나는 다만

　주께서 모든 것을 행하심에 기뻐하고, 하늘이나 땅의

　어떠한 것도 주님의 영광을 나누어 가질 수 없음에 기뻐할 뿐입니다.

　무엇으로도 나는 주님의 복되신 이름을 더 영광스럽게 할 수 없으나,

　오직 은혜를 통하여 기쁜 마음으로 나의 영혼과 몸을 주께 드립니다.

주께서 믿음의 창시자요 완성자이심을,

　구속의 모든 일은 주님 홀로 행하신 일임을,

　내 안의 모든 선한 일과 생각은 주님의 능력과 은혜로 인한 것임을,

　내 안에 소원을 주시고 행하게 하시는 주님의 유일한 뜻은

　　오직 주님의 기쁨을 위한 것임을 내가 압니다.

오, 하나님, 피조물에 불과한 인간의 능력과 선함에 관한 말들이

　그토록 많으니, 얼마나 기이한 일인지요.

　그러나 주께서 매 순간 우리를 붙들어 주지 아니하시면

　우리는 마귀와 다름없는 인간일 뿐입니다.

나 자신이 이와 같음을, 주께서는 쓰라린 체험으로 가르쳐 주셨습니다.

모든 선의 근원이신 하나님

오, 영원히 계시는 주 하나님,

하늘이 주님의 영광을 선포하고

땅이 주님의 부요를 선언합니다.

우주는 주님의 성전이요,

주님의 임재는 무한을 채웁니다.

그럼에도 주께서는 기꺼이 생명을 창조하시고 복을 알려 주셨습니다.

주께서는 지금의 나를 만드시고 지금 내게 있는 것을 주셨습니다.

주님 안에서 나는 살고 움직이며 존재합니다.

주님의 섭리로 내 거주의 경계가 정해졌으며,

　주님의 섭리로 내 모든 일이 지혜롭게 경영됩니다.

예수 안에서 주신 주님의 부요를 인하여 내가 감사드리며,

　주님의 말씀 안에 두신, 예수에 관한 명백한 계시를 인하여 감사드리니,

　　내가 주님의 말씀 안에서, 예수의 인격과 성품과

　　은혜와 영광과 욕을 당하심과 고난과 죽음과 부활을 봅니다.

나로 하여금 예수께서 언제나 나의 구주 되셔야 함을 알게 하시고,

욥과 같이 "나는 비천한 사람입니다" 하고

베드로와 같이 "내가 죽게 되었습니다" 하며,

세리와 같이 "이 죄인에게 자비를 베풀어 주십시오" 하고 외치게 하소서.*

죄를 사랑하는 나의 마음을 억누르시며

용서받고 새롭게 되어야 함을 알게 하셔서,

주님을 영원히 섬기고 즐거워하게 하소서.

내가 내세울 것 하나 없이,

그 어떠한 공로도 뛰어남도 드릴 약속도 없이,

오직 예수의 전능하신 이름을 힘입어 주께 나아갑니다.

내가 자주 방황하며,

알고도 번번이 주님의 권위를 거역하고,

몇 번이고 주님의 선하심을 남용합니다.

나의 많은 죄책이 내가 받은 믿음의 특권에서 비롯되며

그 특권들을 가벼이 여긴 데서,

그 특권들을 선용하지 못한 데서 비롯됩니다.

그럼에도 내가 주님의 은혜를 모르거나 주님의 영광을 무시함은 아니니,

나를 깊이 감화하셔서, 안 계신 곳 없이 계시는 주님의 편재를,

주께서 나의 모든 길과 내가 눕는 곳과

나의 죽음에도 계심을 깨닫게 하소서.

---

* 욥기 40:4, 누가복음 8:2; 18:13 참조.

크신 하나님

오, 모든 선의 근원 되시는 주님,

내 안의 오만한 생각을 멸하시고,

교만을 산산이 부수어 바람에 날리소서.

끝없이 달라붙는 자기 의의 부스러기를 낱낱이 털어 내시고,

내 안에 참된 겸손의 마음을 심어 주소서.

나를 미워하고 역겨워하게 하시며,

내 안에 참회의 눈물이 솟구치게 하소서.

나를 깨뜨려 상하게 하시고, 다시 싸매어 주소서.

그리하면 나의 마음이 하나님을 위해 준비된 처소가 되리니,

  이로써 아버지께서 내 안에 거처를 정하시고,

  복되신 예수께서 오셔서 만지고 치유해 주시며,

  성령께서 깨끗게 하시는 은혜로 강림하실 것입니다.

오, 거룩한 삼위일체요, 삼위이시며 한분이신 하나님,

  나는 주님의 영광을 위해 봉헌된 성전이오니, 내 안에 거하소서.

주께서 임하시면 악이 머무를 수 없고,

주님과 함께하는 사귐에는 기쁨이 넘치며,

주님의 그윽한 눈길 아래에서는 마음이 평화롭고,

주님 곁에서는 마음의 안식을 해치고 몰아내는

　어떠한 두려움이나 염려도 없습니다.

주님과 더불어 나의 마음에 향기가 넘치리니,

나로 하여금 회개를 통하여 주님 내주하시기에 합당한 자 되게 하소서.

주님의 능력을 넘는 것은 없으며,

아무리 대단해도 주께서 못 하실 일이 없고,

아무리 귀해도 주께서 못 주실 것이 없습니다.

　주님의 능력은 무한하시고, 주님의 사랑은 끝이 없으며,

　주님의 은혜는 한량없고, 주님의 구원의 이름은 영광스럽습니다.

천사들로 하여금 노래하게 하소서.

　회개하는 죄인들과 돌아온 탕자들을 위하여,

　배교했으나 개심한 자들과 사탄의 포로였으나 놓여난 자들을 위하여,

　어둠에 있었으나 광명을 얻은 눈들과,

　상하였으나 싸매어진 마음들을 위하여,

　낙심했으나 용기를 얻은 자들과,

　자기 의를 내세웠으나 벗어던진 자들을 위하여,

　외식하는 자였으나 거짓의 피난처에서 무리에게 쫓겨난 자들을 위하여,

　무지한 자였으나 빛 가운데 깨달은 자들을 위하여,

　거룩한 믿음으로 세워진 성도들을 위하여 노래하게 하소서.

크신 하나님께 내가 놀라운 일들을 구합니다.

모든 선

나의 하나님,

주께서 나를 도우셔서 알게 하셨으니,

　　영광과 기쁨이 아무리 선하고 좋다 해도,

　　그 영광과 기쁨을 주시고 더러 거두어 가기도 하시는 분께서

　　얼마나 선하신지 알게 하셨으며,

　주님에게서 또한 주님 안에서 좋은 것을 얻음이 복이 아니요

　　주님의 영광과 선하심을 드러냄이 오히려 복임을 알게 하셨으며,

　창조주께서 피조물 안에 계시며 그 피조물을 통하여

　　말씀하시고 행하시고 충만하시고 빛나심을

　　우리 눈으로 보는 일이 얼마나 놀라운 것인지 알게 하셨으며,

　주님 외에 선한 것이 없음을 알게 하셨으며,

　주께 가까이 있음이 선에 가까이 있는 것임을 알게 하셨으며,

　주님을 닮아 가는 것이 영광스러운 일임을 알게 하셨으니,

이처럼 주님의 선하심은 나를 끌어당기는 자석과 같습니다.

주께서는 평안할 때 나의 모든 선이시요

　괴로울 때 나의 유일한 도움이시며,

　내 생명이 다하는 날, 나의 온전한 능력이 되십니다.

나로 하여금 모든 일에 두신 주님의 뜻이 얼마나 선한지 알게 하시며,

　주님의 뜻이 나의 뜻과 다를 때에도

　나를 가르치셔서 주님의 뜻을 기뻐하게 하소서.

하나하나의 모든 섭리에서 주님을 느끼게 하시며,

　주께서 주시는 많은 선물이며 소산은, 넘어지지 않도록

　나를 붙잡고 계신 주님의 손이요 손가락임을 알게 하소서.

모든 선의 무한한 근원이 되시는 주님,

　사랑으로 나를 주께 드리니

　이는 내게 있는 모든 것이 주님의 것이어서,

　재산과 가족과 교회와 나 자신을 주님의 뜻대로 사용하고,

　나와 내 모든 소유로 주님을 영광스럽게 해야 하기 때문입니다.

주님의 영원하신 경륜과

　주님의 은혜로우신 목적과

　주님의 영광스러운 종말에 합당하다면

　내게 주님의 위로의 복을 허락하시고,

합당치 아니하면, 주님의 지혜로우신 결정에 의탁하게 하소서.

모든 것을 움직이는 시초

오, 모든 것을 움직이는 시초 되시는 주님,

나로 하여금 언제나 주께 순종하게 하시고

       주께 의지하게 하시며,

       주께서 가시는 길에

       주님의 성령께서 행하시는 그 길에 있게 하시며,

       부디 주님에게서 멀어지지 않게,

       주님의 사랑에 무지하지 않게 하소서.

주께서는 사람을 돌맹이 다루듯 하지 아니하시고

 오히려 생명을 부여해 주시며,

 또한 주님 없이 사람 혼자 움직이게 아니하시고

 모든 것을 움직이는 시초이신 주께 복종하여 움직이게 하십니다.

오, 주님, 내가 받은 것과 받을 자격이 얼마나 다른지,

 지금 나의 처지와 이전에 은혜를 모르던 때가 얼마나 다른지,

 지금 내가 가고 있는 천국과 가야 마땅했던 지옥이 얼마나 다른지,

 이 모든 차이를 생각하며 내가 놀랍니다.

주님 외에 누가 나를 이토록 다르게 했는지요.

　실로 나는 다른 이들보다 그리스도를 받을 자격이 없었습니다.

주께서 먼저 나를 사랑하지 아니하시고

　주께서 먼저 내게 주님 사랑할 마음을 주지 아니하셨다면,

　감히 나는 주님을 사랑할 수도 없었습니다.

어찌하여 이 죄인의 머리에 면류관을 씌워 주시는지요!

어찌하여 이 무익한 인간을 이토록 높여 주시는지요!

어찌하여 이 사악한 반역자에게 기쁨을 주시는지요!

주께서는 무한한 지혜로 구원의 계획을 세우셔서

　구속과 자유의 형상을 빚어 내셨습니다.

지옥문에는 '받아 마땅한 진노'라 새기시고

천국문에는 '값없이 주시는 은혜의 선물'이라 새기소서.

나의 고통은 내 죄의 결과이지만, 이 고통과 죄가

　천국에서는 더 이상 없을 것임을 내가 압니다.

나로 하여금 이 천국에 이르러 항해를 마치게 하시며,

　강하게 부는 주님의 자비의 바람으로 나를 무사히 항구에 들이소서.

주님의 사랑에 이끌려 주께 더 가까이 가고

　죄에서 떠나며, 이 세상에 대해 죽어서,

　눈앞에 있는 나의 출발을 준비하게 하소서.

이 험난한 바다를 건너갈 때 주님의 은혜로 나를 지켜 주소서.

하나님의 뜻

오, 주님,

내가 주께 매달립니다, 나의 뜻이 아니라

　주님의 뜻이 이루어질 때, 내가 보고 믿고 살아갑니다.

내게는 내세울 것이 없으니,

　내가 얻은 어떠한 유익과 은혜에 대해서도

　주님의 섭리와 약속들에 대해서도

　내세울 것은 오직 주님의 선하신 뜻뿐입니다.

주님의 자비로 인하여 내가 가난하고 낮게 되었으니,

　찬미받으소서, 주님!

나의 곤고와 궁핍에서 나오는 기도는 장래의 자비를 위한 준비입니다.

감정에 이끌려 믿는 것은 큰 죄이니,

　나를 도우셔서 감정에 앞서 믿음으로 주님을 영화롭게 하소서.

주님을 가리고 주님의 사랑을 덮어서

　못 보게 하는 죄들을 보여주소서.

이전에 행한 악에 대해 겸손하게 하시며,

　이전보다 더욱 삼가서 행하도록 결심하게 하소서.

주님 앞에서 거룩히 행하지 아니하고서
  어찌 내가 구원을 확신할 수 있겠습니까?

온유하고 겸손한 사람에게 주님의 언약이 드러나며,
온유하고 겸손한 사람이 주님의 뜻을 알고 용서받고 치유받으며,
온유하고 겸손한 사람이 믿음으로 은혜에 의지하고 기대며,
온유하고 겸손한 사람이 거룩하게 되어 살아나며,
온유하고 겸손한 사람이 주님의 사랑을 증언합니다.
값없이 주시는 주님의 풍성한 자비를 굳건히 의지하고,
  주께서 약속하신 것은 반드시 주시리라 믿음으로,
  나로 하여금 믿음으로 기도하여 주님의 뜻을 알게 하소서.
내가 받는 모든 것이 주님의 선물이라는 확신으로 기도하도록
  내게 힘을 주시고, 나의 기도를 받아 주실 때까지 기도하게 하소서.
기도에 따라 받는 자비 또한 다름을 믿게 하시고,
  갈라진 땅이 더욱 크게 갈라지다 마침내 생명의 빗줄기를 만나듯,
  처음 시작한 불완전한 믿음이 더욱 성장해야 함을 알게 하소서.

그리하여 내가 주님의 뜻을 기다리고, 그 뜻이 이루어지기를 기도하며,
  주님의 은혜로 온전히 순종하는 사람이 되겠습니다.

하나님의 자비

영원하신 하나님,

주님의 위대하심은 놀랍고, 주님의 선하심은 형용할 수 없으며,

　주님의 은혜는 넘치고 또 넘칩니다.

내게 보여주신 주님의 은총을 세느니

　바닷가의 모래를 세는 편이 나을 것입니다.

내가 아는 것은 비록 적지만,

　그것만으로도 나는 찬양을 억누를 수 없습니다.

이 한 몸을 향하신 주님의 자비에 감사드리니,

　이만큼 건강하게 하시고, 육신을 보전해 주시며,

　집과 가정의 안위를 마련하시고, 음식과 의복을 넉넉히 주시며,

　언제나 온전한 영으로 살게 하시고,

　가족을 지켜 주시고, 가족이 서로 돕고 지원하게 하시며,

　가정의 화목과 화평의 기쁨을 주시고,

　빈자리 될 뻔한 자리들을 채워 주시며,

　나라와 교회와 성경과 믿음을 주심에 감사드립니다.

오, 그러나 나의 죄와 은혜의 망각과 사악함을 어찌해야 하는지요.

　하루하루 죄책을 쌓아 가는 저 날들을,

내 혀의 범죄를 증언하는 저 장소들을 어찌해야 하는지요.

하늘과 땅과 주변과 안팎의 모든 것들이 나를 정죄합니다.

　나의 악행을 보는 해와

　주님 앞에서는 오히려 대낮처럼 환한 어둠과[*]

　반박할 수 없이 나를 비난하는 저 잔인한 고소자와

　나를 단념하고 떠나야 한다고 채근당해 온 선한 천사들과

　은밀한 죄들을 하나하나 살펴보시는 주님의 얼굴과

　주님의 공의로운 법이며 거룩한 말씀과

　죄로 얼룩진 나의 양심과, 사적이며 공적인 삶과, 이웃들과 나 자신,

　이 모든 것이 내게 대하여 어두운 일들을 기록합니다.

내가 이 일들을 부인도 변명도 아니하고, 다만 고백하오니,

　"아버지, 내가 죄를 지었습니다."

여전히 나는 살아서 회개하며, 주님의 넓은 품으로 뛰어듭니다.

　주께서 나를 버리지 아니하심은 예수께서 나를 가까이 두셨기 때문이며,

　주께서 나를 정죄하지 아니하심은 예수께서 나를 대신해 죽으셨기 때문이며,

　주께서 산더미같이 쌓인 죄를 주시하지 아니하심은

　　예수께서 나의 모든 죄를 무너뜨려 평탄케 하시고,

　　　그분의 아름다움으로 나의 흠을 가리셨기 때문입니다.

오, 나의 하나님, 내가 예수의 십자가에 매달리며,

　예수의 상처 안에 숨고,

　예수의 옆구리 안으로 피하여 죄와 작별합니다.

─────
[*]　시편 139:12 참조.

하나님을 즐거워함

측량할 수 없이 무한하시나 우리의 기도를 들어주시는 하나님,

우리에게 알려지셨으나 우리의 앎을 초월해 계시고,

우리에게 계시되셨으나 그 계시 너머에 계시는 주님,

  내가 나의 필요와 복을 얻고자 주께 가까이 감은

  주께서 "내게 구해 봐야 헛일"이라 말씀하지 아니하시기 때문입니다.

어려움과 궁핍과 곤고에 처해 주께 나아가니

친히 주님 자신으로 나를 채워 주시고,

    은혜와 간구의 영으로

    기도하는 마음으로

    주님과 나누는 따뜻한 친교로 나를 채우셔서,

  일상의 분주함 속에서도 나의 생각과 열망이

  주님을 향해 솟아오르게 하시고,

  언제나 드리는 기도를 힘입어

    나의 슬픔을 달래고, 나의 형통을 거룩히 바치게 하시며,

    나의 동료들을 대할 때 모든 면에서 합당한 자 되게 하소서.

모든 존재의 창조주이신 주님을 알게 하시고

  더할 수 없이 완전하신 주님을 닮게 하시며,

만복의 근원이신 주님을 즐거워할 수 있게 하심에 주님을 찬양합니다.

오, 하나님, 이 힘들고 어려운 순례의 순간마다 함께하소서.

내게는 순례길 처음에 만났던 그 권고와 보호와 위로가 필요합니다.

나의 신앙이 내 마음에 더욱 확실한 것이 되게 하시고,

내 주변 사람들에게 더욱 인정받을 만한 것이 되게 하소서.

예수께서 하늘에서 나를 대변하실 때

나는 땅에서 예수를 드러내게 하시고,

예수께서 하늘에서 나를 변호하실 때

나는 땅에서 예수를 찬양하게 하소서.

나를 향하신 주님의 온유하신 자비를 그치지 마시고

깨어 있을 때나 잠들 때나 주님의 임재가 나와 함께하며,

주님의 복이 내 곁에 머무르게 하소서.

주께서 지금까지 나를 인도하셨고

나는 주님의 약속이 진실하심을 알았으니,

나는 슬펐으나 주께서는 늘 도움이 되셨고,

나는 두려웠으나 주께서는 늘 구해 내셨으며,

나는 절망했으나 주께서는 늘 일으켜 세워 주셨습니다.

오, 하나님, 주님의 약속이 언제나 함께하시니, 내가 주님을 찬양합니다.

현재의 구원

창조주요 구속자이신 하나님,

모든 존재의 창조자이시며 만복의 근원이신 주님,

나로 하여금 주님을 알게 하시고,

　내게 이성과 양심을 주시며,

　나를 인도하셔서 주님을 열망하게 하시니

　내가 주님을 찬양합니다.

복음으로 주님을 친히 계시하심과

　언제나 긍휼이 가득하신 주님의 마음과

　내게 평안을 주시려는 주님의 생각과

　주님의 인내와 주님의 온유하심과

　주님의 크신 자비하심을 인하여

　내가 주님을 찬양합니다.

주께서는 나의 마음을 감동하셔서,

　죄 있는 자가 어떻게 용서받을 수 있는지

　부정한 자가 어떻게 거룩할 수 있는지

　가난한 자가 어떻게 부요할 수 있는지 알게 하셨습니다.

언제나 나로 하여금

　주님의 음성을 들을 뿐 아니라 그 음성을 아는 자 되게 하시고,

　주님과 함께 걸을 뿐 아니라

　　주님 안에서 즐거워하는 자 되게 하시며,

　주님의 말씀을 의심 없이 믿을 뿐 아니라

　　그 말씀 안에서 생명을 발견하는 자 되게 하소서.

언제나 나로 하여금

　성령의 위로와 기쁨 가운데서 현재의 구원을 사모하게 하시고,

　영적인 은혜와 복을 사모하게 하시며,

　특권은 물론 의무 또한 귀히 사모하게 하소서.

나로 하여금 소박하고 신앙 깊은 진실한 성품을 사랑하게 하소서.

내가 사람들 앞에 있는 것과 같이 주님 앞에 있게 하시고,

　믿음을 고백하기에 앞서 믿음을 가지게 하시며,

　교회에 들어오기에 앞서 세상을 떠나게 하시고,

　언제나 위에 있는 것들을 흠모하게 하시며,

　주께서 금하신 어리석고 헛된 것들을 피하게 하시고,

　은혜에 참여할 뿐 아니라 은혜를 나누게도 하시며,

　선을 행할 뿐 아니라 악을 견디게도 하소서.

오, 하나님, 나를 이 부르심에 합당한 자 되게 하셔서

　내 안에서 예수의 이름을, 예수 안에서 나를 영화롭게 하소서.

인간의 위대한 목적

모든 존재의 주인이신 주님,

내가 으뜸으로 관심을 기울여 마땅하고

  불같은 열망을 불러일으키기에 합당한 것 하나가 있으니,

그것은 바로, 내가 지음받은 위대한 목적에 부합하는 삶,

  곧 나를 존재케 하신 주님을 영화롭게 하며,

  이웃들을 위해 할 수 있는 모든 선을 행하는 것입니다.

삶이 이처럼 고귀한 목적을 위해 선용되지 아니하면

  진실로 그러한 삶은 살아야 할 가치가 없습니다.

그러나 주님, 이 인간의 생각이라는 것이 얼마나 하찮은지요!

많은 사람들이 주님의 영광을 위하거나

  다른 이들을 위하는 삶에는 관심이 없고,

  자신만을 위해 사는 듯합니다.

그들은 이생의 부와 명예와 쾌락을 간절히 바라고 추구하는데,

  그들은 마치 재산과 명성과 열락이

  언제까지나 그들의 영혼을 행복하게 해주리라 믿는 듯합니다.

아, 하지만 이는 얼마나 거짓되고 헛된 꿈인지요!

그러한 꿈을 꾸는 자들은 머지않아 얼마나 비참하게 되는지요.

　이는 우리의 모든 복이 주님을 사랑하는 데 있으며,

　주께서 거룩하신 것같이 우리도 거룩하게 되는 데 있기 때문입니다.

오, 결단코 내가 이 세상의 풍조와 허영에 빠지는 일이,

　이 세상의 정욕과 어리석음에 빠지는 일이 없게 하소서!

이 세상은 말할 수 없이 슬픈 곳이요, 광대하고 무가치한 공허입니다.

시간은 순간이요 연기에 불과하고,

　시간의 모든 즐거움은 텅 빈 거품이며,

　덧없이 부는 한바탕의 바람과 같으니,

　이 세상의 시간에서는 아무런 만족도 얻을 수 없습니다.

내게 은혜를 주셔서 언제나 주님과 맺은 언약 안에 있게 하시고,

　지금이나 이후로나 명성에 현혹되지 않게 하시며,

　죄악된 모든 쾌락과 유익은 거짓으로 알아 거절하게 하소서.

주님의 사랑하시는 아들 안에 살고, 아들을 위해 사는 삶을 떠나서는

　내게 참된 행복이 없고,

　내게 두신 목적 또한 이룰 수 없음을 언제나 알게 하소서.

영광 받으시는 하나님

오, 하나님,

주께서는 찬양받아 마땅하며,

　주께 찬양을 드림은 더할 수 없이 고귀한 나의 행사입니다.

주께서는 모든 피조물의 찬양을 받기에 합당하시니,

　주께서 하시는 모든 일에서 주님의 속성이 드러나고

　주님의 계획이 성취되기 때문입니다.

바다와 육지가, 겨울 추위와 여름 더위가,

　아침 햇살과 저녁 어스름이 주님으로 충만하고,

　주께서는 이러한 것들을 넉넉히 마련하셔서 누리게 하십니다.

주께서는 만왕의 왕이시며 만주의 주이시니,

주님의 뜻으로 세상의 큰 나라들이 일어서고 무너집니다.

주님의 모든 업적이 주님을 찬양하며, 성도들이 주님을 찬양합니다.

　나로 하여금 주님의 거룩한 이들과 함께 계수되게 하시고,

　그들의 성품과 모습을 닮게 하시며,

　그들과 함께 예수의 발 아래 앉게 하소서.

나의 신앙이 언제나 주님의 말씀에 튼튼히 뿌리내리고,

나의 지식이 언제나 주님에게서 받은 지식이 되게 하시며,

나의 감정이 언제나 거룩하여 천국을 향하게 하시고,

나의 동기가 언제나 단순하고 순수하게 하시며,

나의 마음이 언제나 주님과 어긋나지 않게 하소서.

내 마음의 타고난 무지에서 나를 구하시고,

내 마음의 부패에서,

내가 만나는 유혹에서,

늘 나를 따라다니는 사소한 올무에서 나를 구하소서.

이 세상을 사는 동안 나는 끊임없는 위험에 놓여 있습니다.

언제나 주님의 깊은 눈으로 나를 살펴 지켜 주시며,

이 세상에서 내 영의 적대자들의 권세에서 나를 구하시며,

　지금까지 몸소 접했던 모든 고통스런 악에서 나를 구하소서.

위로부터 생명의 날이 밝아 올 때까지

　예수와 함께하는 사귐을 쉼 없이 이어 가게 하시고,

최후의 결실을 이룰 때까지 내가 받은 유산의 증거와

　성령의 첫 열매들을 누리게 하시며,

기쁨으로 나의 갈 길을 마칠 때까지 열심을 내어 그 길을 가게 하시고,

　모든 면에서 그리스도인의 능력을 보이게 하시며,

　모든 일에서 주 나의 하나님의 교훈을 빛내게 하소서.*

---

* 디도서 2:10 참조.

찬양과 감사

오, 나의 하나님,

모든 것 가운데 가장 아름답고 위대하며 으뜸이신 주님,

　내 마음이 주님을 찬양하고 경배하며 사랑합니다.

　진실로 이 작은 그릇이 넘치도록 차올라서,

　주님께 이 벅찬 마음에서 끝없는 것이 쏟아져 나옵니다.

내가 주님을 생각하고 또 주님과 대화할 때는

　만 가지나 되는 즐거운 생각이 약동하고,

　만 가지나 되는 기쁨의 샘이 솟아나며,

　만 가지나 되는 새로운 희락이 온 마음으로 퍼지니,

　이 모든 기쁨이 나의 복된 순간을 온전히 채우고 이루어 냅니다.

내가 주님을 찬양하오니, 주께서 창조하신 영혼을 인하여,

　비록 그 영혼이 불모의 땅에 떨어졌어도

　그 영혼을 빛나게 하시고 거룩하게 하심을 인하여,

　주께서 내게 주신 육신을 인하여,

　그 육신의 힘과 기운을 보전해 주심을 인하여,

　기쁨을 누릴 수 있는 감각을 마련해 주심을 인하여,

이 육신을 편하고 자유롭게 움직일 수 있음을 인하여,

주님의 명령에 따르는 나의 손과 눈과 귀를 인하여,

날마다 필요를 공급해 주시는 왕의 하사품을 인하여,

풍성한 식탁과 넘치는 잔을 인하여,

식욕과 미각과 좋은 맛을 인하여,

친척과 친구들과 왕래하는 기쁨을 인하여,

다른 이들을 섬길 수 있는 능력을 인하여,

슬픔과 고통을 느낄 줄 아는 가슴을 인하여,

나와 똑같은 인간을 보살필 수 있는 마음을 인하여,

내 주변으로 참된 행복을 퍼뜨릴 기회를 인하여,

이제는 천국의 기쁨 가운데 있는 사랑하는 이들을 인하여,

주님을 선명하게 뵈올 기대를 인하여, 주님을 찬양합니다.

주님의 피조물들 앞에 계신 주님의 현존을 인하여,

말로는 형용할 수 없는 사랑으로 인하여, 주님을 사랑합니다.

오, 나의 하나님, 지금부터 영원토록

주님을 향한 나의 사랑을 더하여 주소서.

선물 중의 선물

오, 모든 선의 근원이신 주님,

주께서 주신 선물 중의 선물을 인하여,

  나셨으되 창조되지 아니하신 귀하신 아들을 인하여,

  나의 구속자, 대표자, 보증자, 대리자를 인하여,

  헤아릴 길 없는 그분의 자기 비우심을 인하여,

  우리 마음으로는 알 수 없는 그분의 무한하신 사랑을 인하여,

  내가 주께 무엇을 드려 보답해야 할는지요.

놀랍고도 놀라운 일이 이와 같으니,

  그분께서 나를 높여 주시려 친히 아래로 내려오시고

  나로 그분과 같아지도록 나와 같이 태어나셨습니다.

사랑이 이와 같으니,

  그분께로 올라갈 수 없을 때, 그분께서 친히 은혜의 날개를 펴시고

  가까이 오셔서, 나를 끌어올려 주셨습니다.

능력이 이와 같으니,

  하나님과 인간이 무한히 떨어져 있을 때, 그분께서 그 둘,

  창조되지 아니하신 분과 창조된 자를 영원히 하나로 연합하셨습니다.

지혜가 이와 같으니,

　내가 멸망하여, 그분께로 돌아갈 의지도 없고

　　회복을 궁리할 지식도 없을 때,

　성육신하신 하나님이 친히 오셔서 나를 완전하게 구원하셨으니,*

　　사람으로서 나를 대신하여 죽으시고,

　　　　　　나를 위하여 속죄의 피를 흘리셨으며,

　　　　　　나를 위하여 완전한 의를 이루셨습니다.

오, 하나님, 나의 영혼을 옛적 양을 지키던 목자들 곁으로 데려가셔서

　나의 마음을 넓혀 주소서.

나로 하여금 말할 수 없이 기쁜 소식을 듣게 하시고,

　들을 뿐 아니라 믿고 기뻐하고 찬양하고 경배하게 하시며,

　나의 마음이 평화의 바다에 잠기게 하시고,

　나의 두 눈이 화해하시는 아버지를 올려다보게 하소서.

나를 소와 나귀와 낙타와 염소 곁에 두셔서

　이 짐승들과 함께 구속자의 얼굴을 바라보게 하시며,

　그분 안에서 내가 죄로부터 구원받았음을 생각하게 하소서.

시므온처럼 새로 태어나신 아기를 가슴에 품게 하시고,

　죽지 않는 믿음으로 그분을 껴안으며,

　그분은 나의 것이요, 나는 그분의 것이라 기뻐 외치게 하소서.

주께서는 그분 안에서 이미 많은 것을 주셨으니,

　천국이라도 이보다 넘치게 줄 수는 없습니다.

———

* 히브리서 7:25 참조.

말씀이신 그리스도

나의 아버지,

변화하는 피조물들의 세계에서,

　그리스도와 그분의 말씀만이 견고하며 흔들림이 없습니다.

오, 내가 모든 피조물들을 버리고

　기초 되시는 그분 위에 건축돌처럼 얹혀서,

　그분 안에 거하고, 그분께서 받쳐 주시는 힘으로 나를 지탱합니다!

이는 나의 모든 자비가 그리스도를 통하여 오기 때문이니,

　그분께서 모든 자비를 계획하시고, 사시고, 약속하시고, 이루셨습니다.

그 어린양 곁에 가까이 있음이 얼마나 아름다우며,

　그분 곁에서 거룩함으로 충만한 것이 얼마나 아름다운지요!

내가 주님을 거슬러 죄지을 때는 주님의 뜻과 사랑과 생명을 거역함이니,

　내게는 찾아가 의지할 위로자도 그 무엇도 없게 됩니다.

내가 특별한 악을 행하지 아니하였다 해도,

　지속적으로 주님과 분리되고 연합하지 못하여 멀어져 있음과

　주님을 대하는 마음에 진심이 없음이 또한 나의 죄입니다.

그러나 주께서는 이러한 나에게도 선물을 주시되

　주님의 아들 예수를 주님과 내 영혼 사이의 중보자로

　구덩이에 빠진 나와 그분을 연결하는 매개자로 주셨으니,

　이는 그분만이 죄로 인해 갈라진 틈을 메울 수 있고

　하나님의 공의를 충족하실 수 있기 때문입니다.

언제나 이 중보자를 내 믿음의 확고한 대상으로 붙들게 하시고,

　그 사랑으로 인하여 갈라진 틈을 메우실 수 있는

　유일한 분으로 붙들게 하소서.

예수께서 귀한 분이심을 그분의 말씀으로 내게 가르쳐 주소서.

나는 그분의 말씀으로 그분과 하나이며

　또한 나의 믿음으로 그분과 하나입니다.

내가 말씀을 거역하는 것은 진실로 가까이 계신 주님을 거역하는 것이요,

내가 말씀을 받아들이는 것은 말씀에 거하시는 주님을 받아들이는 것입니다.

오, 모든 사람의 마음을 친히 헤아리시는 주님,

　말씀으로 나의 마음을 지으시고,

　또한 아들의 형상으로 나의 마음을 지으소서.

그리하시면, 말씀이신 그리스도와 그분의 말씀이

　나의 힘이요 위로가 될 것입니다.

그리스도는 모든 것

오, 한없이 사랑해 주시는 주님,

　주님이 탄생하신 구유와

　피땀을 흘리시던 동산과

　주님이 달리신 고난의 십자가와

　주님이 부활하신 무덤과

　지금도 나를 위해 간구하시는 천국을 생각할 때마다,

　내게로 향하신 주님의 긍휼을 깨닫게 하소서.

이 담대한 마음으로 내가 나의 적대자를 대적하고,

　　　　　　그의 유혹을 짓밟으며,

　　　　　　그의 계략에 저항하고,

　　　　　　이 세상을 저버리며,

　　　　　　진리를 위해 용감히 나아갑니다.

내 영혼의 신랑이시며,

　　　여호와의 짝이요 가장 가까운 분이시고,

　　　죄인들의 친구이신 주님과 나의 거룩한 관계를

　　　더욱 깊이 알게 하소서.

---

* 스가랴 13:7 참조.

기도의 골짜기

내가 주님의 영광과 나의 초라함을

　　주님의 위엄과 나의 천함을

　　주님의 아름다우심과 나의 추함을

　　주님의 정결하심과 나의 더러움을

　　주님의 의로우심과 나의 불의를 생각합니다.

주께서 영원불변하도록 나를 사랑하셨으니,

　그처럼 사랑받은 나도 주님을 사랑하게 하소서.

주께서 나를 위해 친히 주님 자신을 주셨으니,

　나도 주님께 나를 드리게 하소서.

주께서 나를 위해 돌아가셨으니, 이제는 내가

　시간이 흘러가는 순간마다

　마음이 움직이는 순간마다

　심장이 박동하는 순간마다, 주님을 위해 살게 하소서.

나로 하여금 세상과 세상의 유혹에 넘어가지 않게 하시고,

　오직 주님 곁에서 걸으며,

　주님의 음성을 듣고,

　주님의 은혜로 옷을 해 입으며,

　주님의 의로우심으로 단장하게 하소서.

그리스도의 충만하심

오, 하나님,

주께서 내게 가르치셨으니,

  그리스도께는 온전한 충만하심, 곧 성령의 충만하심이 있고,

  또한 내게 없는 온전한 충만하심이 그분께 있습니다.

    이 충만하심은 그분만을 위한 것이 아니요 그분의 백성을 위한 것이니,

    완전한 지식과 은혜와 의를 갖추신 그분께서

    나를 깨닫게 하시고,

    나를 의롭게 하시며,

    나를 충만하게 하십니다.

내 안이 공허할 때는, 의무인 듯 그리스도께 달려가서

  그분의 충만하심을 내 것처럼 소유하고 누려야 하며,

  그분 안에서는 그 충만하심이 나를 위한 것이므로, 애초부터

  내게 있었던 듯 소유하고 누려야 합니다.

이와 같이 할 때 나는 성령으로 충만케 되니,

  마치 물 밖으로 나온 물고기가 바다로 다시 들어가

  헤엄치며 다닐 물의 충만을 얻음과 같아서,

  믿음이 나를 가득 채울 때 비로소 나는 충만해집니다.

성령으로 충만하다 함이 이와 같아서,

　스데반처럼 믿음이 먼저요 충만함은 나중이며,

　내가 온전히 비워지고 성령으로 채워져야

　내가 합당한 자가 되기 때문입니다.

　이처럼 그리스도의 밭에 있는 모든 은혜의 보화를 발견함이

　　능력과 기쁨과 영광으로 이어지고,

　　이로써 다시 모든 은혜가 살아서 역사합니다.

주께서 내게 이와 같이 가르치셨으니,

나를 도우셔서 주께 받은 것을 더욱 기쁘게 하시되,

　　　　　　　그분의 모든 영광의 근원이 되는 충만하심,

　　　　　　바로 그분 안에 있는 충만하심을 더욱 기쁘게 하소서.

나로 그분에게서 성령을 받을 때 무슨 물건을 받듯 받지 않게 하시고,

　오직 성령을 찾고, 마셔서, 성령으로 채워지게 하소서.

오, 하나님, 이를 위하여 주께서는

　그리스도 안에 나를 세우시고,

　그리스도 안에 붙박여 살게 하시며,

　이 모든 것이 내 것이라는 확신을 주시니,

　오직 그리스도의 충만하심만이 나의 마음을

　기쁨과 평화로 채울 것이기 때문입니다.

그리스도와 연합함

오, 아버지,

주께서는 주님의 영광을 위하여 사람을 지으셨으니,

  사람이 주님을 영광스럽게 하지 못하면

  그는 정녕 무가치한 존재입니다.

믿지 못하는 죄보다 더 큰 죄는 없으니,

  그리스도와 연합함이 가장 큰 선이므로

  불신은 주님의 말씀에 어긋나는 것으로

  가장 큰 죄이기 때문입니다.

나의 어떠한 죄도,

  믿지 못해서 그리스도와 갈라지는 죄에는 미치지 못합니다.

주님, 이생에서 그리스도께 온전히 순종하고 매달릴 수 없다 하여

  그분을 떠나가는 가장 큰 죄를 범하는 일이 없도록 나를 지켜 주소서.

주께서 복을 거두어 가심은,

  내게 있는 모든 것이 주님에게서 온 것임을 인정하지 못한 죄와,

  내가 가진 것으로 주님을 섬기지 못한 죄와,

  나 스스로를 안일과 완고함에 내어 맡긴 나의 죄 때문입니다.

내 힘으로 얻은 복이 우상이 되어 무엇보다 해로우니,

  소유가 오히려 악이요

  거두어 가심이 오히려 선입니다.

사랑으로 복을 박탈하셔서 나로 주님을 더욱 영화롭게 하소서.

  죄를 타오르게 하는 이 기름을 제거하시고,

  그 대가로 얻게 된 작은 거룩함을 소중히 여기게 하소서.

  이 거룩함이 내가 잃은 전부를 보상하고도 남음이 있습니다.

내가 은혜로우신 주님을 사랑할수록

  주님을 사랑하고자 하는 나의 열망은 더욱 강해지고,

  나는 사랑 없음을 인하여 더욱 불쌍해집니다.

주님을 애타게 갈망하고 목말라할수록

  나는 더욱 주님을 찾아 헤매며 지쳐 쓰러집니다.

마음이 죄로 인하여 아프고 상할수록

  나는 마음이 더 아프고 더 상하기를 기도합니다.

나의 큰 악이 이와 같으니, 젊은 날의 죄들을 기억하지 못함이요,

  전날에 지은 죄조차 기억하지 못하기 때문입니다.

그리스도와 맺은 견고한 연합을 믿지 못하고 의심하는

  모든 것에서 나를 지켜 주소서.

예수의 이름

모든 것을 살피시는 하나님,

주께서는 마음을 판단하시고

　　　행위의 중심과 동기를 헤아리시며,

　　　내가 나의 죄에서 본 어떤 것보다 더한 더러움을

　　　나의 신앙에서 보십니다.

주께서 보시기에 하늘조차 깨끗하지 아니하며

　　　천사들조차 어리석어 책망하시니,

내가 나를 외면하지 않고서는 이 혐오스러움을 견딜 수 없습니다.

그러나 주께서는 나를 혐오하지 아니하시고

　주께 돌아갈 방편을 마련해 주셨으니, 그 방편은 바로

　나를 위해 죽으시고 내게 생명을 주신 주님의 아들입니다.

내가 주님의 진노를 피해 달아날 때조차 주의 영광은 보전되고 드러났으니,

　이는 바로 예수로 인함이며,

　이 예수 안에서 자비와 진리가 만나고

　　의로움과 평화가 입맞춤합니다.

노예였던 자가 예수 안에서 구속을 얻고,

        죄인이 용서받으며,

        부정한 자가 새롭게 됩니다.

예수 안에 약한 자를 위한 영구적인 힘이 있고,

        가난한 자를 위한 헤아릴 수 없는 부요함이 있으며,

        무지한 자를 위한 지혜와 지식의 보화가 있고,

        비어 있는 자를 위한 충만함이 있습니다.

주께서 친절히 부르실 때에

  내가 듣고 와서, 예수의 은혜를 받으니,

  예수의 자비에 복종하고 또한 따르며,

  십자가를 자랑할 뿐 아니라 거기에 달려 죽으신 예수를 자랑하고,

  용서받았음을 기뻐할 뿐 아니라 속죄해 주신 분 또한 기뻐합니다.

주께서 주시는 복은 영광스럽고도 확실하니,

진실로 주께서는 나의 안전과 복을 마련해 주셨으며,

  내가 견고히 서고 더 강해지리라 약속하셨습니다.

오, 주 하나님, 죄를 용서받지 아니하고는 내게 만족이 없고,

  은혜로 본성을 새롭게 하지 아니하고는 내게 쉼이 없으며,

  천국의 소망 없이는 내게 결코 평화가 없습니다.

내가 이 모든 것을 주님의 아들 예수 안에서 가지고 있으니,

  예수의 이름이 찬송받으소서.

오직 그리스도뿐

오, 하나님,

주님의 크신 계획과 뜻하신 목적은

  천국에서 그리스도를 영화롭게 하고 사랑받게 하시려 함이니,

  이제 그리스도께서는 천국에 올라가 계시고

  거기서 언젠가는, 선택받은 모든 사람이 그분의 영광을 보고

  영원히 그분을 사랑하며 영화롭게 기릴 것입니다.

내가 비록 여기서는 그리스도를 조금밖에 사랑하지 못하나,

그분을 사랑하는 이 일이 마침내 거기서는 나의 본분이 될 것입니다.

주께서는 나를 이 세상에 보내셔서 시작하게 하셨고,

  이 시작은 언젠가 위에 있는 나라에서 완성될 것입니다.

주께서는 나를 도우셔서, 희미하게나마 그리스도를 보고 알게 하셨고,

            그분을 받아들이고 영접하게 하셨으며,

            그분을 소유하고 사랑하게 하셨고,

            마음과 입술과 삶으로 찬양하게 하셨습니다.

나로 하여금 그리스도를 사랑하는 마음에서

  경건과 모든 모양의 섬김을 훈련하고 행하여

  감사하는 마음을 갖게 하시고,

사랑으로 그리스도의 뜻을 찾아 알게 하시며,

사랑 안에서 그 뜻을 붙들게 하시고,

날마다 힘써 이와 같은 마음을 잃지 않게 하소서.

주께서 나를 인도하셔서

그리스도와 하나 되는 일에,

그리스도께만 마음과 정성을 다하는 일에,

다른 이들에게 선을 행하며 그리스도를 닮아 가는 일에,

나의 모든 열망과 복을 두게 하셨습니다.

진실로 여기는 지상에 있는 나의 천국입니다.

그러나 성령의 능력과 감동하심이 있어야

비로소 나는 나의 예루살렘을 향해 나아갈 것입니다.

이 땅에서 나의 의무가 이와 같으니, 곧

세상에서 그리스도를 닮아 가며

그리스도의 행하심과 같이 행하고

그리스도의 사심과 같이 살며

사랑과 온유함으로 그 길을 걷는 일이니,

그리하면, 그리스도께서 세상에 알려지시고

나는 평화롭게 죽음에 임할 것입니다.

나의 영광 예수

오, 주 하나님,

주께서 내게 예수를 믿으라 명하셨으니,

　내가 다른 피난처를 찾아 달아나지 아니하며

　　　다른 샘에 가서 씻지 아니하며

　　　다른 기초 위에 서지 아니하며

　　　다른 충만으로 충만하지 아니하며

　　　다른 안식으로 안식하지 아니합니다.

예수의 물과 피가 십자가에서 따로 흐르지 않았으니,

　내가 믿는 신앙의 신조와 고백에서도

　　이 물과 피가 분리되어 흐르는 일이 없게 하소서.

나로 하여금 죄의 책임과 더러움을 확신하게 하시고,

　　　　내게 왕이요 구주가 필요함을 깨닫게 하시며,

　　　　예수께 용서뿐 아니라 회개도 간청하게 하시고,

　　　　거룩함을 사랑하고, 마음이 깨끗한 자 되게 하시며,

　　　　예수의 마음을 품고,* 그분의 발자취를 따라가게 하소서.

___
* 빌립보서 2:5 참조.

내 뜻대로 무엇을 하지 않게 하시고,

　다만 내가 한분 예수의 보살핌 아래 있음을,

　지혜로우셔서 그르침이 없고

　친절하셔서 해를 입힘이 없으며

　온유하셔서 파괴하는 일이 없으신

　한분의 보살핌 아래 있음을 기뻐하게 하소서.

나의 성정과 품행으로 분노하는 사람이 없게 하시고,

　주변 모든 사람들에게 그리스도를 알리고 사랑하게 하시며,

　할 수 있는 대로 모든 사람에게 선을 베풀게 하시고,

　유익하게 쓰임받는 기회를 거절하지 않게 하소서.

내게 주신 물질을 소중히 여기되

　교만과 사치의 도구가 아니요,

　나를 부양하고 청지기 직분을 감당하는 수단으로 여기게 하소서.

나를 도우셔서 분별없이 감정에 끌려다니지 않게 하시고,

　　　　　아무에게 무엇도 빚지지 않게 하시며,

　　　　　궁핍한 자에게 기꺼이 베풀게 하시고,

　　　　　자비와 용서가 나의 의무요 기쁨임을 느끼게 하시며,

　　　　　예수를 닮았다 함이 무엇인지 세상에 증거하게 하소서.

예수의 사랑

오, 예수의 아버지가 되시는 주 하나님,

나를 도우셔서 주께 나아갈 때 무례히 나아가지 않게 하시고,

　한없이 경건한 마음으로 나아가게 하시며,

　비굴한 두려움이 아닌 거룩한 담대함으로 나아가게 하소서.

주께서는 나의 지식이 닿을 수 없는 곳에 계시나

　나의 사랑이 닿을 수 없는 곳에 계시지는 아니합니다.

내가 주님을 말할 수 없이 사랑함을 주께서 아시오니, 이는 주께서

　말할 수 없이 사랑스러우시고 선하시며 완전하시기 때문입니다.

예수의 사랑에 나의 마음이 감격하니,

　예수께서는 나의 형제요, 내 뼈 중의 뼈, 살 중의 살이며,

　나와 혼인하시고, 나를 위해 죽으셨으며, 나를 위해 살아나셨습니다.

예수께서는 나의 것이요, 나는 그분의 것이며,

　또한 나를 위해 주신 바 되었고, 나에게 주신 바 되었습니다.

나는 예수의 것일 때라야 진정 나의 것이 되며,

　예수께 속할 때라야 진정 나를 잃지 않으니,

　비로소 내가 참된 나를 발견합니다.

그러나 나의 사랑은 서리와 냉기요 얼음이며 눈이니,

예수의 사랑으로 나를 따뜻하게 하시고,

예수의 사랑으로 나의 짐을 가볍게 하시며,

예수의 사랑이 나의 천국이 되게 하소서.

그 사랑의 감화로 내게 그 사랑을 더욱 드러내셔서,

　예수께 드리는 나의 사랑이 더욱 뜨겁게 타오르게 하소서.

예수의 영원하신 사랑의 큰 물결이 높아지고 높아져

　나의 죄와 근심의 암초들을 덮어 주소서.

그리하면 내 영혼이 그 물결 위에 떠서,

　내 삶을 파선하려 했던 바위들을 피해 갈 것입니다.

나로 하여금 그 사랑을 위해 살며 열매 맺게 하시고,

　나의 성품이 날마다 더 아름다워지게 하소서.

그리스도의 사랑이 내게 밑그림으로 그려지면,

　이제는 그분께서 하나님의 붓으로 색을 칠하시되

　온전한 모습을 얻기까지 칠하시리니,

　마침내 나는 나의 주님이신 예수와 똑같은 그림이 될 것입니다.

오, 주 예수님, 내게 오소서.

오, 하나님의 성령이여, 내게 임하소서.

오, 거룩하신 아버지, 사랑하시는 자로 인하여

나를 자비롭게 여겨 주소서.

예수를 향한 사랑

주 예수님,

내가 주님을 사랑하면 내 영혼이 주님을 찾을 것입니다!

  그러나 주님을 향한 나의 사랑이 살아 있지 아니하고서

  어찌 내가 주님을 찾을 수 있겠습니까?

주께서 선하시며 또한 나를 긍휼히 여겨 주시므로

  내가 주님을 사랑하는 것입니까?

주께서 나를 돌아보지 아니하심이 마땅하니,

  이는 내가 비천하고 이기적인 까닭입니다.

  그럼에도 내가 주님을 찾고 주님을 발견하였더니,

  나를 삼키려는 진노는 온데간데없고

  보이는 것은 그윽하신 주님의 사랑뿐입니다.

주께서 저 타는 듯한 태양과 내 영혼 사이에 우뚝한 바위처럼 서 계시니,

  내가 선택받은 자로 그 바위 시원한 그늘 아래 살아갑니다.

나의 마음이 주님 없이 움직일 때

  나의 마음이 지어내는 것은 거짓과 미혹뿐이며,

나의 감정이 주님 없이 움직일 때

  눈에 보이는 것은 죽은 행위뿐입니다.

오, 주께서 내 안에 거하셔야 하오니,

　이는 내 육의 눈으로는 주님을 볼 수 없고

　다만 주님을 믿는 믿음으로만 살아갈 수 있기 때문입니다.

　나를 바라보시는 주님의 얼굴은 수천의 태양보다 밝습니다!

내 안의 모든 죄를 보고, 모든 수치가 나의 몫임을 알게 될 때

　나로 하여금 주님 안에 있는 모든 선을 보고,

　또한 모든 영광이 주님의 것임을 알게 하소서.

이상한 빛이 영광스러운 은혜인 양 내 마음에 들어찰 때

　주께서 영광 중에 나타나셨다고

　그릇되게 생각하는 일이 없게 하소서.

　나로 하여금 진실로 주께서 나타나실 때

　주님의 밝은 빛으로 나의 모든 영광이 퇴색하고,

　이 세상의 모든 영예와 즐거움과 유익이 빛을 잃게 됨을 알게 하소서.

아들께서 불현듯 영광 중에 나타나시니

　모든 피조물보다 빛나는 분으로 나타나시며,

　사람들로 하여금 마음이 가난한 자 되게 하시고,

　그들이 그분 안에서 유익을 찾도록 도우십니다.

이제 내가 나를 믿지 아니하오니,

　오직 예수 안에서 나의 모든 것을 보게 하소서.

재림

오, 하나님의 아들이요 사람의 아들이신 주님,

주께서는 나를 위하여 성육신하시고 고난받으셨으며,

　부활하시고 승천하셨습니다.

주께서 이 세상을 떠나가심은 이별이 아니요,

　다시 오시겠다는 약속이었습니다.

주께서 다시 오실 때까지 우리는

　주님의 말씀과 약속과 성례에서 주님의 죽음을 봅니다.

주께서 다시 오시는 그날은 내게 두려운 날이 아니니,

　주님의 죽음으로 내가 구속받았고

　주님의 성령으로 내가 충만하며

　주님의 사랑으로 내가 살아가고

　주님의 말씀으로 내가 다스림을 받기 때문입니다.

내가 주님을 신뢰하였고, 주께서는 나의 신뢰를 저버리지 아니하셨으며,

　내가 주님을 기다렸고, 이 기다림은 헛되지 아니하였습니다.

주께서 다시 오셔서 흙에서 내 육신을 일으켜 내 영혼과 결합하시리니,

　무한하신 능력과 사랑으로 이루어질 이 놀라운 일은

　　저 대양의 물을 붙들어 경계를 정하시고,

때를 따라 바닷물을 들고 나게 하시며,

별들의 운행을 주관하시고,

모든 피조물을 살아 있게 하시는 것보다 더 큰 일이 될 것입니다.

이 썩을 몸이 썩지 않을 것을 입고,

이 죽을 몸이 죽지 않을 것을 입으며,

이 육의 몸이 영의 몸을 입고,

이 욕된 몸이 영광스러운 몸을 입으며,

이 약한 몸이 강건한 몸을 입을 것입니다.

내가 지금 주님의 약속을 기뻐하되 그 약속이 성취될 때처럼 기뻐하니,

이는 지체가 죽으면 머리 또한 살 수 없기 때문입니다.

무덤 너머에 부활과 심판과 죄 없다 하심과 다스리심이 있습니다.

내 삶의 모든 일들이 다루어질 때

젊은 날의 죄, 남 몰래 지은 죄,

주님을 욕되게 하고 주님의 말씀에 불순종한 죄,

목자들의 훈계를 무시한 죄,

양심을 거슬러 지은 죄,

이 모든 죄들이 심판받을 것입니다.

심판 후에는 주님의 택하신 백성들에게 평화와 안식,

생명과 섬김, 일과 기쁨이 있을 것입니다.

오, 하나님, 내가 이 믿음을 지키며, 그리스도의 재림을 고대하게 하소서.

성령

오, 성령님,

태양이 빛으로 가득하고

바다가 물로 가득하며

하늘이 영광으로 가득하듯이,

　나의 마음이 주님으로 가득하게 하소서.

주께서 내 안에 역사하셔서,

　주님의 능력으로 거듭나게 하시고

　예수를 볼 수 있는 눈을 주소서.

　보이지 않는 세계의 실상을 보여주시는 이 모든 일이 없다면,

　하나님의 모든 사랑의 목적이 헛되고

　예수께서 이루신 구속 또한 헛될 것입니다.

주님을 내게 제한 없이 주시되

　마르지 않는 샘물처럼 주시며,

　줄지 않는 부요처럼 주소서.

내가 나의 냉담과 궁핍과 공허와

　　　　불완전한 소망과 열심 없는 봉사와

　　　　기도 없는 기도와 찬양 없는 찬양을 슬퍼합니다.

내가 주님을 슬프시게 하거나 거역하지 않게 하소서.

능력으로 오셔서,

　반역하는 모든 정욕을 쫓아내시고,

　최고의 주권자 되셔서 나를 주님의 것으로 삼으소서.

교사로 오셔서,

　모든 진리 가운데로 인도하시고, 모든 지식으로 채우소서.

사랑으로 오셔서,

　아버지를 흠모하게 하시고, 그분을 나의 전부로 사랑하게 하소서.

기쁨으로 오셔서,

　내 안에 거하시고, 내 안에서 역사하시며, 나를 살아 있게 하소서.

빛으로 오셔서,

　성경을 밝히 비춰 주시고, 성경의 법으로 나를 빚으소서.

거룩하게 하시는 분으로 오셔서,

　나의 몸과 영혼을 온전히 주님의 것으로 삼아 주소서.

도우시는 분으로 오셔서,

　복 주시고 지켜 주시며, 나의 모든 발걸음을 인도하소서.

아름답게 하시는 분으로 오셔서,

　혼란에서 질서를 이끌어 내시고, 혼돈에서 사랑스러움을 만들어 내소서.

내 안에서 높임받으시고 주님의 영광이 더욱 커지게 하시며,

　내게서 주님의 향기가 피어나게 하소서.

성령 하나님

오, 주 하나님,

그 어떤 은혜를 받기보다 성령을 더 받고자 내가 기도하오니,

　이는 내가 성령의 부재를 느끼고

　모든 일에서 나의 영으로 행하려 하기 때문입니다.

성령의 임재를 사모하는 약한 열망은 제하시고,

　진정으로 그분의 임재를 바라는 간절한 소망을 주소서.

　이 간절한 소망만이 그분의 모든 은총을 얻는 유일한 길이요,

　성령의 인치심 또한 얻을 수 있기 때문입니다.

성령께서는 치유하시고, 도우시고, 살리시고

　단번에 겸손하게 하실 수 있으며,

　능히 은혜와 생명을 일으키실 수 있고,

　영원하시므로 영원히 은혜를 주실 수 있습니다.

내 앞의 큰 방해물들을 면하게 하시고,

　성령을 적게 받고도 만족하는 일이 없게 하시며,

　이제는 주께서 더 주시지 않으리라 생각지 않게 하소서.

내게 성령이 안 계심을 느낄 때 생명과 믿음의 불을 붙여 주소서.

  주님을 잃으면 나는 어둠 가운데서 주님을 볼 수 없고,

  사탄과 육의 부추김으로 적은 빛으로도 만족하며

  생명의 성령을 더 이상 찾지 않기 때문입니다.

그러므로 내게 할 바를 가르쳐 주소서.

다만 나를 겸손히 낮추고 마음을 가라앉혀야 합니까?

내가 성령을 더 가까이 모실 모든 방편을 생각하고 구하되,

  한 가지 방편으로 만족하지 아니하고

  모든 방편을 통하여 성령께서 내게 복 주실 것을 믿고

  주님의 빛만 의지하고 기다려야 합니까?

내 안에 성령이 충만하기를 기도하고 사모함은 의무입니까, 아닙니까?

내 안이 비어 있으면 그리스도를 믿는 믿음으로 더 충만해질 수 있음에도

  내 안에 성령의 임재가 느껴지지 않는다 하여

  내게 성령이 안 계신다고 생각한다면, 이는 나의 오해입니까?

사도들의 성령 충만은 그들 자신을 버리고

  그들의 생명과 기쁨이신 예수 안에서 살아가는 능력이었습니까?

나를 가르치셔서, 오직 예수 안에서만 성령의 충만함을 찾고 알게 하소서.

예수의 성령

주 예수 그리스도여,

주님의 성령으로 나를 채우셔서

  나로 주님의 임재에 사로잡히게 하소서.

내가 눈멀었으니, 성령을 보내셔서 눈을 뜨게 하시고,

     어둠 속에 있으니, 성령으로 하여금 "빛이 있으라!" 말씀하게 하소서.

성령께서 내게 믿음을 주셔서 보게 하시되

  주님의 손바닥에 새기신 나의 이름과

  주님의 피로 구속받은 나의 영혼이며 육신과

  주님의 온전한 순종의 삶으로 덮어 가리신 나의 죄악을 보게 하소서.

성령의 계시의 은혜로 나를 채우셔서

  주님과 굳건히 맺은 연합을 깨닫게 하시고,

  주께서 의와 사랑과 자비와 신실하심으로

  나를 영원히 주님의 신부로 맞아 주셨음을 알게 하소서.

  또한 내가 주님과 하나 되었으되

  줄기에 붙은 가지와 같이,

기도의 골짜기

기초 위에 세운 집과 같이, 하나 되었음을 알게 하소서.

내가 슬플 때 성령의 위로로 내게 힘을 주시고,

내가 시련을 당할 때 성령의 힘으로 나를 붙드시며,

내가 피곤할 때 성령의 은총으로 나를 회복케 하시고,

성령의 임재로 나를 거룩한 열매 맺는 자 되게 하시며,

성령의 능력으로 나를 평안과 기쁨 가운데 세우시고,

성령의 격려로 나를 쉼 없이 기도하는 자 되게 하시며,

성령의 기운으로 내 안에 꺼지지 않는 헌신의 불을 일으키소서.

내 마음을 살피시는 성령을 보내셔서,

나의 더 많은 부패와 무익함을 깨닫게 하시고,

　이로 인하여 내가 내 구원의 시작이요 끝이신

　　주께 달아나며,

　　주께 매달리고,

　　주님을 의지하게 하소서.

나의 냉담과 고집으로 성령을 괴롭게 하거나

　　냉담한 마음으로 성령을 슬프시게 하거나

　　완악함으로 성령을 거역하지 않게 하소서.

오, 주님, 주의 크신 이름을 기억하시고 나의 기도에 응답하소서.

교사이신 성령

오, 성령 하나님,

내가 알지 못하는 것을 주께서 가르쳐 주소서.

나로 그리스도의 학교에서 겸손한 제자가 되어

　타락하고 죄 많은 인간인 나 자신,

　영원히 멸망해야 마땅한 나 자신이

　어떠한 존재였는지 날마다 배우게 하소서.

오, 내게 구주가 필요함을 한시도 잊지 않게 하시고,

내가 구주를 떠나서는 아무것도 아니며,

　아무것도 할 수 없음을 망각하지 않게 하소서.

나의 이해력을 넓히셔서 성경을 알게 하시며,

거룩하신 삼위의 경륜과 사역을 내 영혼에 계시하소서.

나의 어두운 마음에 예수로 말미암은 구원의 지식을 심으시고,

그분께서 언약하신 일과 그 일의 완전한 성취를 알게 하소서.

　이로써 내가 예수께서 이루신 일에 의지하여

　그분의 아버지요 나의 아버지이신

하나님 아버지의 사랑을 그 아들 안에서 발견하게 하시고,

또한 주님의 감화를 받고 마음을 드려

한분으로 계신 삼위와 사귐을 갖게 하소서.

오, 지혜와 계시의 성령님, 모든 진리로 나를 인도하셔서

나의 평안에 합당한 것들을 알게 하시며,

또한 주님을 통하여 새롭게 되게 하소서.

주께서 성경에 계시한 바와 다름없이

아버지의 사랑이 내 마음에도 동일하게 느껴지게 하시며,

내 영혼에 그리스도의 피의 효험을 지속적으로 적용하셔서

그 피가 모든 죄를 씻어 냄을 믿게 하시고,

또한 나의 마음이 위로받게 하소서.

믿음에서 믿음으로 나를 인도하셔서

화해하시는 아버지께 언제나 스스럼없이 나아가게 하시고,

또한 언제나 아버지와 더불어 화평을 누리며

의심과 두려움과 부패와 유혹에 대적하게 하소서.

성령께서 나로 하여금

깨끗한 마음으로, 그리스도의 사랑을 확신하며,

믿음으로, 그리스도께 더 가까이 가도록 가르치시니,

내가 이 길에서 망설이지 않게 하소서.

성령의 사역

오, 성령 하나님,

아버지와 아들께로부터 오시는 성령님,

  나를 불쌍히 여기소서.

주께서 태초에 혼돈 위에서 활동하고 계실 때

  질서가 탄생했고,

  세상이 아름다움을 입었으며,

  풍요로운 결실이 이루어졌습니다.

주께 기도하오니, 나의 무질서한 마음 위에서도 운행하소서.

가증한 욕망과 정욕의 질병을 없애 주시고,

불신의 안개와 어둠을 걷어 내시며,

진리의 빛으로 내 영혼을 밝히시고,

이 영혼으로 하여금 낙원의 동산같이 향기롭게 하시며,

          각양 탐스러운 열매로 풍요롭게 하시고,

          천국의 은혜로 아름답게 하시며,

          하나님의 빛으로 빛나게 하소서.

주께서 맡으신 거룩한 직분의 영광을 내 안에서 이루시고,

  나의 위로자요 빛이요 안내자 되시며, 정결케 하는 이 되어 주소서.

그리스도의 일들을 취하여 내 영혼에 보이소서.

내가 성령님을 통하여 날마다 더 그리스도의 사랑을 배우고

　그분의 은혜와 긍휼과 신실하심과 아름다우심을 배우게 하소서.

나를 십자가로 인도하셔서, 그리스도의 상처를 보게 하시고

　　　　　　　　　　악의 저주스러운 실상과

　　　　　　　　　　사탄의 권세를 보게 하소서.

십자가에서 나의 죄를 보되, 그리스도를 못 박은 쇠못으로 보게 하시고

　　　　　　　　　　그리스도를 결박한 끈으로 보게 하시며

　　　　　　　　　　그리스도를 찌른 가시로 보게 하시고

　　　　　　　　　　그리스도를 꿰뚫은 칼로 보게 하소서.

나를 도우셔서, 그리스도의 죽음에서

　그분의 사랑과 무한하신 은혜를 발견하게 하소서.

"다 이루었다" 하신 그 말씀의 깊고 놀라운 진리를 내게 열어 보이소서.

　속죄가 완성되었고

　대속이 성취되었으며,

　구속이 이루어졌고

　죄책이 제거되었으며,

　빚이 청산되었고

　죄를 용서받았으며,

　육신이 구속받았고

　영혼이 구원받았으며,

지옥이 패배했고

천국이 열렸으며,

영원이 나의 것이 되었으니,

나로 이 일들을 명백히 알게 하시고, 믿음을 더해 주소서.

오, 성령님, 이 구원의 가르침을 내 안에 깊이 심어 주소서.

나의 마음판에 이 가르침을 기록하셔서, 나의 걸음이 언제나

죄를 미워하고,

죄를 피해 달아나며,

그리스도를 사랑하는 걸음이 되게 하시고,

나로 하여금, 마귀의 어떠한 간계에도 미혹되거나 속지 않게 하소서.

2. 구속과 화해

복음의 길

복되신 주 예수님,

인간의 지성으로는 복음을 고안할 수도 만들어 낼 수도 없습니다.

영원한 은혜로 행하시는 주께서 복음의 전언자요 그 복음이시니,

　끝없는 연민으로 이 땅에서 사셨고,

　주님의 생명을 모욕과 상처와 죽음에 내맡기셔서

　나로 하여금 구속받고 속량되어 자유를 얻게 하셨습니다.

오, 아버지, 이 길을 계획하셨음에 찬미받으소서.

오, 하나님의 어린양이여, 이 길을 내셨음에 영원히 감사드립니다.

오, 성령님, 이 길을 내 마음에 들이셨음에 영원히 찬양합니다.

영광스러운 삼위일체 하나님, 내 영혼에 이 복음을 인 치셔서,

　복음의 효력이 편만히 미치게 하소서.

복음을 듣고, 인정하고, 고백하고, 느끼게 하소서.

나를 가르치셔서, 이 놀라운 은총을 단단히 붙들어 지키게 하소서.

나를 도우셔서, 내가 사랑하던 모든 욕망을 단념하게 하시고,

　　　　　나의 마음과 삶을 복음의 명령에 복종하게 하시며,

　　　　　복음을 나의 의지 안에 들여와

복음으로 나의 감정을 다스리고,

복음으로 나의 지식을 형성하게 하시며,

참된 신앙의 규례를 충실히 지키되

한시도 이 규례에서 벗어나는 일이 없게 하시고,

어떤 유익을 좇아 해로움이나 불편이나

위험을 모면하는 일이 없게 하소서.

나를 십자가로 데려가셔서, 그 수치에서 영광을 보게 하시며,

나의 행위로 의로움을 내세우며 기뻐하는 허영을 벗겨 내소서.

오, 은혜로우신 구주여,

내가 너무 오래 주님을 무시했고

빈번히 주님을 십자가에 못 박되

나의 완악함으로 인하여 거듭 못 박았으며,

사람들 앞에서 주님을 욕되게 했습니다.

그토록 오래 보이신 인내를 인하여, 이처럼 기꺼이

주님의 것이 되려는 마음을 주신 은혜를 인하여, 주께 감사드립니다.

오, 분리될 수 없도록 든든히 주님과 하나로 연합하셔서,

다시는 그 무엇도 나를 나의 주님,

나의 구주에게서 빼앗아 갈 수 없게 하소서.

깨어난 죄인

오, 잊기 잘하는 나의 영혼아,

방황하는 네 꿈에서 깨어나라.

　헛된 것을 좇는 데서 돌이켜

　안을 보고 앞을 보고 위를 보며,

　너 자신을 보고,

　너 자신을 돌아보라.

　　너는 누구이고 무엇이며, 왜 여기에 있는지

　　이제 곧 어찌 될 운명인지 돌아보라.

너는 하나님의 피조물이니,

　하나님에 의하여 형성되고 구비되었으며,

　장막 안의 목자와 같이 육신 안에 유숙함이라.

　네게 정녕 하나님의 길을 알고자 하는 마음이 없더냐?

오, 하나님,

상처 입으시고 무시당하며 반역당하신 은혜의 주님,

　내가 주님의 위대하심과 선하심을 생각할 때면

기도의 골짜기

나의 무지가 수치스럽기 한이 없으며,

차마 부끄러워 얼굴을 들 수 없으니,

이토록 나는 어리석게 행하였습니다.

주님의 분별 있는 피조물들이 모두 주님을 사랑하며

주님을 기쁘시게 하려 마음을 쓰건만,

어찌하여 나는 여기서 주님을 더 소홀히 대합니까?

고백하오니,

그동안 내 모든 생각의 중심에 주께서 계시지 아니하였고,

주님을 내 존재의 목적으로 아는 것을 간과하였으며,

내 마음의 결핍을 진정으로 헤아리지 아니하였습니다.

그러나 나의 마음이 갈 바를 몰라 헤매며, 나의 심성이 뒤틀렸어도,

나의 은밀한 마음은 여전히 주님을 갈망합니다.

나로 하여금 더 이상 지체 않고서 주께 나아가게 하소서.

결박당한 악한 감정, 저 죽음의 주술을 풀어 주시고,

주님을 의지하는 복된 마음에 이르게 하소서.

주께서는 나를 만드셨으니, 나를 잊으실 수 없습니다.

주님의 성령으로, 그리스도의 생명의 교훈을 내게 가르치게 하소서.

주님, 나 혼자서는 배움이 더딥니다.

나의 목멘 이 부르짖음을 들어주소서.

죄를 깨닫게 하시는 성령

모든 은혜와 위로의 주님이신 거룩하신 성령님,

오셔서 내 영혼에 회개를 불러일으키소서.

죄의 더러움을 드러내셔서, 내가 죄를 미워하게 하소서.

하나님의 위엄과 자비로 나의 마음을 감동시키셔서,

멸망할 나의 모습과 하나님 안에 있는 도우심을 보게 하소서.

나를 가르치셔서 나의 창조주를 보게 하시며,

        그분의 구원의 능력과

        그분의 크게 벌리신 두 팔과

        나를 향한 그분의 크신 마음을 보게 하소서.

나로 그분의 능력과 사랑을 신뢰하여

    서슴없이 그분께 나의 영혼을 맡기고,

    그분의 모습을 닮아 가며,

    그분의 법을 지키고,

    그분을 섬기는 일을 쉼 없이 하게 하시며,

    영세무궁토록

     그분의 은혜의 효험을 입증하는 기념비요

     그분의 승리를 증거하는 면류관이 되게 하소서.

기도의 골짜기

나로 기꺼이 그분의 길에서 구원받으려는 마음을 주셔서
  내 안에서는 아무것도 알지 않게 하시며,
  예수 안에서 모든 것을 알게 하소서.
나를 도우셔서 예수를 받아들일 뿐 아니라
                예수 안에서 걷고,
                예수를 의지하며,
                예수와 사귀고,
                예수를 본받으며,
                예수를 따르게 하시고,
                불완전하나 굳건히 앞으로 나아가게 하시며,
                수고를 불평하지 아니하고 쉼이 귀한 줄 알며,
                고난을 당하나 원망하지 아니하고
                나의 처지에 감사하게 하소서.
내게 구원의 수단이요 모든 선의 원리이자 통로가 되는 믿음을 주소서.
나로 믿음을 통하여 은혜로 구원받게 하시며,
      믿음으로 살게 하시고,
      믿음의 기쁨을 느끼게 하시며,
      믿음으로 행하게 하소서.
내 안에서는 아무것도 알지 않게 하시고, 오직 예수 안에서
지혜와 의와 거룩하게 하심과 구속을 알게 하소서.

죄를 깨달은 자의 외침

의롭고 거룩하시며 주권자 되시는 주님,

나의 생명이 주님의 손에 있으며, 나의 모든 길이 주님의 것입니다.

나로 신앙을 가벼이 대하지 않게 하시고

　신앙 안에 나를 확고히 붙들어 두소서.

　나는 마음에 정한 바가 없고

　나의 결심은 연기요 증기와 같아서,

　주께 영광을 돌리지 못하고

　주님의 뜻에 따라 행함도 없습니다.

주께서는 길이 참으시고 선하시며, 인내심이 많고 자비하시니,

　나의 생각이 자라 반응하고

　내 영혼의 싹이 자라 꽃을 피우기까지는

　나를 내치지 마소서.

나를 구원하시고

　죄의 간계와 속임수에 당하지 않게 하시며,

　내 뒤틀린 본성의 배역을 막아 주시고

　내게 죄 있다 하시는 주님의 책망을 부인하지 않게 하시며,

　끝없이 주께 반역하는 이 삶에서 떠나게 하시고

기도의 골짜기

그릇된 원칙과 주장과 목적을 내려놓게 하소서.

나의 모든 생각과 감정과 열망과 추구가

주님에게서 멀어져 있음을 내가 압니다.

주님은 사랑이시건만

나는 주님을 몹시도 미워하는 사람처럼 행하였으며,

끝까지 주님을 시험하여 주님의 인내심을 닳아 없애려 하였고,

말과 행동으로 악하게 살았습니다.

내가 왕이었다면

이러한 반역자는 오래전에 멸하였을 것이며,

내가 아버지였다면

이러한 자식은 애초부터 내쫓았을 것입니다.

오, 내 영혼의 아버지 되시며

내 삶의 왕이신 주님,

나를 멸하지 마시고,

주님 앞에서 내쫓지 마시며,

다만 내게 상한 마음을 주셔서 치유받게 하시고,

나의 마음을 깨뜨리셔서 주님 손으로 온전하게 하소서.

하나님과 나

전능하신 주 하나님,

주님의 지식은 헤아릴 수 없이 무궁하며,

주님의 능력은 멈춤이 없으며,

주님의 섭리는 끝없는 공간에 펼쳐져 있으며,

모든 일이 주님의 보호 아래 있고,

주님에게는 시간이 영원한 현재입니다.

주님의 지혜와 능력과 자비와 길과 역사가 거룩하시니,

어찌 내가 셀 수도 없고 악하기 이를 데 없는 죄를 가지고

주님 앞에 설 수 있겠습니까?

나는 어둠을 사랑하고

　　　헛된 우상을 섬겼으며,

　　　주께서 베풀어 주신 은혜를 저버리고

　　　주님의 사랑하시는 아들을 짓밟았으며,

　　　주님의 섭리를 조롱하고

　　　입술로 주께 아첨했으며,

　　　주님의 언약을 어겼습니다.

내가 진멸되지 않음은 주님의 긍휼 때문입니다.

나를 인도하셔서 회개하게 하시며, 절망에서 구하소서.

나로 주께 나아가 나를 내려놓고 정죄하며 혐오하게 하시고,

　죄인의 우두머리에게도** 흘러넘치는 은혜를 의지하게 하소서.

십자가에서 죄의 악함을 생각하고 그 죄를 증오하게 하시며,

　　　　　　　　내가 찌른 그분을 바라보되

　　　　　　　　나를 위해 죽임을 당하셨으며,

　　　　　　　　내가 죽인 분으로 바라보게 하소서.

그분의 죽음이 나를 구원하는 효험에 못 미칠까 염려하여

　그분의 죽음을 경시하는 일이 없게 하소서.

또한 내가 어떠한 십자가를 감당하게 될지라도

　언제나 더 무거운 십자가를 짊어지신 그분을 바라보게 하소서.

나를 가르치셔서 건강할 때 병듦을 미리 생각하게 하시고,

　　　　　　　　밝은 시간에 어둠을 대비하게 하시며,

　　　　　　　　살아 있을 때 죽음을 준비하게 하소서.

　영원불멸하며 초월하시는 주님,

　주님의 아들과 아들의 사역 안에 계시되셨으나

　죄인들의 친구가 되어 주신 주님,

　내 영혼이 주님 안에서 안식하게 하소서.

---

* 　요나 2:8 참조.

** 　디모데전서 1:15 참조.

중보자

영원하신 창조주 아버지,

　내가 나를 파멸했으니,

　나의 본성은 더러워졌고

　내 영혼은 한없이 추락했습니다.

　이처럼 내가 천하고 비참하며 나약하여도

　나의 소망은 주께 있습니다.

이러함에도 내가 구원받는다면

　그것은 분에 넘치는 놀라운 선하심 때문이요,

　그저 자비하심이 아니라 넘치는 자비하심과

　그저 은혜로우심이 아니라 지극히 부요한 은혜로우심 때문입니다.

주께서 이같이 계시하시고 약속하시며 친히 모범을 보이셨으니,

　악이 아니라 화평을 생각하며 그리하셨습니다.

주께서는 죄의 지옥에서 나를 구해 내셔서,

　복과 영광과 안전을 회복해 주실 방편을 마련하셨습니다.

내가 영원하신 언약을 인하여,

　　　중보자를 약속해 주심을 인하여, 주님을 찬양합니다.

중보자께서 실패하지 아니하고 낙심치도 아니하셨으며,

  주께서 행하라고 하신 그 일을 이루시고,

  십자가 위에서 "다 이루었다" 말씀하셨기에 내가 기뻐합니다.

주님의 공의가 충족되었고,

주님의 진리가 세워졌으며,

주님의 율법이 높임을 받았고,

  내 소망의 근거가 마련되었으니, 내가 크게 기뻐합니다.

지금 내게 있는 그리스도에 대한 권리에 희망을 걸고 말합니다.

  진정으로 그분께서는 나의 고난을 떠맡으셨고,

                나의 슬픔을 짊어지셨으며,

                나의 평화를 쟁취하셨고,

                나의 영혼을 치유하셨도다.

그분의 피로 의롭다 하심을 받아 그분의 생명으로 구원을 얻고,

그분의 십자가를 자랑하며 그분의 규 앞에 머리를 숙이며,

성령으로 말미암아 그분의 마음을 소유합니다.

주님, 나의 신앙이 일시적이고 부분적이지 아니하며

오직 보편적이고 전 우주적인 효력이게 하시고,

언제나 나로 주님의 일뿐 아니라 말씀 안에 머무르게 하셔서,

평화롭게 나의 마지막 날에 이르게 하소서.

고귀한 피

복되신 주 예수님,

주님의 십자가 앞에 내가 무릎 꿇고,

　내 죄의 증오스러움과

　주님을 저주받은 자* 되게 한 나의 불법과

　하나님의 진노를 불러일으키는 악을 봅니다.

내게 주님의 가시관과

　　　찢기신 손이며 발과

　　　상하신 몸과

　　　죽음 앞에서 부르짖으심을 나타내심으로

　　　내 죄의 극악무도함을 보여주소서.

주님의 피는 성육신하신 하나님의 피이니

　그 고귀함은 한이 없고, 그 가치는 감히 상상할 수도 없습니다.

죄는 나의 오래된 병이요 괴물이요 원수요 독사이며,

　　　나와 함께 태어나서

　　　나의 삶에 살아 있으며,

　　　나의 성향 가운데서 강하고

---

*　갈라디아서 3:13 참조.

나의 능력을 지배하며,

그림자처럼 나를 따라다니고

나의 모든 생각 속에 스며 있으며,

내 영혼의 왕국에서 나를 잡아 결박한 사슬입니다.

내가 이 같은 죄인이건만, 어찌하여 해는 내게 빛을 비추고

대기는 숨을 쉬게 하며

땅은 나의 발걸음을 받아 주고

그 열매로 나를 먹이며

그 소산으로 나의 목적에 이바지하는지요.

그러나 주님의 긍휼이 나를 향하시며,

주님의 마음은 나를 구하고자 서두르시고,

주님의 사랑은 내가 받을 저주를 감당하셨으며,

주님의 자비는 내가 받을 채찍을 견디셨습니다.

나로 하여금 낮아지고 또 낮아져 겸손히 걷게 하시고,

주님의 피로 적시게 하시며,

언제나 마음을 살피되

구원의 상속자로 영광을 누리며 기뻐하게 하소서.

갈보리에서 사랑이 빛납니다

나의 아버지,

나의 마음을 넓히시고, 감정을 뜨겁게 하시며, 입술을 여셔서,

　나로 하여금 "갈보리에서 사랑이 빛납니다" 하고 선언하게 하소서.

거기서 은혜가 나의 짐을 걷어 주님의 아들 위에 쌓았으니, 이로써

　그분은 나를 위해 범법자 되고, 저주받았으며, 죄가 되셨습니다.[*]

거기서 주님의 공의의 칼이 주님의 짝 된 자를 쳤습니다.[**]

거기서 주님의 무한한 속성들이 높임을 받았으며,

　무한한 속죄가 이루어졌습니다.

무한한 형벌이 예정되어 있던 거기서, 주님은 그 형벌을 감당하셨습니다.

그리스도께서 그토록 고뇌하심은 나의 온전한 기쁨을 위함이었고,

　버림받으심은 나를 안으로 들이기 위함이었으며,

　짓밟히심은 나로 친구처럼 환영받게 하려 하심이었고,

　스스로를 지옥의 가장 악한 곳에 내맡기심은

　나를 천국의 가장 좋은 곳에 이르게 하려 하심이었으며,

　옷이 벗겨지심은 나로 옷을 입게 하려 하심이었고,

　상처를 받으심은 나로 치유받게 하려 하심이며,

***

[*]　갈라디아서 3:13 참조.
[**]　스가랴 13:7 참조.

목마름을 겪으심은 나로 마시게 하려 하심이었고,

고초를 당하심은 나로 위로받게 하려 하심이었으며,

수치를 입으심은 나로 영광을 상속받게 하려 하심이었고,

어둠으로 들어가심은 나로 영원한 빛을 얻게 하려 하심이었습니다.

구주께서 우심은 내 눈의 모든 눈물을 닦아 주시기 위함이었고,

신음하심은 내가 부를 영원한 노래를 주려 하심이었으며,

모든 고통을 견디심은 나로 약해지지 않는 건강을 얻게 하려 하심이었고,

가시관을 쓰심은 나로 영광의 면류관을 쓰게 하려 하심이었으며,

머리를 숙이심은 나의 머리를 들게 하려 하심이었고,

치욕을 겪으심은 나로 환대를 받게 하려 하심이었으며,

돌아가시며 눈을 감으심은 나로 찬란한 빛을 보게 하려 하심이었고,

숨을 거두심은 나로 영원히 살게 하려 하심이었습니다.

오, 나를 아끼시려고 외아들을 아끼지 아니하신 아버지,

계획하고 성취하신 주님의 사랑이 이 모든 일에서 전해져 옵니다.

나를 도우셔서 나의 입술과 삶으로 주님을 예배하게 하소서.

오, 나의 모든 숨이 뜨거운 찬양이 되며,

나의 모든 발걸음이 기쁨의 행진이 되고, 나의 적대자들이 망하며,

사탄이 꺾이고 패하여 멸망하고,

화해하게 하시는 피의 바다에 죄가 수장되며,

지옥문이 닫히고 천국문이 열리게 하소서.

오, 넉넉히 이기시는 하나님, 나아가셔서,

이기고 위로하며 구원하시는 능력이 십자가에 있음을 내게 보이소서.

구주

모든 은혜의 하나님,

주께서 내게 구주를 주셨으니,

　내 안에 믿음을 일으키셔서 구주로 살게 하시고,

　　　　　　　　구주를 나의 모든 열망이요

　　　　　　　　나의 모든 희망이요

　　　　　　　　나의 모든 영광으로 삼게 하소서.

나로 하여금 피난처이신 구주 안에 들어가게 하시며,

　　　　기초이신 구주 위에 건축하게 하시고,

　　　　길이신 구주 안에서 걷게 하시며,

　　　　안내자이신 구주를 따라가게 하시고,

　　　　모범이신 구주를 본받게 하시며,

　　　　예언자이신 구주의 가르침을 받아들이게 하시고,

　　　　대제사장이신 구주의 중보에 의지하게 하시며,

　　　　왕이신 구주께 복종하게 하소서.

나로 하여금 구주와 구주의 말씀을 부끄러워하지 않게 하시고,

기도의 골짜기

다만 구주께서 겪으신 수치를 기쁨으로 짊어지게 하시며,[*]

부정하거나 분별없는 행실로

구주를 노엽게 하는 일이 없게 하시고,

나의 잘못으로 인한 고통을 견디고서

이를 영광으로 여기는 일이 없게 하시며,

많은 사람을 나의 모범으로 삼는 일이 없게 하시고,

말씀이 내게 전진하라 하실 때 지체하는 일이 없게 하소서.

주님의 귀한 아들로 이 악한 세상에서 나를 보호하셔서

세상의 미소에 내가 유혹받는 일이 없게 하시고,

세상의 위협에 무서워 떠는 일도

세상의 악덕에 더러워지는 일도

세상의 거짓에 속는 일도 없게 하소서.

나로 하여금 이 땅에서 나그네요 순례자임을 알게 하소서.

내가 하나님 나라를 추구할 때

그 나라를 소유할 권리가 날마다 더 분명하고,

그 나라에 들어갈 자격이 날마다 더 온전하며,

그 나라를 미리 맛봄이 날마다 더 풍성하게 하셔서

내가 무엇을 하든 언제나 구주의 이름으로 행하게 하소서.

---

[*] 히브리서 13:13 참조.

화해

전능하신 주 하나님,

주께서는 언제나 사람들보다 앞서 행하시니,

  주께서 십자가를 통하여 친히 세상과 화해하셨으며,

  이제도 사람들에게 이 화해를 받아들이라 말씀하십니다.

주님의 은혜의 권면을 받아들임은 내게 달린 일이니,

  해를 당하신 주께서 먼저 화해의 말씀을 건네시는데

  구원하시는 주님의 호의를 어찌 내가 의심하겠는지요.

  오히려 나의 어리석은 악의를 통탄해야 마땅합니다.

내가 주님의 은혜 하나만 바라고 주님 앞에 나아가지 아니하면

  경멸과 분노와 악의와 자만 가운데 사는 것이니,

  주께서는 이를 일러 원수 되었다 하십니다.

주께서는 내게 중보자 곧 메시아를 가르치셨으니,

  이 메시아는 나의 마음을 다하여 사랑으로,

  나를 다스리시는 왕으로,

  나를 이끄시는 예언자로,

  죄와 죽음을 거두어 가시는 제사장으로 받아들여야 합니다.

  이것을 받아들임은 주님의 사랑하시는 아들을 믿는 믿음으로 되오니,

이 아들께서 내게 가르치시기를,

스스로를 인도하지 말라,

스스로에게 복종하지 말라,

죄를 다스리고 이기려 하지 말라,

다만 나를 위해 모든 것을 행하실 분에게 붙어 있으라 하십니다.

주께서 내게 알려 주신바,

나를 구원하심은 그리스도의 일이요,

믿음으로 그분께 붙어 있음은 나의 일입니다.

이 믿음과 함께 날마다 회개가 있어야 하는데, 이 회개는

그리스도께서 은혜로 없애 주신 죄를 생각하며 우는 일입니다.

오, 하나님, 나를 더욱 가르치셔서,

믿음은 그리스도의 의를 깨닫는 것임을 알게 하소서.

그리스도의 의는 공의를 충족하기 위한 것이요,

또한 나를 향하신 주님 사랑의 흠 없는 증거입니다.

그리스도의 구원하심이 화평의 근거로,

이 죄인을 향하신 주님의 은혜의 근거로,

이 죄인을 받아 주시는 근거로 삼게 하셔서,

나로 하여금 언제나 십자가 곁에서 살게 하소서.

구원

오, 헤아릴 수 없이 위대하신 하나님,

주님 앞에서 나는 헛것이며 죄인이요, 죽어 없어질 것에 불과합니다.

죄가 주님의 은총을 내게서 박탈했으며,

    주님의 모습을 내게서 빼앗았고,

    주님 앞에서 나를 추방했으며,

    주님의 율법의 저주 아래 나를 놓이게 했습니다.

내 힘으로 나를 구해 낼 수 없어 절망 가운데 있습니다.

그러나 주님 안에 한 방편이 있으니,

  주께서는 나의 공로나 열망 없이도 영원한 계획을 마련하셨으며,

  이 계획은 주님의 완전성에 영광이 되는 것으로,

  천사들마저 들여다보고 싶어 했습니다.

이 선하심의 모든 영광을 선포하는 말씀이 또한 내 곁에 있으니,

  내게 권고하고 간구합니다.

죄를 깨닫고 절망한 이 죄인으로 하여금

  구원에 이르는 능력인 예수를 발견하게 하시고,

  모든 구원의 중심이요,

  복음이 주는 모든 복의 근원인 예수의 죽음을 발견하게 하소서.

나를 도우셔서 십자가 앞으로 나아가게 하시고,

 십자가로 인하여 세상에 대하여 못 박히게 하시며,

 십자가 안에서 한없이 낮아지는 겸손을,

                인내와 자기 부인의 동기를,

                참된 긍휼의 은혜를,

                영원한 생명을 붙드는 믿음을,

                내 머리를 들어 하늘을 바라는 소망을,

                나를 위해 죽으시고 살아나신 예수께

                영원히 나를 붙들어 매는 사랑을 발견하게 하소서.

나로 예수께서 흘리신 피로 인하여

 주님의 자비에 더욱 감사하게 하시고,

 주님의 징계 아래 더욱 겸손하게 하시며,

 주님 섬기는 일에 더욱 열심을 내게 하시고,

 유혹을 더욱 경계하게 하시며,

 지금의 형편에 더욱 자족하게 하시고,

 다른 이들에게 더욱 유익을 주는 자 되게 하소서.

중생

오, 지극히 높은 하늘에 계신 하나님,

　내 마음의 보좌에 오르셔서,

　온전히 좌정하시며, 최고의 통치자로 다스리소서.

　모든 반역의 욕망을 꺾으시며,

　악한 정욕으로 주님의 거룩한 싸움을 거역하는 일이 없게 하시고,

　주님의 강하신 능력을 드러내셔서,

　나를 영원히 주님의 것으로 삼으소서.

주께서는 내가 숨 쉴 때마다 찬양하기에 합당하신 분이요,

　　　영혼을 모두 드려 사랑하기에 합당하신 분이며,

　　　나의 모든 삶으로 섬기기에 합당하신 분입니다.

주께서는 나를 사랑하셨고, 신부로 맞아 주셨으며, 받아 주셨고,

　나를 값 주고 사셨으며, 씻겨 주셨고, 은혜를 베푸셨으며,

　옷을 입혀 주셨고, 꾸며 주셨으니,

　내가 쓸모없고, 비천하고, 더럽고, 오염되었을 때 그리하셨습니다.

내가 죄악 가운데 죽어 있어서,

　주님을 볼 눈도

　주님의 음성을 들을 귀도

주님의 기쁨을 맛볼 미각도

주님을 알아볼 지식도 없었습니다.

그러나 주님의 성령께서 나를 다시 살리셨고,

　　　　새로운 피조물로서 새로운 세계로 들어가게 하셨으며,

　　　　내게 영적인 지각을 주셨고,

　　　　빛이요, 안내자요, 위로자요, 기쁨인 주님의 말씀을 열어 주셨습니다.

주님의 임재는 내게 영원한 평안의 원천입니다.

그 어떤 것도 나를 주님의 긍휼에서 끊을 수 없으니,

주께서 이미 나를 사랑의 끈으로 묶어 끌어당기셨고,

또한 나를 날마다, 순간마다 용서해 주시기 때문입니다.

오, 나를 도우셔서 주님의 사랑과, 나의 소원과,

나의 소명에 합당한 걸음을 걷게 하소서.

나 스스로는 지킬 수 없으니, 주께서 나를 지켜 주시고 보호하셔서

내게 어떠한 해악도 닥치지 않게 하시며,

많은 사람들이 도모하는 모든 죄를 버리게 하소서.

나를 도우셔서 주님 곁에서 걷게 하시고,

　　　　　　주님의 팔에 기대게 하시며,

　　　　　　주님과 대화하게 하셔서,

이제부터 나로 세상의 소금이 되며

모든 이들에게 복이 되게 하소서.

부활

오, 출애굽의 하나님,

애굽이 해변에서 죽었을 때, 이스라엘 자손들의 기쁨이 컸으며,

구속자의 원수가 땅에서 진멸되었을 때, 그 기쁨이 크고도 컸습니다.

예수께서 승리자로서, 지옥과 죽음과 적대적인 모든 세력의

　정복자로서 큰 걸음으로 나오십니다.

그분께서는 죽음의 무리를 훼파하시며,

　어둠의 세력을 짓밟으시고, 영원히 사신 바 되었습니다.

은혜로운 보증자 되시는 예수께서는

　나의 빚으로 인하여 붙들리셨다가,

　무덤의 감옥에서 나오셔서,

　자유의 몸이 되시고, 죄와 사탄과 죽음을 이기셨습니다.

이로써 내게 증거를 보이셔서,

　그분이 대속의 제물로 죽으심으로 내가 속량되었으며,

　공의의 요구가 충족되었고,

　마귀의 통치가 흔들렸으며,

　그의 악한 권좌가 무너졌음을 알게 하소서.

이로써 내게 확신을 주셔서,

그리스도 안에서 내가 죽었고 그분 안에서 다시 살아났으며,

그분의 생명으로 내가 살고 그분의 승리로 내가 승리하며,

그분의 승천으로 내가 영광을 입을 것임을 알게 하소서.

찬양받으실 구속자여,

십자가 위에 들려 올라가신 주께서는

이제 지극히 높은 하늘에 올라 계십니다.

질고를 아시는 분으로 가시관을 쓰신 주께서는

이제 생명의 주님으로 영광의 관을 쓰고 계십니다.

일찍이 주님의 수치보다 더한 수치는 없었으며,

주님의 괴로움보다 모진 괴로움도 없었고,

주님의 죽음보다 잔인한 죽음도 없었습니다.

이제 주님의 높임받으심보다 더 높은 것은 없으며,

주님의 생명보다 더 영광스러운 생명도 없고,

주님의 변호보다 더 효력 있는 변호도 없습니다.

주께서는 사로잡은 원수들을 뒤에 묶으시고

승리의 병거를 타고 개선하십니다.

주께서 이루신 일보다 더한 일이 어찌 가능하겠는지요!

주님의 죽음은 나의 생명이요,

주님의 부활은 나의 화평입니다.

주님의 승천은 나의 희망이요,

주님의 기도는 나의 위로입니다.

택하심

거룩하신 삼위일체 하나님,

하나님께서 미리 아시고, 성령께서 거룩하게 하심으로

　나를 택하셔서 구원에 이르게 하시고,

　예수께 순종하며 그분의 피 뿌림을* 받게 하셨으니,

　주께 모든 찬양을 드립니다.

내가 주님의 겸손하신 사랑의 기적을 찬양하며

　참된 신자의 드높은 특권에 놀라니,

　이 참된 신자 안에는 모든 천국이 내려와 살고,

　참된 신자는 하나님 안에, 하나님께서는 참된 신자 안에 거하십니다.

이것을 믿으니, 나를 도우셔서 이것을 온전히 체험하게 하소서.

나를 가르치셔서 그리스도의 의가 공의를 충족하고

　주님의 사랑의 증거가 됨을 알게 하소서.

나를 도우셔서 믿음으로 그분의 의를 내 화평의 근거로,

　또한 주님의 은총의 근거요 나를 받아 주시는 근거로 삼게 하셔서,

　언제나 나를 십자가 곁에서 살게 하소서.

---

* 베드로전서 1:2 참조.

내 구원의 증거는 성령에 대한 느낌이 아니라,

　그리스도께서 나를 위해 완전하게 행하신 그 일의 참됨입니다.

그리스도 안에 있는 거룩함은 믿음으로 나의 것이 되었는데,

　내가 그토록 거룩하게 행하기라도 한 듯 나의 것이 되었습니다.

그러므로 내가 하나님의 공의를 충족하고 또한 나를 의롭게 하는

　그리스도의 의의 효력을 바라봅니다.

그리스도의 죽음이 나의 것이 되는 일은 감정으로 되지 아니하니,

　말씀 없는 감정은 망상일 수 있기 때문입니다.

　오직 믿음으로 깨닫고, 말씀과 성령께서 증거하시는

　그분의 죽음만이 나의 것이 될 수 있습니다.

내가 이처럼 믿음으로 살아가는 것을 인하여

　예수 안에서 나의 것이 된 그분의 의를 인하여

　내 의지를 주께 내어드리는 은혜를 인하여 주님을 찬양합니다.

모든 것이 주님의 뜻에 달려 있음을 생각하니 기쁘고,

　모든 것을 주님의 뜻에 맡기니 또한 기쁩니다.

그리하여 기도는 온전한 찬양이 되니,

　다만 나의 의무는 주님을 찬미하고 사랑하는 것뿐입니다.

내가 사람의 은덕에 의지하기를 원치 아니하오니,

　주님의 택하신 은혜가 그보다 한없이 좋음을 내가 알기 때문입니다.

그리스도인을 부르시는 일

오, 주 하나님,

부르심의 가장 처음 일은 말씀 안에 있는 주님의 명령으로 이루어지니,

"내게 오라, 내게로 돌아오라" 하심이 그와 같습니다.

두 번째 일은 빛을 내 안에 들임이니,

　이로써 내가 특별하게 부름받았음을 알게 되고,

　주님의 명령이 얼마나 참되고 기쁜지 깨닫게 됩니다.

　이것은 비천한 죄인을 부르시는 주님의 참된 사랑과

　주님과의 사귐과

　주께서 주신 복음의 은혜로운 약속과 관련한 것입니다.

그러므로 주님, 내가 택함받았는지 혹은 사랑받고 있는지

　알고자 찾아다닐 필요가 없으니,

　내가 돌아서기만 하면 주께서 내게로 오실 것이기에 그렇습니다.

그리스도께서 내게 약속하시니,

　그분을 맞아들이면 그분과의 사귐이 있고,

　성령께서 내게 임하셔서 죄와 형벌을 폐하시며,

　최후까지 견딜 힘을 주시리라 약속하셨습니다.

은혜를 구하여 기도하고, 그 은혜를 얻고자 주께 나아오는

　모든 이들을 주님이 기쁨으로 도우십니다.

내 마음이 죄와 슬픔과 어둠과 지옥을 미워함으로,

　이제는 오직 주님의 값없이 주시는 은혜로만 도우심을 입어

　나를 한없이 낮추며, 비천하고 무익한 자로 여깁니다.

날마다 주께 나아가는 일을 잊었음에 탄식하게 하시고,

　의무를 행함이 마땅하여 나를 즐겁게 하셔서,

　　의무를 행함이 부담이 되는 미혹에서 벗어나게 하소서.

나로 하여금 고통을 맛보게 하시되

　내 영혼에 합당한 고통으로,

　나를 책망하시고, 겸손케 하시며, 깨뜨리시는

　내 등에 합당한 막대기로 여기게 하소서.

　그리스도를 친 그 막대기를 잊지 않게 하셔서,

　나로 그분께 더 가까이 이끌어 주소서.

확신

전능하신 하나님,

내가 영원한 사랑으로 사랑받으며 영원한 의로 옷 입었으니,

  나의 평안은 강물같이 흐르고, 나의 위로는 크고도 많으며,

  나의 기쁨과 환희는 이루 말할 수 없고,

  나의 영혼은 구원의 지식으로 약동하며,

  칭의에 대한 나의 인식은 명백합니다.

나는 기도할 것이 없습니다.

예수께서 천국의 빛처럼 내 영혼을 향해 웃으시니,

  나의 간구는 찬양에 묻혀 버리고 맙니다.

영광스러운 선택의 교리가 놀랍도록 귀하니,

  이 교리가 말씀 위에 근거하고

  영혼 안에서 심령에 영향을 끼칠 때 그러합니다!

주께서 사랑하시는 죄인을 앞으로도 지켜 주실 것을 인하여 —

  죄인이 주님을 버리고 떠나는 일이 없으리라 약속하심을 인하여

  내가 주님을 찬양하오니,

  그리 아니하시면 나는 결코 천국에 이를 수 없습니다.

내가 나의 새로운 성품과 영원한 생명을 부인하면,

은혜가 내 마음 안에서 역사하는 일을 욕되게 하는 것입니다.

예수께서 나의 의요 구속이 아니시면,

　나는 악행과 흠과 불신과 사랑 없음을 인하여

　가장 깊은 지옥으로 가라앉고 말 것입니다.

예수께서 성령의 능력으로 나의 거룩함이 되지 아니하시면,

　내가 못 저지를 죄가 없을 것입니다.

오, 언제가 되어야 내가 예수의 마음을 품게 되는지요!

　　언제가 되어야 내가 예수의 모습을 닮게 되는지요!

인생의 온갖 좋은 것들은 먼지보다 못할 뿐이니,

　예수의 사랑에 비하여 그러하고,

　　주님의 선택의 은총을 한 번만 보아도 그러합니다.

온 세상의 모든 보화로도 나를 더 부요하고

　더 행복하고 더 만족스럽게 못 하니,

　　이는 예수의 헤아릴 수 없는 부요가 나의 것이기에 그러합니다.

예수와 한 순간만 사귐을 갖고 그분의 은혜를 한 번만 보아도,

　　나는 그것을 형언할 수 없으며 헤아릴 수도 없습니다.

오, 하나님, 내가 주님 임재의 기쁨을 알지 못하였으면

　주님의 임재를 그리워할 수 없었습니다.

내 마음에 계시는 성령님 아니고서는 주님의 임재의 기쁨을 알 수 없었고,

　주께서 나를 택하시고 부르시고 자녀 삼으시고

　　구원하지 아니하셨으면 주님을 사랑할 수 없었습니다.

은혜의 언약을 인하여 내가 주님을 찬양합니다.

회심자의 첫 번째 기도

나의 아버지,

주께서 먼저 나를 사랑하지 아니하셨으면

  결코 나는 주님의 사랑 안에서 복을 구할 수 없었습니다.

주의 성령께서 은혜로 나를 격려하셔서 주님을 찾게 하셨으며,

         예수 안에서 이루신 화해를 내게 알려 주셨고,

         나를 가르치셔서 그 화해를 믿게 하셨으며,

         나를 도우셔서 주님을 나의 하나님이요

         나의 분깃으로 삼게 하셨습니다.

성령께서 주님의 사랑을 더욱 알아 가고 경험하게 하시며,

  영광에 이를 때까지 그 사랑 안에서 걷게 하시기를 원합니다.

아버지로서 보여주시는 주님의 사랑을 영원히 찬양하오니,

  주께서는 그 사랑으로 나를 택하여 예수 안에서 믿음으로

  주님의 자녀 되게 하셨습니다.

내게 주님의 자녀로 살고자 하는 열망을 주심에 감사드립니다.

나의 형제 되시는 예수 안에서 나는 새로 태어났고,

  억제하시는 모든 능력을 얻으며, 새롭게 하시는 모든 은혜를 얻습니다.

내가 주님을 아버지라 부르고, 주님을 믿으며, 주님을 사랑함은

　모두 주님의 성령으로 인함입니다.

신자로 살아가는 모든 목적을 위하여 내 심령을 강하게 하소서.

성령으로 하여금 예수께 대한 나의 권리를 지속적으로 깨닫게 하시며,

　예수 안에 있는 주님의 풍성한 사랑을 지속적으로 보여주게 하소서.

성령께서 내 안에 거하셔서 나로 예수와 하나 된 연합을 알게 하시고,

　예수와 더불어 지속적인 사귐을 시작하게 하소서.

주님의 성령으로 날마다 주님을 위해 살며,

　주님의 사랑 안에서 기뻐하고,

　주님의 아들에게 주신 사랑을 내게도 동일하게 주셨음을 알며,

　반석 위에 지은 집같이 그 사랑 안에 뿌리내리고 터를 잡게 하소서.

내가 아는 것은 미약하오니,

　예수 안에 있는 주님의 사랑을 더욱 알아 가고,

　힘써 그 사랑을 분명히 알게 하셔서,

　나로 그 사랑의 한없는 부요를 발견하게 하소서.

주님의 크신 사랑으로 주님의 사랑을 더해 주시되

　나의 공로나 기도로 그리하지 마시고,

　주께서 내게 더해 주시는 그 사랑으로 인하여

　내게서 주께 드리는 더 큰 사랑이 나오게 하소서.

삶의 방향

오, 하나님,

나의 복된 순간을 인하여 주님을 찬양하오니, 이 순간은

　주님의 법이 그리스도 안에서 성취되고,

　진노를 가라앉히시며,

　죽음이 패하고,

　죄가 용서받으며,

　나의 영혼이 구원받았음을 내가 처음으로 보았던 때입니다.

그 후로 지금까지 주께서 내게 신실하셨사오니,

　날마다 내게서 예수의 피의 능력이 드러났으며,

　날마다 내가 나의 교사이며 지도자이시고,

　거룩하게 하시는 분이신 성령의 능력을 알게 되었습니다.

나는 내게 있는 반석이 아니면 어떠한 반석 위에도 세우기를 원치 않으며,

　복음의 진리에 대한 소망이 아니면 어떠한 소망도 원치 않고,

　십자가를 바라볼 수 있는 방향이 아니면 어떠한 방향도 원치 않습니다.

내가 하나뿐인 기초에 무엇을 더하려 했다면 용서하시고,

　나의 지식과 경험과 행위를 더러운 옷으로* 여기지 아니하고

---

* 이사야 64:6 참조.

부지중에 이러한 것들에 의지하려 했거나

그리스도 안에서 이미 완전한 것에 무엇을 더하려 했다면, 용서하소서.

나의 외침이 언제나 오직 예수, 오직 예수이기를 원합니다.

예수 안에 정죄를 벗어나는 자유가 있으며,

예수의 의의 충만하심이 있고,

예수께서 주신 생명의 영원한 활력이 있으며,

예수와 함께하는 영원한 사귐이 있습니다.

내가 붙들 수 있는 모든 것이 그분 안에 있으니,

나를 넉넉히 하셔서, 더 많이 받아들이게 하소서.

내가 예전의 죄로 돌아간다면,

베드로처럼 슬피 울며 예수께 돌아가게 하소서.

내가 유혹을 받았으나 어찌할 지혜가 없다면,

예수께 믿고 맡길 수 있는 힘을 주소서.

내가 연약하다면,

예수의 영원하신 사랑의 품 안으로 쓰러지게 하소서.

내가 곤경에 처한다면,

예수께서 구해 내실 수 있음을 확신하게 하소서.

내가 소망이 끝나는 절망의 자리로 밀려난다면,

예수의 두 팔 안으로 떨어지는 은혜를 허락하소서.

오, 하나님, 나의 음성을 들으시고,

내가 구하거나 생각하거나 꿈꾸는 것보다

더 많은 것을 나를 위해 행하소서.

승리

오, 거룩하신 구속자여,

주님의 선하심이 크심에

  나의 구속을 떠맡아 주셨고,

  나를 위해 죄 있는 자 되기로 하셨으며,

  나의 모든 적대자들을 이기셨습니다.

주님의 능력이 크심에

  하나님의 무서운 진노를 견디셨으며,

  내 죄악의 짐을 치워 주셨습니다.

주님의 사랑이 크심에

  친히 살아 계신 모습으로 나타나셨으며,

  주님의 거룩하신 상처를 보이셔서

  모든 두려움과 의심을 사라지게 하셨습니다.

주님의 자비가 크심에

  하늘에 오르셨으며,

  면류관을 쓰시고 보좌에 앉으셨으니, 이는

    거기서 나를 위해 중재의 간구를 하시기 위함이요,

    거기서 유혹에 든 나를 구하시기 위함이요,

기도의 골짜기

거기서 생명책을 여시기 위함이요,

거기서 마침내 나를 친히 받아 주시기 위함이었습니다.

주님의 지혜가 크심에

이 구원의 방편을 마련하셨습니다.

부활하신 주님의 넘치는 생명의 위로에 나의 영혼이 잠기게 하소서.

주님의 은혜가 크심에

내게 명하셔서 주님의 손을 잡고 아버지께로 가자 하셨으며,

아버지와 영원히 연합하라 하셨고,

아버지 안에서 나의 안식을 찾으라 하셨으며,

아버지 안에서 나의 평화를 발견하라 하셨고,

아버지의 영광을 보라 하셨으며,

홀로 영광받기에 합당하신 아버지께

영광을 돌리라 하셨습니다.

내게 교사요 안내자요 능력이신 성령을 주셔서

나로 죄를 회개하며 살게 하시고,

사탄을 이기게 하시며,

삶에서 승리하게 하셨습니다.

주께서 부재하실 때 여기는 슬픔뿐이요,

주께서 임재하실 때 모든 은총이 나의 것이 됩니다.

자유

오, 거룩하신 아버지, 주께서는 값없이 주님의 아들을 주셨으며,

오, 거룩하신 아드님, 주께서는 값없이 나의 빚을 갚아 주셨고,

오, 영원하신 성령님, 주께서는 값없이 나를 오라 하셨으며,

오, 삼위일체 하나님, 주께서는 값없이 내게 구원의 영광을 베푸십니다.

눈물과 기도로는 나의 죄를 용서받기에 족하지 않고,

  속죄의 피가 아니면 어느 것으로도 용서받을 수 없으며,

  오직 내가 믿어야 받으니,

  감사함으로 받기만 함은 빚을 갚음이 아니기 때문입니다.

주께서는 내게서 무엇을 보셨습니까?

  불쌍하고 병들고 비천한 죄인이었던 내가

  주님의 빛나는 영광으로 둘러싸여야 함을 보셨습니까?

  기어다니는 벌레가 이와 같이 높아져야 함을 보셨습니까?

  몇 날 전까지만 해도 신음하고 울며 죽어 가던 자가

  가슴이 터져 나갈 듯 기뻐해야 함을 보셨습니까?

티끌이요 어둠에 불과한 존재가 모르드개처럼 속박에서 풀려나와

왕에 버금가는 자로 세움받아야 함을 보셨습니까?

다니엘처럼 사자굴에서 들려 나와

온 나라를 다스리는 통치자가 되어야 함을 보셨습니까?

그 사랑의 깊이를 누가 측량할 수 있습니까?

이성이 감각을 넘어서듯,

주님을 아는 일에서는 영혼이 이성을 넘어섭니다.

주께서는 내게 땅을 측량하고, 해와 달과 별과

우주를 헤아릴 지식을 주셨으되, 무엇보다

참되고 유일한 하나님이신 주님을 아는 지식을 주셨습니다.

유한한 자가 무한하신 분을 알 수 있음에 내가 놀라니,

여기서는 조금 알지만, 이후로는 보름달처럼 확연히 알 것입니다.

지금은 장차 알게 될 것의 적은 분량밖에는 모르니,

여기서는 부분적으로 알지만 거기서는 완전하게 알게 될 것이며,

여기서는 희미하게 보이지만 거기서는 찬란하게 보일 것입니다.

주님을 누리고 소유함이 곧 영원한 생명이니,

이와 같이 주님을 누리고 소유해야 주님을 알게 됩니다.

언제나 나로 주님의 구원을 쉬임 없이 체험하는 자유 안에 있게 하소서.

예수께 속함

오, 하늘에 계신 아버지,

나를 가르쳐 알게 하소서.

  그리스도께서 주님의 화목제물이 되셔서

    하나님의 공의를 충족케 하셨으니,

    또한 나를 죄에서 구해 내실 수 있습니다.

  그리스도께서는 이제 나를 의롭다 여기셨으니, 내 힘을 의지하여

    교만한 삶을 원치 아니하시고, 생명의 성령의 법을 주셔서

    주께 순종하게 하십니다.

  그리스도의 죽음에 의지함으로

    성령과 그분의 능력이 내 것이 됨을 알게 하소서.

안에 계신 생명의 성령께서 밖에 있는 율법의 해결책이 되시니,

내가 죄를 범하지 않으면

    이를 인하여 주께 감사드려야 함을 알게 하시고,

내가 죄를 범하면

    이를 인하여 날마다 나를 낮추며 겸손해야 함을 알게 하소서.

내가 죄를 인하여 울 때는 다른 이들보다 더 울어야 마땅합니다.

    이는 죄로 인하여 내가 죽게 되었음을 알면

마땅히 나는 통곡할 수밖에 없고,

내 죄가 주께 대적하는 모습을 알면

마땅히 나는 통곡할 수밖에 없으며,

죄가 바로 그리스도의 죽음의 원인임을 알면

마땅히 나는 통곡할 수밖에 없기 때문입니다.

거룩하게 되었다 함은 화해의 증거이며, 믿음으로

진실하게 그리스도를 깨달았다는 표시임을 알게 하소서.

주께서 내게 가르치셨으니,

믿음은 주님의 은혜를 받아들이는 일이요,

그리스도를 고집하고, 그리스도를 의지하며,

나무에 붙은 가지처럼 그리스도께 붙어 있는 일이며,

그리스도에게서 생명과 활력을 얻는 일입니다.

주께 감사드리오니, 주님은 내게

이성으로 무엇을 아는 일과 믿음의 영으로 무엇을 아는 일이

얼마나 다른지 보여주셨습니다.

이성으로 무엇을 보아도 나는 믿음으로 그 실상을 압니다.

내가 이성으로 주님을 보아도 놀랍지 않았습니다.

그러나 내가 주님의 아들 안에서 주님의 실상을 보았을 때,

나는 주님의 모습을 보며 말할 수 없이 기뻤습니다.

주님을 찬양하오니, 나의 구주 예수 안에서 나는 주님의 것입니다.

예수를 위해 사는 일

오, 죄인들의 구주 되신 주님,

주님의 이름이 뛰어나며,

주님의 영광이 높고,

주님의 긍휼이 깊으며,

주님의 겸손이 아름답고,

주님의 자비가 한이 없습니다.

복음이 드러내고, 초청하고, 약속한 것들로 인해 내가 주님을 찬양하오니,

　여기에 반역자들을 위한 용서와

　　　　　갇힌 자들을 위한 자유와

　　　　　병든 자들을 위한 치유와

　　　　　잃은 자들을 위한 구원이 있습니다.

주께서 사랑하시는 예수의 이름으로 내가 주께 가오니,

　내 영혼에 주님의 모습을 다시 새겨 주소서.

나로 세상의 칭찬과 비난을 넘어서게 하시고,

　나를 향한 세상 사람들의 판단을 하찮은 것으로 여기게 하소서.

주님의 인정하심이 나의 유일한 목표요,

주님의 말씀이 나의 유일한 기준이 되기를 원합니다.

나로 하여금 주의 성령을 슬프시게 하는 일을 미워하게 하시며,

세상적인 위로를 의심하게 하시고,

방종한 삶의 길을 피하게 하소서.

나로 하여금 악을 꾸짖게 하시고,

나를 반대하는 사람들을 온유히 타이르게 하시며,

모든 이들에게 너그럽고 인내를 보이게 하시고,

복음을 고백할 뿐 아니라 모범을 보이게도 하시며,

모든 관계와 직분과 처지에서 복음의 뛰어남과

그 사랑과 유익을 드러내게 하소서.

진실로 나는 귀한 원칙을 명백히 하지 못했고

내가 받은 특권을 합당하게 사용하지 못했습니다!

나의 이웃과 동료들을 섬기는 일도 드물었습니다!

빈번히 나의 구속자를 욕되게 하고,

그분을 권하는 일을 외면했습니다!

나로 인하여 복을 받은 이들이 얼마나 적은지요!

많은 일에서 내가 죄를 범하였고,

모든 일에서 주님의 영광에 미치지 못하였습니다.

나의 죄악이 크오니, 용서하여 주소서.

하나님께서 지켜 주심

여호와 하나님,

만물을 창조하시고, 유지하시며, 경영하시는 주님,

내가 주님 앞과 수중에서 달아날 수 없고,

  달아나기를 원치도 않습니다.

주님의 전능하심과 의로우심과 지혜와 인내와

  자비와 은혜의 보살핌 아래 있음이 나의 특권입니다.

주께서는 부모의 사랑보다 더한 사랑을 보여주셨습니다.

내가 주님의 마음에 감복하고,

        주님의 지혜를 흠모하며,

        주님의 능력에 놀라고,

        주님의 정결하심 앞에서 낮아집니다.

주님의 선하심을 알기만 해도

  나의 두려움이 사라지고,

  마음을 드려 주님 앞에 나아가며,

  나의 죄를 슬퍼하고 고백하게 됩니다.

이전의 나의 죄를 돌아보고

  지금의 나의 무익함을 생각하건대,

주님 앞에 가기가 두렵습니다.

나의 근본이 흙에 있으면서도,

내가 주님의 선하심을 비난했고,

　　　주님의 능력을 무시했으며,

　　　주님의 사랑을 짓밟았으니,

　　　영원한 죽음을 당해 마땅한 자입니다.

나의 회복은 내 안의 그 무엇으로도 불가능하니,

　나는 자신을 망하게 할 뿐 구원할 수 없습니다.

그러므로 주께서는 능력 있으신 분께 돕는 힘을 더하셨으니,

　정녕 주께는 자비가 있으며,

　예수를 통하여 보여주시는 주님의 긍휼은 넘치도록 풍성합니다.

늘 나로 하여금 예수를 갈급하게 하소서.

주께서 회복해 주신 기쁨을 나의 힘으로 삼게 하소서.

그 힘으로 내가 세상을 향한 갈망을 이겨 내고,

　　　위로를 잃어버렸을 때 내 영혼과 마음을 지키며,

　　　죽음의 골짜기에서 다시 살아나고,

　　　내 안에 하늘에 속한 사람의 모습을 만들어 갑니다.

　　　천사들과 먼저 간 성도들이 아는 것처럼

　　　나도 영의 첫 열매들을 받아 누리기 원합니다.

그리스도인의 기도

복되신 하나님,

내 안팎으로 무수한 올무가 기다리고 있으니,

　주께서 나를 지켜 주소서.

내가 나태와 게으름에 사로잡힐 때,

　내게 천국을 보여주소서.

죄인들이 나를 부추길 때,

　내게 그들이 가는 길의 역겨움을 보여주소서.

욕망의 즐거움이 나를 유혹할 때,

　나를 정결하고 깨끗게 하소서.

내가 세상의 부를 바랄 때,

　나를 도우셔서 주님을 위한 부자가 되게 하소서.

세상의 헛된 것들이 나를 미혹할 때,

　내가 새로운 죄에 뛰어들어 멸망하는 일이 없게 하소서.

영의 자유를 얻는 것이 얼마나 존귀한 일인지 기억하게 하셔서

　분주함에 몰려 내 영혼 돌보기를 소홀히 하지 않게 하시고,

　시간에 쫓겨 영원한 일들을 간과하지 않게 하소서.

　그리하여 내가 살고 또한 주님을 위하여 자라나기를 원합니다.

올바른 신앙에 맞도록 내 마음을 형성시키시고,

  그릇된 생각으로 은혜를 판단하지 않게 하시며,

  육의 노력으로 영의 진보를 판단하지 않게 하소서.

주께 드리는 거룩한 사랑이 더욱 커지며,

          주님의 뜻에 전적으로 복종하고,

          나와 같은 동료들에게 자비를 보이며,

          내 영혼이 인내하여 최후까지 견디고,

          경건한 성품을 소유하며,

          공적으로나 사적으로나 주님의 기쁨을 위하여

           마음을 다하게 하소서.

내 영혼에 그리스도의 모습을 그려 주소서.

  그 모습의 모든 선과 윤곽을 주께서 기뻐하시니, 이는 내가

  예수 그리스도 안에서 창조된 주님의 작품이요,

  성령의 연필로 쓰신 주님의 편지이며,

  씨 뿌려 추수하도록 갈아 놓은 주님의 밭이기 때문입니다.

놀라운 은혜

오, 언제나 후히 베푸시는 하나님,

내 마음 다하여 주께 감사드리니,

　성령의 감화와 도우심을 인하여

　　주님의 놀라운 은혜와 돌보아 주심과,

　기도에 특별히 응답하심과

　그리스도인으로서 누리는 섬김의 기쁨을 인하여

　천국에 들어갈 믿음과

　언제나 필요한 양식을 공급하심과

　죽은 자 되었을 때 일으켜 새 생명 주심을 인하여 감사드립니다.

내가 사람의 은덕에 의지하기를 원치 아니하오니,

　주님의 은혜가 그보다 한없이 좋기 때문입니다.

내게 섭리를 두신 주님은 영원한 지혜이시오니,

　내가 주님의 일과 뜻에 준비된 자이기만 하다면,

　언제 어디서 어떻게 주님을 섬기며, 어떠한 연단으로

　단련될 것인지는 중요하지 않습니다.

나보다 더 하나님의 은혜를 필요로 하는 불쌍한 피조물이 없건만,

　나는 누구보다 그 은혜를 욕되게 했고, 이제도 그러합니다.

기도의 골짜기

나는 얼마나 무정하고 둔한지요!

주님을 더 많이 사랑하지 못했으니 재를 뒤집어쓰고 회개하게 하소서.

내가 은혜를 새로이 받아 누릴 때마다

  늘 나는 새로이 주께 빚진 바 되니,

  모든 은혜의 하나님이신 주님의 특별한 도우심에 빚진 자입니다.

은혜가 있다는 사실에, 모든 은혜 하나하나에

  내가 얼마나 의지하는지 생각하면, 나는 자랑할 것이 없습니다.

나는 오직 주님을 벗어나고 떠나기만 할 뿐인데도

  내가 천국에 이르게 되면, 이는 오직 주께서 뜻하셨기 때문이요

  그 외에는 어떠한 이유도 없습니다.

나는 연약하고, 곤고하며, 비천한 자로,

  주님의 은혜와 선하심에 의지하오니,

  주님에게서 오는 복이 아니면 어떠한 복도 바라지 않습니다.

내게 특별한 은혜를 베푸셔서 섬김에 합당한 자 되게 하시고,

  언제나 잠잠히 순종하게 하시며

        겸손하게 하시고

        신실한 자 되게 하시며

        나를 죽이고

        주님의 뜻을 따르게 하소서.

위대한 발견

영광스러운 하나님,

내가 주님을 알고 있음에 주님을 찬양합니다.

이전에 나는 세상에 살았으나 그 세상의 창조주에 대해 무지했으며,

  주님의 섭리에 참여했으나 그 섭리를 주관하시는 분은 알지 못했고,

  햇빛을 받아 누리면서도 눈멀어 있었으며,

  주위의 모든 음성을 들으면서도 영적인 일들에는 귀가 멀었고,

  많은 것들을 알고 있었으나 주님의 길은 알지 못했으며,

  세상을 보았으나 예수만은 못 보았습니다.

오, 복된 날이여, 그때 주께서 사랑으로

  나를 바라보시고, 은혜로 나를 부르셨습니다.

그때 죽은 가슴이 뛰기 시작했으며,

  어두웠던 눈이 빛으로 반짝이기 시작했고,

  둔했던 귀가 멀리서부터 울리는 주님의 음성을 알아듣고서

  주님을 향해 돌아서서 주님을 보았더니,

  거기서 기꺼이 들으시고 구원해 주시려는 하나님이 계셨습니다.

그때 내가, 주님을 미워하고 주님의 성령을 괴롭게 하는

  나의 마음을 보았습니다.

그때 내가, 주님 발 아래 엎드려 천둥 같은 주님의 음성을 들었습니다.

"범죄하는 그 영혼은 죽을지라."

그러므로 은혜로 내가 주님을 알게 되고

　죄를 미워하시는 하나님을 경외하게 되자,

　주님의 무서운 공의 아래 나의 의지를 복종시켰습니다.

그때 나는 내 머리가 칼에 잘리는 것처럼 무서워 떨었습니다.

그때 주께서 사랑의 비단옷을 입고 내게 오셨으니,

　나는 주님의 독생자가 나를 살리기 위해 돌아가시는 모습을 보았고,

　그 죽음에서 나는 모든 것을 발견했습니다.

내 영혼이 그 평안을 기억하며 노래합니다.

복음의 나팔이 울려 퍼졌고, 이전에 알지 못하던 소리가

　내 가슴에 닿았으니, 나는 살아서

　그리스도를 잡은 나의 손과

　나를 잡으신 그분의 손을 결코 놓지 않았습니다.

언제나 나로 하여금, 그때 발견한 그 자비를 눈물로 찬양하게 하시며,

　내가 사는 동안 다른 이들에게 말하기를,

　주님은 죄를 용서하시는 하나님이시니,

　주님을 비방하는 자와 악인을 불러서

　그들의 깊은 때를 말끔히 씻어 주신다 하게 하소서.

초심자의 헌신

영광스럽고 거룩하신 하나님,

지금까지 나의 삶은 하나님의 주권을 거역하는 것이 전부였습니다.

  나의 범죄는 셀 수 없고 극악무도했으니,

    언제나 양심의 비난을 들어야 했고,

    친구들이 나를 훈계했으며,

    다른 이들의 바른 삶을 보며 마음이 찔렸고,

    주님의 막대기로 징벌을 당했으며,

    주님의 인애하심에 마음이 움직였습니다.

주께서는 나의 모든 죄를 보시고 미워하시며,

  쉽고도 마땅하게 나를 벌하실 수 있었습니다.

  그러나 주께서는 나를 용서하시고,

              내게 관대하셨으며,

              나를 도와주시고,

              나를 주님의 식탁으로 불러 주셨습니다.

주님, 감사함으로 내가 주님의 부르심을 따르고,

              주님의 선하심을 받아들이며,

              주님의 복음의 말씀에 응답합니다.

주님의 아들 예수께 풍성한 구속이 있음을 내가 믿습니다.

내가 예수의 은혜를 내려 달라고 그분께 구하며,

    그분의 가르침에 온 마음을 다해 몰두하며,

    그분의 희생을 신뢰하고 기뻐하며,

    그분의 권위를 귀히 여겨 사랑하며,

    그분의 은혜가 나의 삶을 지배하게 해달라고 기도합니다.

이제 내가 예수를 십자가에 못 박은 세상을 사랑하지 아니하고,

  그분을 슬프게 한 죄에 미련을 두거나 참지도 아니하며,

  나로 인하여 그분께서 모욕받게도 아니할 것입니다.

나를 자유케 한 십자가에서

  자기 부인과 용서와 순종의 교훈을 배우게 하시고,

  순종의 동기를 느끼게 하시며,

  거룩한 삶에 합당한 모든 것을 구하게 하소서.

그리하여 고백한 신앙과 다르지 않은 자 되게 하시고,

    신앙을 가르칠 뿐 아니라 행하게도 하시며,

    말씀을 들을 뿐 아니라 실천하게도 하소서.

"결코 아니하게"의 복음

오, 주님, 나로 하여금

결코 진리의 지식에 이르지 못하는 일이 없게 하소서.

결코 교리의 체계에 의지하지 않게 하소서. 아무리 성경적이라 해도

 구원을 얻거나 구원의 진보를 이루지 못하는 교리,

 부정함과 세상의 정욕을 부인하라고 가르치지 않는 교리,

 분별 있고 의로우며 경건하게 살도록 돕지 않는 교리가 그와 같습니다.

결코 나의 확신이나 결심에 의존하지 않게 하시며,

 오직 주님과 주님의 능력으로 강하게 하소서.

결코 나의 모든 의무와 고난과 싸움에서

 주님의 은혜가 족한 줄을 모르는 일이 없게 하소서.

 영혼이 곤고하고 육신이 고통스러운 모든 순간과

 의복과 양식이 곤궁한 때,

 주께 가는 일을 결코 잊지 않게 하소서.

은혜와 진리가 충만하신 분께 피하지 못하는 일이 없게 하소서.

 그분께서는 언제나 사랑해 주시고,

 나의 약함을 아시고 동정해 주시며,

 나를 위해 넘치도록 행하실 수 있는 친구이십니다.

기도의 골짜기

결코 나의 신앙을 특별한 경우로만 한정하지 않게 하시고,

　나의 모든 길에서 주님을 인정하게 하소서.

결코 나의 헌신을 특정한 시간으로만 제한하지 않게 하시고,

　종일토록 주님을 경외하게 하소서.

결코 안식일이나 주님의 전에서만 거룩하지 않게 하시고,

　밖에서나 집에서나 날마다 거룩하게 하소서.

결코 경건이 옷이 아닌 습관이 되게 하시며,

　습관만 아니라 성품도 되게 하시고,

　성품만 아니라 삶도 되게 하소서.

주님의 모든 섭리로 인하여,

　모든 은혜의 방편으로 인하여,

　예배와 기도와 찬양으로 인하여 내게 유익이 있게 하소서.

마침내 나로 하여금, 보이는 성전은 없으나 주님의 영광과

　어린양의 영광만 있는 그 세계로 들어가게 하소서.*

---

* 요한계시록 21:22 참조.

참된 신앙

전능하신 주 하나님,

내가 세상의 크고 부유한 자들 가운데 하나 되기를 원치 아니하고,

　오직 영적으로 복 받은 이들의 무리에 속하기를 원합니다.

그러한 복을 얻는 일, 곧

본질상 영적이며 영원하고

만족한 복을 소유하는 일을,

무엇보다 으뜸가며 흔들림 없는 나의 관심으로 삼게 하소서.

내 성품에 대한 그릇된 평가에 흔들리지 않게 하소서.

나로 하여금 성품에

　　　　　　원칙은 물론 동기에도 주의를 기울이게 하소서.

나를 도우셔서 감정의 동요를

　성령의 새롭게 하심으로 잘못 아는 일이 없게 하시며,

　　일시적이거나 충동으로 신앙을 판단하지 않고

　　　오직 지속적이고 일관된 성품으로 판단하게 하소서.

나의 마음이 주님과 올바른 관계에 있게 하시고,

　나의 삶이 복음이 되게 하소서.

언제나 나로 하여금 더 나은 세계에 마음을 두게 하시며,

  내가 이 땅에서 나그네요 순례자임을 깨달아 고백하게 하소서.

이제부터 내 여정에 필요한 모든 규례와 보호와 도우심과

  위로를 주시고,

  또한 주께 든든히 고정된 마음을 허락하소서.

내게 예수의 성령을 넘치도록 공급하셔서

  모든 의무에 준비된 자 되게 하시고,

  내게 베푸신 모든 자비하심으로 주님을 사랑하게 하시며,

  모든 시련 가운데서 주께 복종하게 하시고,

  어둠 속을 걸을 때 주님을 의지하게 하시며,

  요동치는 삶의 격변에도 주님 안에서 평안을 누리게 하소서.

주님, 내가 믿사오니 나의 믿음 없음과 주저함을 도와주소서.

3. 참회와 뉘우침

자신을 아는 일

마음을 헤아리시는 주님,

주께서 내 자신의 모습을 잠시라도 보게 하시는 날은

　나에게는 복된 날입니다.

죄는 나의 가장 큰 악이나

　주께서는 나의 가장 큰 선이십니다.

내가 나를 미워하고, 나의 영광을 구하지 말아야 할 것은,

　나의 이 냄새나는 두엄 더미를 남들 앞에서 자랑할 수 없기 때문입니다.

나의 죄로 인하여 내 나라와 가족과 교회가 곤경에 처해 있는데,

　이는 죄인들이, 죄는 사소한 것이라거나 하나님께서 죄인들에게

　진노함이 없으시다 생각하여, 심판을 자초하기 때문입니다.

다른 선한 이들을 나의 모범으로 삼지 않게 하시고,

　그들과 같이 행한다 하여

　나를 선하다 생각하는 일이 없게 하소서.

선한 자라도 주께서 보실 때 선하지는 않으며,

　　　　늘 거룩을 추구하는 것도 아니며,

　　　　모두가 비참한 고통 가운데서 영원한 선을 느낄 수도 없기

　　　　때문입니다.

　　　　　　　　　　　　　　　　　　　기도의 골짜기

내가 옳고 선하다 여겼으나 실상은 악한 것들을 어떻게 알 수 있는지,

　명성과 욕망의 치부와 같이

　합법적이지만 악한 원리에서 나오는 것들을 어떻게 알 수 있는지를

　내게 가르쳐 보여주소서.

은혜를 베푸셔서 내게 부족한 것들을 기억하게 하소서.

　나는 성경에 보이신 주님의 뜻에 대한 지식이 부족하고,

　　　　다른 이들을 인도하는 지혜가 부족하며,

　　　　매일의 회개가 부족하여 주님을 가까이 모시지 못하고,

　　　　기도의 영이 부족하여 사랑 없는 말을 하며,

　　　　주님의 영광을 위한 열의가 부족하여 나의 목적만을 추구하고,

　　　　주님과 주님의 뜻을 기뻐함이 부족하며,

　　　　다른 이들에 대한 사랑이 부족합니다.

그러하니 나의 물길이 샘에 미치지 못하거나

　영원한 샘에 닿지 못하는 일이 결코 없게 하시며,

　위로부터 그 물을 받아 흘려보내지 못하는 일도 없게 하소서.

그럼에도 나는 죄를 짓고

영원하신 아버지,

주께서는 상상할 수 없이 선하시나

나는 비천하고 불쌍하며 눈멀었습니다.

나의 입술은 고백하려 하지만

　나의 마음은 감동이 느리고,

　나의 걸음은 바른 길이 되기를 꺼립니다.

내 영혼을 주께 데려가오니,

　깨뜨리시고 상하게 하시며 구부리셔서, 새롭게 빚어 주소서.

죄의 흉한 얼굴을 내게 드러내 보이셔서,

　나로 죄를 미워하고 혐오하며, 피해 달아나게 하소서.

나의 재능은 주님을 거슬러 반역하는 무기였으니,

　반역자처럼 내 능력을 악하게 사용했고

　주님 나라의 사악한 적대자를 섬겼습니다.

은혜를 베푸셔서 이 분별없는 어리석음을 탄식하게 하소서.

나로 하여금 범죄자의 길이 얼마나 험한지 알게 하시고,

　　　　　악한 길은 비참한 길임을 알게 하시며,

　　　　　주님을 떠나는 것은 모든 선을 잃는 것임을 알게 하소서.

내가 주님의 완전한 법의 정결과 아름다움을 보았고,

그 법의 다스림에 마음을 내어 맡긴 이들의 복을 보았으며,

그 법이 와서 걸어 보라는 길의 고요한 위엄을 보았으면서도,

나는 날마다 그 법의 가르침을 어기고 멸시합니다.

주의 사랑하시는 성령께서 내 안에서 애쓰고 분투하셔서,

내게 성경의 경고를 알려 주시고

놀라운 섭리를 말씀하시며

은밀한 말씀으로 권면하시건만,

나는 내게 해로운 계획과 욕망을 택하고

무례히 분개하고 슬퍼하며

성령을 괴롭게 하여 나를 단념하시게 합니다.

이 모든 죄를 인하여 내가 울며 탄식하고, 용서를 구하며 울부짖습니다.

내 안에 더욱 깊고 영속적인 회개가 일어나게 하소서.

두려워 떨지만 믿고 사랑하는 거룩한 슬픔,

무엇보다 강하고 담대한 거룩한 슬픔을, 내게 넘치도록 허락하소서.

나로 하여금 회개의 눈물을 통하여,

구원의 십자가의 밝은 빛과 영광을 더욱 밝히 볼 수 있게 하소서.

어두운 방문자

오, 주님,

나의 손을 꺾어 잘라 내소서.

  이 손이 믿음으로 주님을 껴안아야 할 때,

  번번이 나는 나의 고집으로 주님을 쳤습니다.

여전히 나는 인간이 만들어 낸 모든 영광과 영예와 지혜와

  사람들의 존경을 떨쳐 내지 못했습니다.

  내게는 모든 일에서 나의 명성을 확인하려는 은밀한 동기가 있습니다.

나로 하여금 죄의 고백만 아니라 내 속의 죄의 실상도 보게 하소서.

나로 하여금 감추어진 죄성을 보게 하시며,

          내 죄가 십자가에 못 박혔으나

          온전히 죽지 않았음을 알게 하소서.

증오와 악의와 원한,

  사람의 인정과 박수를 갈망하며 찾아다니는 허영,

  이 모든 것이 십자가에 못 박혔고 용서받았지만,

  죄 많은 나의 마음 안에서 다시 살아납니다.

오, 십자가에 못 박혔으나 온전히 죽지 않은 나의 죄성이여!

오, 평생에 걸쳐 지속될 이 악과 날마다 맛보아야 할 이 수치여!

오, 내 안에 거하며 끝없이 따라다니는 죄들이여!

오, 죄악된 마음의 고통스러운 종노릇이여!

오, 하나님, 내 안의 그 어두운 방문자들을 멸하소서.

  숨어 있는 그 손님이 나의 삶을 지옥으로 만듭니다.

주께서는 은혜 없이 나를 여기에 버려두지 아니하셨습니다.

십자가는 여전히 서 있으며, 말할 수 없는 영혼의 곤고함 가운데서

  나의 필요를 채웁니다.

내가 죄를 기억함이 다윗이 골리앗의 칼을 보고

  주님의 구원을 선포한 일과 같음에 주께 감사드립니다.

나의 큰 죄들과 많은 유혹과 타락에 대한 기억이

  주님의 크신 도움과 하늘로부터 오는 능력과

  나같이 불쌍한 자를 구하신 큰 은혜의 기억을

  내 마음에 새로이 불러옵니다.

나를 향하신 주님의 은혜를 늘 체험하는 것보다 놀라운 보화는 없으니,

  오직 주님의 은혜만이 내 안에서 일어나는 죄를 다스릴 수 있습니다.

오, 주님, 내게 더 많은 은혜를 베풀어 주소서.

믿음의 역설

오, 변함없으신 하나님,

주님의 성령께서 주시는 확신으로 내가 배우니,

  행할수록 나는 더 나빠지고,

  알수록 나는 더 모르게 되며,

  거룩할수록 나는 죄가 많아지고,

  사랑할수록 나는 사랑할 것이 많아집니다.

  아, 나는 얼마나 불쌍한 사람인지요!

오, 주님,

  나는 마음이 거칠어 주님 앞에 설 수 없습니다.

나는 사람 앞의 새와 같습니다.

내가 주님의 진리와 길을 사랑함이 얼마나 보잘것없는지요!

내가 기도를 소홀히 하고서

  기도를 많이 진실하게 했다 생각하고,

  주께서 내 영혼을 구해 주셨다 여깁니다.

모든 위선자들 가운데서 복음의 위선자만은 되지 않게 하소서.

  그들은 은혜가 넘치므로 더욱 안심하고 죄를 지으며,

  자신의 정욕을 두고 말하기를,

그리스도의 피가 정욕을 깨끗게 한다 하고,
자신은 이미 구원받았으므로
　하나님께서 지옥으로 쫓아내지 못한다 여깁니다.
그들은 복음적인 설교와 교회와 그리스도인을 사랑하지만
　스스로의 삶은 거룩하지 않습니다.

나의 마음은 밑 빠진 항아리 같아서,
　영적인 지식이 없고,
　주님의 날을 소망하지도 않으며,
　언제나 배우지만 결코 진리에 이르지 못하고,
　늘 복음의 우물가에 머물지만 물을 담지 못합니다.
나의 양심은 죄를 깨닫거나 뉘우치지 않으니
　회개할 것도 없습니다.
나의 의지는 결심하고 결단하는 능력이 없습니다.
나의 가슴은 감정이 없으며, 온통 새어 나가는 구멍들뿐입니다.
나의 기억은 오래가지 못해 배운 가르침을 쉽게 잊고,
　주님의 진리가 쉽게 빠져나갑니다.
내게 상한 마음을 주셔서,
　은혜의 눈물을 흘리며 주님 집으로 돌아가게 하소서.

부패한 마음

오, 하나님,

주님의 성령으로 내 안에서 말씀하게 하시고

　이로써 또한 내가 주께 아뢰게 하소서.

나는 공로 없으니, 예수의 공로가 나를 대신하게 하소서.

나는 합당치 아니하니, 주님의 온유하신 자비만 바라봅니다.

나는 온갖 흠결과 죄가 가득하나 주께서는 은혜가 가득하십니다.

내가 나의 죄를, 나의 반복되는 죄를, 나의 의도적인 죄를 고백합니다.

내 육신과 영혼의 모든 능력이 더럽혀지고 훼손되었습니다.

나의 본성 깊은 곳에 오염된 샘이 있습니다.

내 존재 안에는 더러운 모습들이 담긴 방들이 있습니다.

나는 그 혐오스러운 방을 하나하나 돌아다녔고,

　위험한 생각이라는 금지구역을 걸었으며,

　타락한 본성의 비밀을 엿보았습니다.

나의 모습이 이와 같음에 심히 수치스럽습니다.

내게는 푸른 싹도 열매도 없고, 가시와 엉겅퀴뿐입니다.

나는 바람에 날리는 시든 잎입니다.

나는 겨울나무처럼 헐벗고 무익하며,

　열매가 없으니, 찍어져 불 속에 던짐이 마땅합니다.

주님, 나를 불쌍히 여기시는지요?

주께서는 나의 교만과 자아라는 거짓 신을 크게 치셨고,

　　　　　나는 주님 앞에서 산산이 부서졌습니다.

그러나 주께서는 내게 또 다른 주인이요 주님이신 아들 예수를 주셨으니,

　이제 나의 마음이 거룩을 향하여 돌아섰고,

　나의 삶이 활시위를 떠난 화살처럼 빠르게

　주께 드리는 완전한 순종을 향하여 날아갑니다.

모든 일에서 나를 도우셔서, 죄를 내려놓고 교만을 꺾게 하소서.

나로 세상과 이생의 자랑을 사랑하지 않게 하시고,

　죄에 빠진 자들이 보이는 모든 행습을 버리게 하시며,

　날마다 내게서 그리스도의 모습이 보이게 하소서.

내게 은혜를 주셔서, 한탄하지 않고 주님 뜻을 감당하게 하시고,

　기쁨으로 주님의 정과 끌을 견뎌 내어 반듯하게 다듬어질 뿐 아니라

　오래도록 붙어 있던 옛 바위에서 떨어져 나와,

　채석장 바닥에서 공중으로 높이 들려

　그리스도 안에서 영원히 건축되게 하소서.

자신을 낮춤

오, 주님,

나의 모든 감각과 지체와 재능과 감정이 오히려 나의 올무이니,

나는 눈을 뜨기만 하면, 나보다 뛰어난 사람을 질시하고

  나보다 못한 사람을 멸시합니다.

나는 힘 있는 자들의 영예와 부를 탐하고,

  그렇지 못한 이들의 누더기에는 거만하며 무자비합니다.

내가 아름다움을 보면 즉시 정욕을 부채질하는 미끼가 되고,

  추한 것을 보면 즉시 혐오와 경멸을 불러일으킵니다.

욕설과 헛된 농담과 음란한 말은 또 얼마나 빨리 내 안에 들어오는지요!

내가 아름답습니까? 이토록 교만의 불을 타오르게 하는 기름이 있는지요!

내가 추합니까? 이처럼 한탄하기 좋은 구실이 있는지요!

내게 재능이 있습니까? 내가 갈망하는 것은 사람들의 박수입니다!

내가 못 배웠습니까? 내게 없는 지식을 내가 얼마나 경멸하는지 모릅니다!

내게 권세가 있습니까? 내가 얼마나 나를 향한 신뢰를 악용하고,

               내 뜻을 법으로 삼으며,

               다른 사람들의 기쁨을 무시하고,

               나의 이익과 편의를 추구는지 모릅니다!

내가 열등합니까? 내가 얼마나 다른 이들의 탁월함을 시기하는지 모릅니다!

내가 부유합니까? 내가 얼마나 우쭐해하는지 모릅니다!

주께서 아시오니, 이 모든 것이 나의 부패로 인한 올무이며,

무엇보다 큰 올무는 바로 나 자신입니다.

나의 깨달음이 느리고,

　　　생각이 비열하며,

　　　감정이 둔하고,

　　　표현이 속되며,

　　　삶이 온당치 못함을 내가 슬퍼합니다.

그러나 주께서는 먼지에서 가벼움이 아닌 무엇을 기대하시고

　　　　　　　부패에서 더러움이 아닌 무엇을 기대하시는지요?

나로 하여금 내 본래의 모습이 어떠했는지 언제나 마음 쓰게 하시되,

　또한 내게 하늘에서 주신 권한이 있음을,

　모든 죄에 대처하는 은혜가 있음을 잊지 않게 하소서.

더욱 깊이

주 예수님,

나로 하여금 더 깊이 회개하게 하시며,

　　　　　죄를 두려워하게 하시고,

　　　　　죄가 다가오는 것을 무서워하게 하소서.

나를 도우셔서 순결하게 죄를 피해 달아나게 하시며,

　경계하여 나의 마음은 오직 주님의 것이라 다짐하게 하소서.

나로 하여금 더 깊이 신뢰하게 하셔서,

　나를 잃어버리고, 주님 안에서 나를 찾게 하소서.

　주께서는 내 안식의 근원이시며, 내 존재의 샘이십니다.

나로 하여금 나의 구주이시며 주인이시고

　주님이시며 왕이신 주님을 더 깊이 알게 하소서.

은밀히 드리는 기도의 능력을 더 깊게 하시고,

　주님의 말씀을 더 달게 하시며,

　그 말씀의 진리를 더 굳건히 붙들게 하소서.

나의 말과 생각과 행동을 더욱 거룩하게 하시고,

　주님과 상관없는 도덕을 추구하지 않게 하소서.

하늘의 농부이신 위대하신 주님, 내 안을 깊이 쟁기질하셔서,

　나의 존재를 갈아 놓은 밭으로 만드시고

　은혜의 뿌리가 멀리 퍼져 나가게 하소서.

　내 안에서 주님 한분만 보일 때까지,

　주님의 아름다우심이 여름 수확처럼 찬란하고,

　주님의 풍요하심이 가을 풍년과 같아질 때까지 하소서.

내게는 주님 외에 다른 주님이 없고,

　　　　주님의 뜻 외에 다른 법이 없으며,

　　　　주님 외에 다른 즐거움이 없고,

　　　　주께서 주시는 부요 외에 다른 부요가 없으며,

　　　　주께서 주시는 유익 외에 다른 유익이 없고,

　　　　주께서 주시는 평화 외에 다른 평화가 없습니다.

주께서 만들지 아니하시면 나는 아무것도 아니며,

주께서 주시지 아니하시면 나는 아무것도 없으며,

주님의 은혜로 감싸 주지 아니하면, 나는 아무것도 될 수 없습니다.

귀하신 주님, 채굴하시듯 내 안을 깊이 파내셔서,

생명의 물이 넘쳐나 나를 채우게 하소서.

지속적인 회개

오, 은혜의 하나님,

주께서는 나의 죄를 나의 대리자에게 돌리시고,

  그분의 의를 내 영혼에게 돌리셨으며,

   내게 신부의 예복을 입혀 주시고,

   거룩함의 보석으로 나를 꾸며 주셨습니다.

그럼에도 나는 신자의 길에서 여전히 누더기를 걸치고 있으며,

        나의 가장 귀한 기도조차 죄로 얼룩져 있을 뿐이고,

        나의 참회의 눈물은 불순한 것이 많으며,

        나의 잘못을 고백함으로 오히려 죄가 더해지고,

        내가 성령을 받는 일마저 이기심으로 물들어 있습니다.

나는 나의 회개를 회개해야 합니다.

나는 나의 눈물을 정화해야 합니다.

나는 나의 죄를 덮어 가릴 옷이 없고,

    나의 의를 짜내는 베틀도 없습니다.

그러나 나는 언제나 더러운 옷을 입고 있으나,

　　　언제나 은혜로 인하여 갈아입을 옷을 받으니,

　　　언제나 주께서 부정한 자들을 의롭다 하시기 때문입니다.

나는 언제나 먼 나라로 떠나서

　　언제나 탕자가 되어 돌아와,

　　언제나 말하기를, 아버지, 나를 용서하소서 하면,

　아버지께서는 언제나 가장 좋은 옷을 꺼내 오십니다.

나로 하여금 아침마다 그 옷을 입게 하시고,

　　　　저녁마다 그 옷을 입은 채 돌아오게 하시며,

　　　　그 옷을 입고 일터로 나가게 하시고,

　　　　그 옷을 입고 혼인하게 하시며,

　　　　죽을 때 그 옷이 내 수의가 되게 하시고,

　　　　그 옷을 입고 크고 흰 보좌 앞에 서게 하시며,

　　　　그 옷을 입고 해처럼 빛나 천국으로 들어가게 하소서.

나로 하여금 죄의 넘치는 악독과

　　　　구원의 넘치는 의와

　　　　그리스도의 넘치는 영광과

　　　　거룩의 넘치는 아름다움과

　　　　은혜의 넘치는 놀라움을 결코 잊지 않게 하소서.

고백과 간구

거룩하신 주님,

내가 셀 수 없이 많은 죄를 짓고 또 지었으니,

　교만과 불신의 죄,

　주님의 말씀에서 주님의 마음을 찾지 아니한 죄,

　나의 일상에서 주님 찾기를 소홀히 한 죄입니다.

나의 허물과 흠결이 나를 고발하지만,

내가 주님을 찬양하오니, 그 모든 고발이 그리스도께 놓이므로

　저 허물과 흠결이 더 이상 나를 대적하지 못합니다.

나의 죄악을 눌러 이기게 하시고,

　내게 은혜를 허락하셔서, 이 죄악을 행치 않으며 살게 하소서.

육신의 정욕과 마음의 탐욕이 내 영을 지배하지 않게 하시며,

　오직 주님만 나를 원하시는 대로 강하게 다스리소서.

나의 많은 기도가 거절되었음을 인하여 주께 감사드리오니,

　내가 잘못 구하여 얻지 못했고,

　탐심으로 구하여 거부당했으며,

　애굽을 갈망하여 광야를 얻었습니다.

오래 참고 인내하심을 그치지 아니하시되

　나의 그릇된 기도에는 "아니라" 하시며,

　다만 나를 가르치셔서, 주님의 인내를 받아들이게 하소서.

내게서 거짓된 모든 욕망을 털어 내시고,

　　　　저열한 모든 열망을 씻어 내시며,

　　　　주님의 다스림에 반대하는 모든 것을 제거하소서.

내가 주님의 지혜와 사랑을 인하여,

내가 받아 마땅한 그 모든 징계를 인하여,

때로 나를 화로에 넣으셔서 나의 금을 정련하시고

찌꺼기를 걸러 내심을 인하여 감사드립니다.

내게 죄가 있다고 깨닫는 것보다 견디기 어려운 고통은 없습니다.

나로 하여금 쾌락 가운데 살며 죄를 붙들고 있거나

　고통 가운데 살며 죄를 태워 없애거나, 택하게 하시려면,

　반드시 거룩한 고통을 택하게 하소서.

나를 구하시되, 모든 악한 행위에서,

　이전부터 쌓인 모든 죄에서,

　내 안에 계신 주님의 밝은 은혜를 흐리게 하는 모든 것에서,

　주님을 즐거워하지 못하도록 방해하는 모든 것에서 구해 주소서.

여수룬의 하나님이여, 나를 바르게 하심을 인하여

　내가 주님을 찬양합니다.

뉘우침

오, 지극히 높으신 주님,

주님 앞에서 내가 낮아짐이 마땅합니다.

주께 비하면 나는 아무것도 아닙니다.

내게는 천사들의 지위와 능력이 없으나

　주께서는 나를 지금의 나로 만들어 주시고,

　지금의 이곳에 두셨으며,

　나를 도우셔서 주님의 주권적인 뜻에 복종하게 하셨습니다.

내가 주께 감사드리니, 내가 영원한 존재의 처음 상태에서

　은혜로 인하여 성장을 이룰 수 있으며,

　강압이 아니라 스스로 원해서 주님 모습을 닮을 수 있고,

　주님과 함께 일하며 주님의 귀하신 목적과 영광을

　앞당길 수 있기 때문입니다.

그러나 슬프게도, 나의 머리에서 그 빛나던 왕관이 떨어졌습니다.

　나는 죄를 지었고, 주께 합당한 자가 아니며,

　나의 머리는 거짓되고 악하며,

　나의 마음은 주님의 법을 대적합니다.

내가 잃은 자 되었으나 주께서는

  능력 있으신 분의 힘을 더하셨으며,

  그분께서 주님과 나 사이로 들어오셔서

  두 손으로 주님과 나를 이으셨으니,

  그분은 나의 중재자요, 조정자이시며, 중보자이십니다.

  그분의 피는 나의 평화이고,

  그분의 의는 나의 힘이며,

  그분께서 정죄받으심은 나의 자유이고,

  그분의 성령은 나의 능력이시며,

  그분의 천국은 내가 받을 유산입니다.

나로 주님의 은혜의 권능으로 더욱 강하게 하시되

  내 본성의 악함을 누르시는 일에서,

  현재의 악한 세상에서 나를 구하시는 일에서,

  삶의 고통에 처한 나를 도우시는 일에서,

  나의 골짜기에서 주님과 더불어 거하게 하시는 일에서,

  언제나 하나님과 사람 앞에서 양심에 거리낌이 없도록

  나를 훈련하시는 일에서, 더욱 그리 하소서.

모든 일에서 근심하지 않고 책임을 다하게 하시며,

  어떠한 형편과 처지에도 굴하지 않고 우뚝 서게 하소서.

자기를 낮춤

주권자 되시는 주님,

어둠과 신앙 없음과 불신의 구름이 내게 밀려올 때,

주님의 사랑의 목적이 내게 밝히 드러납니다.

　성령을 거두어 가심으로

　내게 성령이 더욱 귀한 줄 알게 하심이,

　성공에 자만한 나를 징계하셔서

　나의 은밀한 죄악의 상처를 치유하심이 그러합니다.

주님 앞에서 나를 낮추셔서

　명예를 바라는 것이 마음의 자만이요,

　주님과 나 사이를 가로막고 선 교만으로 알게 하소서.

　영적인 기쁨을 주실 때처럼 거절하실 때도

　주님의 뜻만이 이루어져야 함을 알게 하시며,

　나의 마음은 악 외에 아무것도 아니요,

　나의 마음과 입술과 삶에 주님이 아니 계심을 알게 하소서.

　죄와 사탄이 내 안에서 능력을 허락받을 때, 나로 하여금

　　죄를 알고 겸손하게 되어 능력을 덧입으라는 뜻임을 알게 하시며,

불신은 내게서 주님을 멀리하여, 나로 주님의 위엄과 능력과
　자비와 사랑을 알지 못하게 하려는 것임을 알게 하소서.
주께서만 선하시고 합당하시니, 주님, 나를 사로잡아 주소서.

주께서는 허투루 내게 죄를 깨우쳐 주지 아니하시고,
사탄은 허투루 나를 유혹하여 죄에 이르게 하지 아니하며,
나는 허투루 그 깊은 수렁에 빠지지 않으니,
　이는 죄가 재미난 놀이나 장난감이 아니기 때문입니다.
죄가 악하다 함은 범하는 죄의 성격 때문이 아니라,
　그토록 위대하신 분을 향해 짓는 반역이기에 그러합니다.
닥칠 악을 내가 두려워할 때는, 나를 위로하셔서 알게 하소서.
　내가 죽을 수 밖에 없는 자, 곧 죄로 정죄받아 마땅한 자이지만
　그리스도 안에서 화해하고 살아났으며, 속죄함을 받았습니다.
　나 자신은 약하고 능력이 없어 선을 행할 수 없지만
　그분 안에서는 내가 모든 것을 할 수 있습니다.
　지금 내가 그리스도 안에서 소유한 것은 부분적이지만,
　천국에서는 그분의 모든 것을 온전히 소유할 것입니다.

죄 죽임

오, 입법자 되시는 거룩하신 주님,[*]

내가 스스로 부끄러워 견딜 수 없으니,

　드러내어 주님의 법을 위반하고

　은밀히 잘못을 범했기 때문이요,

　의무를 거스르고

　은혜의 방편을 붙들고도 유익을 얻지 못하며,

　속된 욕심으로 주님을 예배하고

　거룩한 것들에 대해 지은 모든 죄 때문입니다.

나의 죄악이 내 머리 위에 쌓여 가고

나의 범죄가 하늘에 닿았는데,

　거기서도 그리스도께서는 아버지께 나를 변호하시고

　나의 죄를 속죄하시는 분이 되시니,

　화평을 가져오시는 그분의 말씀이 내게 들립니다.

지금은 일들이 작고 시작이 미약하나,[**]

　지금 있는 빛으로도 나의 어둠을 족히 볼 수 있고,

　지금 있는 감각으로도 마음의 완악함을 족히 느낄 수 있으며,

---

[*]　야고보서 4:12 참조.
[**]　스가랴 4:10 참조.

지금 있는 영으로도 거룩한 마음의 결핍을 족히 슬퍼할 만합니다.

하지만 나는 지금보다 더 많이 받을 수 있었고,

더 많이 받아야 했습니다.

나는 결코 주님 안에서 갈급한 바가 없었으니,

이는 주께서 언제나 내 앞에 넘치도록 두셨으나

내가 그것을 취하지 아니하였기 때문입니다.

내가 나의 흠결과 배역을 고백하고 탄식합니다.

내가 나의 셀 수 없는 실패를 슬퍼합니다.

　　징계를 받아도 고치지 못하는 이 악습을,

　　자비의 규례를 듣고도 유익을 얻지 못함을,

　　유용하게 쓰임받을 기회를 무시함을 슬퍼합니다.

내가 예전과 같지 아니합니다.

오, 나를 다시 주께로 부르셔서 첫사랑을 회복시켜 주소서.

내가 받은 특권에 합당한 성장을 이루게 하시며,

내 판단으로 결정한 것을 내 의지로 받아들일 때 후회 없게 하시고,

나의 선택이 언제나 양심을 따르는 것이 되게 하시며,

내가 허용한 모든 것에서 스스로를 비난하지 않게 하소서.

정결케 하심

주 예수님,

내가 죄를 짓습니다.

나로 하여금 죄로 슬퍼함을 그치지 않게 하시며,

나 스스로에게 흡족하지 않게 하시고,

완전함에 이를 수 있으리라 생각지 않게 하소서.

나의 시기심을 죽이시고, 혀를 제어하시며, 자아를 밟아 누르소서.

내게 은혜를 베푸셔서 거룩하고 친절하며 온유하고

정결하며 평화롭게 하시며,

주님을 위해 살되 나를 위해 살지 않게 하시고,

주님의 말씀과 행하심과 마음을 본받게 하시며,

주님과 같은 모습으로 변화되게 하시고,

주께 온전히 바쳐진 자 되게 하시며,

온전히 주님의 영광을 위해 살게 하소서.

나를 구하셔서 부정한 것들에 대해 애착을 끊게 하시고,

그릇된 사귐을 멀리하게 하시며,

악한 욕망에 사로잡히지 않게 하시고,

죄의 쓴맛은 물론 단맛도 피하게 하시며,

이로 인하여 나를 혐오하고, 깊이 뉘우치며, 진실로 마음을 살펴

　주께 나아가며,

　주님을 의지하고,

　주님을 신뢰하며,

　주께 외치고,

　주님으로 인하여 구원받게 하소서.

오, 영원히 모든 것 되시는 하나님, 나를 도우셔서 깨닫게 하소서.

　모든 것이 그림자요 주님만이 실재이시며,

　모든 것이 모래 수렁이요 주님만이 산이시며,

　모든 것이 변하는 것이요 주님만이 닻이시며,

　모든 것이 무지요 주님만이 지혜이십니다.

나의 삶이 불 위에 놓인 도가니가 되어야 한다면

　다만 주께서 그 도가니 앞에 앉으셔서,

　그 안에서 끓고 있는 나의 정금이 사라지지 않도록 지켜보소서.

의도적이며, 슬프고 고통스러운 이 죄를 내가 지으면

　은혜로 나의 눈물을 거두시고 찬송을 주시며,

　나의 베옷을 거두시고 아름다움으로 옷 입혀 주시며,

　나의 한숨을 잠잠케 하시고 내 입에 노래를 가득하게 하시며,

　또한 내게 그리스도인으로서 시원한 날도 맞게 하소서.

사람들의 비난 앞에서

오, 자비로우신 하나님,

내게 대하여 불편한 말들이 신자들 중에 돌아다닐 때,

　내 영혼이 무거운 압박과 짐으로 눌립니다.

내가 고민하며 주께 나아가 슬피 울며 탄식합니다.

비록 다른 사람들의 비난이 합당치 않다 생각될지라도

　그 비난을 받아들이도록 나를 가르쳐 주소서.

나로 그 비난을 교훈 삼아 죄를 더욱 두려워하게 하시고,

　나 스스로를 더욱 경계하게 하시며,

　마음과 삶에 흠이 없도록 애써 살피게 하소서.

그 비난으로 인하여 내 영의 부족함을 돌아보게 하시고,

　나 자신을 혐오하게 하시며,

　나 자신을 무익한 자로 여겨,

　그 비난을 오히려 내 영혼에 유익한 것으로 삼게 하소서.

내가 얼마나 하찮고 비열하고 악한지 주님의 모든 백성에게 보이셔서,

　내가 아무것도 아니며 티끌보다 작아서,

　무가치한 존재임을 그들이 알고서

다만 나를 위해 기도하고,

내게는 조금도 의지하지 않게 하소서.

나는 아무것도 아니요 아무것도 없는 자여서,

주님의 손에서 떨어지는 부스러기를 받아먹음도 복됩니다.

삶이 무엇을 가져다주든지 주님의 이름을 찬송합니다.

주님을 모르는 불쌍한 영혼들,

어찌할 수 없는 절망에서 찾아갈 하나님이 없는 영혼들,

주님의 강권적인 사랑과 향기로운 사귐을 경험하지 못하는

이 불쌍한 영혼들은 어찌 살아갑니까?

오, 주께서 얼마나 영혼을 사로잡으시는지요.

영혼의 모든 열망과 감각들이 온전히 주님을 향합니다!

내게 이러한 신앙의 열정을 주셔서,

다른 사람들의 모든 비난을 주님의 손에서 받듯 받게 하시고,

그 비난으로 인하여 주님의 자비하신 사랑을 더욱 느끼며,

나의 교만을 쳐서 부수어 주께 영광을 돌리게 하소서.

상한 마음

오, 주님,

내 평생에 주님 앞에서 죄 없이 지나간 날이 없었습니다.

마음에 없는 기도가 입으로 나왔을 뿐입니다.

찬양은 빈번히 소리에 지나지 않았습니다.

가장 뛰어난 섬김이라고 해야 더러운 옷이요 누더기에 불과했습니다.

복되신 예수님, 주님의 위로의 상처 안에서 숨을 곳을 찾게 하소서.

나의 죄가 하늘까지 오르나, 주님의 공로는 내 죄보다 높이 비상합니다.

불의가 나를 지옥까지 내리누르나,

　주님의 의는 나를 주님의 보좌로 높입니다.

내 안에 있는 모든 것들이 나를 거절하시라 요구하고,

주님 안에 있는 모든 것들이 나를 받아 주시라 간청합니다.

내가 완전한 공의의 보좌로부터

　한량없는 은혜의 보좌에 이르기까지 호소합니다.

나로 하여금 명백히 말씀하시는 주님의 음성을 듣게 하소서.

　주께서 채찍에 맞으심으로 내가 나음을 얻었고,

　주께서 상하심은 나의 죄악 때문이며,

　주께서 죄 있는 자 되심은 나를 위함이고,

이로써 내가 주님 안에서 의롭게 될 수 있었습니다.

나의 극악무도한 죄, 나의 온갖 죄가 모두 용서받아,

온전히 덮으시는 주님의 보혈의 바다에 수장되었습니다.

이 명백한 말씀을 듣게 하소서.

나는 죄가 있으나 용서받았고,

잃어버린 바 되었으나 구원받았으며,

길을 잃고 헤매었으나 찾은 바 되었고,

죄를 지었으나 정결하게 되었습니다.

내게 영원히 상한 마음을 주시고,

언제나 주님의 십자가에 달려 있게 하시며,

위에서 내리는 은혜를 순간마다 넘치도록 베풀어 주시고,

거룩한 지식의 샘을 내게 허락하셔서,

구슬같이 반짝이며, 깨끗하고 맑게 흐르는 그 물길로

내 인생의 광야를 지나가게 하소서.

자기를 낮춤

오, 주님,

나를 도우셔서 주께 가까이 가게 하시되,

　주님의 본성과 관계와 계획을 올바로 알고 가게 하소서.

주께서는 영원에 거하시나,

　나의 생명은 주님 앞에서 아무것도 아닙니다.

주께서는 지극히 높은 하늘에 계시고

　그 하늘조차 주께는 한 뼘 높이도 아니나,

　나는 여기 흙집에 삽니다.

주님의 능력은 전능하시나,

　나는 하루살이처럼 쉽게 눌려 죽습니다.

주님의 지식은 무한하시나,

　나는 마땅히 알아야 할 것도 알지 못합니다.

주께서는 악을 바라볼 수 없으시나,

　나는 악합니다.

나의 무지와 연약함과 두려움과 침체에도 함께 계셔서,

　주님의 성령으로 나의 결함을 도우시며

　지혜와 힘과 위로를 공급해 주소서.

나로 하여금 나의 성품을 낱낱이 헤아려

　모르는 것 없이 밝혀내게 하시고,

　시련 가운데서 나를 깊이 관찰하게 하시며,

　내가 받은 은혜가 어떠한지 가늠해 보게 하시고,

　어찌하여 내가 유혹을 당하거나 패배했는지 생각하게 하소서.

부디 나의 마음을 믿는 일이 없게 하시고,

　　　과거의 경험에 의존하는 일이 없게 하시며,

　　　현재의 결심을 과장하는 일이 없게 하시고,

　　　오직 예수의 은혜 안에서 강건하게 하소서.

　　　이로써 나는 체념하는 일 없이 나의 불완전함을 인정하며,

　　　양심의 가책에서 벗어나는 길을 알게 될 것입니다.

고통 중에 있는 나를 붙들어 주시고, 그 고통을 내가 선용함으로

　주님을 의지하는 은혜를 베푸시고,

　나의 구원을 확신하게 하소서.

나로 하여금 주님의 위엄과 자비를 생각하고,

　주님의 선하심과 위대하심도 생각하게 하소서.

그리하면 나의 마음이 늘 주께 찬양을 드리며 기뻐할 것입니다.

결함

오, 살아 계신 하나님,

내가 내 마음의 선함은 물론 악함도 볼 수 있음을 인하여,

나를 주님에게서 빼앗아 가는 죄들을 슬퍼할 수 있음을 인하여,

주께서 깊고 귀하신 자비로 내게 형벌의 위협을 가하셔서

내가 주께로 다시 돌아와서, 기도하고 살게 하심을 인하여,

내가 주님을 찬양합니다.

내게 죄가 있으니, 나의 잘못을 보고 낙심하는 죄요,

  나의 선함을 보고 우쭐해하는 죄입니다.

날마다 나는 주님의 영광에 미치지 못하니

  이는 시간을 무익하게 사용하기 때문입니다.

  나 스스로는 내가 하는 일들을 선하다 여기지만

  그 일들이 주님의 목적을 위한 것도 아니며,

  주님 말씀에 근거한 것도 아니기 때문입니다.

내게 죄가 있으니, 있지 아니할 일을 두려워하는 죄입니다.

내가 주님의 뜻에 순복하기를 망각하고,

  그 뜻 앞에서 잠잠하지 않았습니다.

그러나 성경이 내게 가르치기를, 주님의 뜻이 계심은

　내게 확고한 목적을 두셨다 함이니,

　이로써 내 영혼이 잠잠하고 또한 내가 주님을 사랑하게 됩니다.

　성도들이 죄로 인하여 울 때 다른 이들보다 내가 더 울어야 합니다.

　죄를 향한 주님의 진노가 얼마나 큰지 알고

　그리스도의 죽음만이 그 진노를 가라앉힌다 깨달으면,

　나는 더 통곡할 수밖에 없기 때문입니다.

비록 내가 광야에 있어도

　모든 것이 가시나무요 불모는 아님을 알게 하소서.

내게는 하늘에서 내려오는 양식이 있고,

　　　　반석에서 솟아나는 샘물이 있으며,

　　　　낮에는 빛이 밤에는 불이 있고,

　　　　주님의 처소와 자비의 보좌가 있습니다.

때로 내가 그 길 때문에 낙심하지만,

　아무리 굽고 험해도 그 길이 안전하고 짧습니다.

죽음이 와서 나를 놀라게 하나, 위대한 대제사장께서

　그 죽음의 바다에 서셔서 내게 길을 열어 주실 터이니,

　그 길 저쪽에는 더 나은 본향이 있습니다.*

살아 있을 때 나의 삶이 본이 되게 하시고,

죽을 때 나의 마지막을 평화롭게 하소서.

———
* 히브리서 11:13-16 참조.

다시 옛 죄로 돌아감

오, 주님,

세상의 믿지 않는 자들이 주님을 거부하므로

  주께 버림받아, 주께서도 더 이상 그들을 부르지 않으실 때,

  주께서는 주님의 백성들을 향하여 돌아서시니,

  그와 같이 전면적인 배교의 시대에는

  주님의 백성들도 얼마간은 세상과 함께 옛 죄로 돌아가기 때문입니다.

오, 값없이 주시는 주님의 은혜여,

  그 은혜가 그들에게 닥친 위험을 생각나게 하고,

  최후까지 인내하며 주께 붙어 있으라 강권합니다!

이로써 내가 주님을 찬양하오니, 옆길로 벗어났던 자들이

  즉시 주께 되돌아올 수 있기 때문이요,

  칭찬할 만한 것이 전혀 없고, 이전에 그토록 배신했음에도

  그들이 환영받을 수 있기 때문입니다.

이것이 바로 내게 해당됨을 고백하오니, 지금 내가

  하나님의 은혜에 대한 깨달음이 크게 부족함을 알았습니다.

  내 모든 죄를 씻어 줄 샘에 가야 마땅하나

그리하지 못하여 내 영혼이 심히 곤고하였고,

영적인 삶과 양심의 평화와 점진적인 거룩함을 위하여

나의 힘으로만 열심을 내었기 때문입니다.

주께 간구하오니, 전능하신 팔을 내게 보이소서.

주께서는 내가 구하거나 생각하는 것 이상으로

나를 위해 행하실 수 있음을 믿게 하소서.

내가 비록 배신했으나 주님의 사랑은 결코 나를 내치지 아니하고,

영원한 줄로 나를 다시 주께로 끌어당길 것임을 믿게 하소서.

주께서는 광야에서 은혜를 공급하시며 나를 격려하셔서,

내가 사랑하는 분의 팔에 기대어 서게 하실 수 있음을 믿게 하소서.

주께서는 나로 하여금 주님과 함께

시냇가의 곧은 길을 걷게 하실 수 있으니,

이 길에서 내가 넘어지지 아니할 것임을 믿게 하소서.

나로 언제나 거룩하게 하시며,

경건하게 하시며

신실하게 하셔서,

값없이 주시는 은혜에 기대어

도우심과 받아 주심과 양심의 평안을 구하게 하소서.

죄

자비로우신 주님,

오늘과 이번 주와 올해의 모든 죄를 용서하시고,

내 평생의 모든 죄를 용서하소서.

초년과 중년과 노년의 죄

태만과 과오의 죄

침울하고 까다로우며 성마른 기질의 죄

입술과 삶과 행위의 죄

완악한 마음과 불신과 주제넘음과 교만의 죄

사람들의 영혼에 불충한 죄

그리스도를 위한 담대한 결심이 부족한 죄

그분의 영광을 위한 거침없는 열의가 모자란 죄

주님의 크신 이름을 욕되게 한 죄

다른 이들과 거래할 때 속이고 부당하게 대하고 진실하지 못한 죄

생각과 말과 행실이 불순한 죄

우상숭배와 다르지 않은 탐욕의 죄

언제나 베푸시는 주님의 영광을 위해 봉헌할 물질을

쌓아 두거나 함부로 낭비한 죄를 용서하시고,

개인 및 가족의 죄

휴식에서 지은 죄 및 사람들로 붐비는 곳에서 지은 죄

주님의 말씀을 연구하며 지은 죄 및 이를 소홀히 한 죄

기도를 함부로 드린 죄 및 나오는 기도를 냉정히 막아 버린 죄

시간을 낭비한 죄

사탄의 간계에 굴복한 죄

사탄의 유혹에 마음을 연 죄

사탄이 가까이 오는 줄 알고도 경계하지 아니한 죄와

성령을 소멸한 죄를 용서하시며,

빛과 지식을 거슬러 지은 죄

양심과 성령의 다스림을 거슬러 지은 죄

영원한 사랑의 법을 거슬러 지은 죄를 용서하소서.

나의 모든 죄를 용서하시되,

내가 아는 죄와 모르는 죄

내가 느낀 죄와 느끼지 못한 죄

내가 고백한 죄와 고백하지 아니한 죄

내가 기억하고 있는 죄와 잊어버린 죄를 용서하소서.

선하신 주님, 나의 고백을 들으시고 용서하소서.

교만

오, 한없이 온유하신 주님,

나의 마음이 교만으로 부풀지 않게 하소서.

나의 본성은 내 발 밑의 진흙이요,

           내가 돌아갈 흙입니다.

육신으로는 내가 저 천한 파충류를 넘지 못합니다.

나의 형상과 이성이 어떠하든,

  그것은 모두 주께서 선하신 마음으로 내려 주신 것입니다.

나의 마음과 육신의 모든 능력은 주님의 넘치는 선물입니다.

내가 피조물로 미천한 자이나, 죄인으로서는 더욱 미천한 자입니다.

내가 주님의 법을 셀 수 없이 짓밟았습니다.

죄의 흉한 모습이 내 위에 도장처럼 찍혔고,

           내 얼굴을 어둡게 했으며,

           나를 온통 부패하게 했습니다.

내가 어찌 나를 자랑할 수 있겠습니까?

멸시와 굴욕이 내게 합당한 자리이니,

  실로 나는 주님 앞에서 먼지보다 못한 존재입니다.

나를 도우셔서 주님의 눈으로 나를 보게 하소서.

　그리하면 교만이 반드시 마르고 시들어서, 죽어 없어질 것입니다.

주님 앞에서 나의 마음을 낮춰 주시고,

　주님의 가장 좋은 선물로 이 마음을 채워 주소서.

물이 메마른 언덕에 고여 있지 아니하고

　아래로 흘러 낮은 골짜기를 비옥하게 하듯,

나를 낮고 낮은 곳 되게 하셔서, 내 영의 부요를 넘치게 하소서.

내가 의무를 행하지 않고 둘 때에는

　스스로 책망하여 교만을 거두게 하시고,

　그 책망으로 주님 섬기는 일에 깊이 헌신하게 하시며,

　그 책망으로 새 힘을 얻어 더욱 맡은 일에 힘쓰게 하소서.

내가 나를 높이 평가하려는 유혹이 찾아올 때에는

　내 영의 원수의 교활한 능력을 보게 하소서.

믿음의 망루 위에 서서 두 눈으로 지켜보게 하시고,

　나의 두 손에 힘을 주셔서, 겸손하신 주님을 붙들게 하소서.

내가 넘어질 때에는 내 구속자의 의로우심 안에 숨게 하시고,

　달아날 때에는 나의 모든 구원이 주님의 은혜임을 알게 하소서.

나로 하여금, 언제나 겸손하고 온유하며 낮아지게 하소서.

분노

거룩하신 주님,

세상에 회개는 적기만 한데,

  회개해야 할 죄는 얼마나 많은지요!

내가 분노의 죄로 인하여 괴로워하고,

    악한 분노의 수치와 끔찍함으로 인하여 괴로워합니다.

내가 더 이상 분노하지 않기로 작정하고,

  이를 위하여 힘을 달라고 주께 나아갑니다.

사람들은 빈번히 화를 내고 그 화에 굴복하며

  여러 가지 변명과 구실을 대며 말하기를,

  화가 나도 모르게 났다 하고,

  자신은 애초에 화내기를 즐기지 않는다 하며,

  화를 낸 후에라도 후회한다 하고,

  경건한 사람들도 화를 낸다고 합니다.

사람들은 이처럼 분노를 분출하고서

  그 분노를 완전히 잊음으로 평화를 구하거나,

  그들의 상처를 스스로 아물게 함으로써

  그리스도의 피가 주는 평화 없이 치유를 희망합니다.

기도의 골짜기

주 하나님, 일이 내 뜻에 어긋날 때, 내가

　나의 뜻에만 맞추려 하고 그리스도의 뜻에 맞추려 하지 않을 때,

　내게서 급하게 분노가 일어남을 압니다.

모든 악한 일과 그릇됨에는 두 가지 어긋남이 있으니,

　나와 어긋나는 것이 하나요,

　그리스도와 어긋나는 것이 또 하나입니다.

모든 선한 일에는 내 뜻에 맞는 것이 있으며,

　　　　　　　　　주님의 뜻에 맞는 것이 또 얼마간 있습니다.

나의 죄가 이러하니, 곧 내 뜻에 맞거나 맞지 아니한 일이 있으면

　그리스도를 먼저 생각지 않고 좋아하거나 싫어한다는 것입니다.

그러므로 내가 엘리와 같으니,

　엘리는 죄를 꾸짖지 않아 심판을 받게 되었습니다.

　나는 겸손히 나의 죄를 고백하고,

　그리스도의 피 앞으로 뛰어나가 용서와 평화를 구해야 마땅합니다.

그러므로 내게 회개를 허락하셔서,

　　　　　　참으로 상한 마음을 주시며,

　　　　　　끝없는 뉘우침을 주소서.

내게 비록 죄가 있으나, 주님은 이러한 회개와 상한 마음과 뉘우침을

멸시하지 아니하시는 분이십니다.

참회

오, 은혜의 하나님,

주님께 홀로 드리는 기도가 급하고 짧았습니다.

오, 나의 양심을 살리셔서 이 어리석음을 깨닫게 하시고,

이 배은망덕을 슬퍼하게 하소서.

하루를 시작하며 지은 죄가 다른 죄들로 이어지니,

마음을 다하여 주님을 기다리지 아니한 자에게서

주님의 임재를 거두심이 마땅합니다.

언제나 나로 하여금 주께서 받으셔야 할 예배와

내 영혼이 드려야 할 예배를 도적질하지 않게 하소서.

내게는 주님을 사랑하고 공경하며 순종해야 할

영원한 의무가 있으며, 주께서 그러한 예배를 받으시기에 합당하심을

나로 하여금 잊지 않게 하소서.

내가 주님을 영화롭게 아니하다면

이는 무한한 형벌을 받아 마땅한 악을 저지르는 죄이니,

이것을 잊지 않게 하소서. 진실로 죄는 마땅한 의무를 거역합니다.

오, 내가 주님을 욕되게 하였다면 용서하시고,

　나의 마음을 누그러뜨리시며,

　나의 배반을 치유하셔서, 사랑의 사귐을 시작하게 하소서.

주님의 긍휼의 불로 나의 속사람을 따뜻하게 하시고,

　주님의 성령을 부어 주심으로 내 영혼을 채워 주소서.

　그리하시면 나는 내 악함을 속히 알고 놀라서

　나 스스로를 깊이 혐오할 것이며,

　주님의 은혜가 회개를 이끌어 내는 강력한 자극제요

　내면의 거룩을 추구하는 거역할 수 없는 동기가 될 것입니다.

내 마음이 주님의 보살핌 아래 있음을 결코 잊지 않게 하시며,

내가 죄를 지을 때마다 그리스도의 속죄하시는 피의 공로를

　내 마음에 덧입히셔서,

주님의 자비로 나를 주께로 이끌어 주소서.

내게서 모든 악을 끊어 내시고 세상에 대해 죽게 하시며,

　죽음을 준비하게 하시고,

　참회하는 마음으로 나를 낮춰서, 내가 오히려 살게 하소서.

나의 영혼은 바퀴 없는 수레와 같아서,

　번번이 죄의 더러운 진창에 빠져 움직이지 못합니다.

나의 영혼을 독수리 날개 위에 태우시고, 주께로 날아오르게 하소서.

아무것도 아닌 인간

오, 주님,

내가 흙으로 가득한 껍데기에 불과했으나

　보이지 않는 영혼이 내 안에 들어옴으로 생명을 부여받았고,

　보이지 않는 은혜의 능력으로 새롭게 되었습니다.

그럼에도 내가 값으로 칠 수 없는 존귀한 대상은 결코 아니니,

　만세 전부터 주께 택함을 받고, 그리스도께 드려진 바 되어 중생했으나,

　나는 아무것도 가진 것이 없고, 애초에 아무것도 아닙니다.

그러므로 내가 죄악된 상태의 악함이며 비참함과

　　　　　　피조물의 헛됨과

　　　　　　그리스도의 부요하심을 깊이 확신합니다.

주께서 나를 인도하려 하시나 내가 나를 감독하고,

주께서 주권자 되려 하시나 내가 나를 다스리며,

주께서 보살피려 하시나 나 스스로 만족해합니다.

주님의 공급하심에 의존해야 하나 나 스스로 공급하고,

주님의 섭리에 복종해야 하나 나의 뜻을 따르며,

주님을 연구하고 사랑하고 공경하고 의지해야 하나 나 자신을 섬깁니다.

기도의 골짜기

잘못을 범하고는 내 마음에 맞게 주님의 법을 고칩니다.

주님 대신 사람에게서 인정받으려 하니, 본래 나는 우상숭배자입니다.

주님, 내 마음을 다시 주께로 돌려놓음이 나의 으뜸가는 계획입니다.

내게 확신을 주셔서,

  나는 나의 하나님이 되거나 나를 행복하게 할 수 없으며,

      나의 그리스도가 되어 기쁨을 회복할 수 없고,

      나의 성령이 되어 나를 가르치고 인도하고

      다스릴 수 없음을 알게 하소서.

나를 도우셔서, 이 확신은

  은혜로 섭리하신 고통을 통해 얻게 됨을 알게 하소서.

  과연 그러하시니, 명예가 높을 때 주께서는 나를 추락시키시고,

  재산이 우상일 때 주께서는 소유를 거두어 가시며,

  쾌락이 전부일 때 주께서는 쾌락을 비통한 것으로 바꾸십니다.

나의 음란한 눈과 호기심 많은 귀와 욕심 많은 입과

  탐욕스러운 마음을 거두어 가소서.

이러한 것들은 결코 상처난 양심을 치유하지도,

        흔들리는 마음을 붙들지도,

        빗나간 정신을 지탱할 수도 없음을 알게 하소서.

그러하니 나를 십자가로 데려가셔서, 거기 두고 오소서.

구원의 외침

하늘에 계신 아버지,

죄에서 나를 남김없이 구해 내소서.

내가 주님의 의로 이미 의롭게 되었음을 알지만,

　그럼에도 주님 닮기를 몹시도 바라고 갈망합니다.

내가 주님의 자녀이니, 마땅히 주님의 모습을 닮아야 합니다.

내가 죄에 대하여 죽었음을 알게 하시고,

죄가 나를 유혹할 때 죄의 음성에 귀 막게 하시며,

죄의 지배는 물론 죄의 침입에서도 나를 구하소서.

나로 하여금 그리스도께서 걸으신 대로 걷게 하시고,

　　　　그분의 삶이 주는 새로움, 곧

　　　　사랑의 삶과

　　　　믿음의 삶과

　　　　거룩한 삶이 주는 새로움 안에서 살게 하소서.

내가 나의 사망의 몸과

　그 몸의 게으름과 시기와 천함과 교만을 혐오합니다.

이와 같은 악을 용서하시고 죽이시며,

　나의 믿음 없음을 불쌍히 여기시고,

　나의 부패하고 종잡을 수 없는 마음을 불쌍히 여겨 주소서.

주께서 복을 주시면 나는 그 복을 우상으로 섬기기 시작하면서,

　나의 마음을 내가 사랑하는 것들, 곧 자식과 친구와

　재산과 명예에 쏟아붓습니다.

이 영적 간음을 깨끗이 씻어 정결하게 하시고,

　주님 외의 모든 것에 마음을 닫게 하소서.

죄는 나의 가장 큰 저주입니다.

주님의 승리를 내 마음에 명백히 보이시고,

　내 삶에 드러내소서.

나를 도우셔서 언제나 헌신과 확신과 순종으로 잠잠하며,

　　　　　　　　어린아이와 같이 주님을 믿게 하시고,

　　　　　마음과 목숨과 뜻과 힘을 다하여 주님을 사랑하게 하시며,

　　　　　내가 나를 사랑하듯 나의 동료들을 사랑하게 하시고,

　　　　　완악한 기질과 강퍅한 생각과 비방하는 말과 인색함과

　　　　　　긍휼 없는 태도를 버리게 하시며,

　　　　　내 혀를 다스리고 내 입술을 단속하게 하소서.

날마다 은혜로 나를 채우셔서,

　나의 삶이 단물이 솟아나는 샘이 되게 하소서.

자비

세리의 하나님,

이 죄인을 불쌍히 여기소서.

　나는 본성으로나 행함으로나 죄인이며,

　주님의 말씀이 나를 죄인으로 선포하고,

　나 스스로도 내가 죄인임을 깨닫습니다.

이처럼 내가 죄인이지만 주께서는 나를 절망에 버려두지 아니하셨으니,

　실로 주님의 은혜는 틀림이 없습니다.

주님의 구속하심이 넘치도록 풍성하심을 나는 온전히 확신합니다.

그토록 많은 죄와 악한 죄를 범했음에도

　주께서는 내게 주님의 선하심의 징표를 주셨습니다.*

주께서는 금 규를 내미시며 말씀하시기를,

　"이것을 만지면 살리라" 하셨습니다.

내가 주님의 부요하심을 알고 주님의 약속을 믿으며,

　다른 이들의 앞선 체험을 살펴보며 용기를 얻고자 합니다.

------
* 시편 86:17 참조.

많은 이들이 폭풍우를 피해 찾아가는 그 귀한 피난처에
  나도 들어가서, 죄에 언제나 값없이 열려 있는 그 샘에서
  모든 더러움을 씻어 내려 합니다.
죄는 주님의 마음이 미워하시는 가증한 것이니,
  주님과 나를 갈라놓는 것은 오직 죄뿐입니다.
주께서는 주님 본성의 완전하심과 모순되게 행하실 수 없으니,
나를 주님처럼 거룩하게 하시기 전까지는
  나를 주님으로 인하여 복되게 하실 수 없습니다.

오, 거룩하신 하나님,
  나로 주께서 기뻐하시는 피조물 되게 하시고,
  나로 주님을 기뻐하는 자 되게 하소서.
내가 속사람을 따라 주님의 법에 동의하고 즐거워하게 하시며,
  주님의 엄격하신 요구를 한탄하지 아니하고
  다만 그 요구에 순종하지 못하는 나를 슬퍼하게 하시며,
  주님의 계명에 의문을 품지 아니하고
  다만 그 계명을 옳은 것으로 여기게 하소서.
내 안에 계신 주님의 성령으로 인하여
  나의 행함이 참된 신앙에서 나오게 하시고,
  나의 마음이 마땅히 행할 의무와 일치되게 하소서.

십자가와 부활

오, 주님,

주께서 성육신하시고, 십자가에 달려 죽으시고,

　무덤에 묻히셨음이 한없이 놀랍습니다.

주님의 무덤이 얼마나 감격스럽고 경이로운지요.

　진실로 그 무덤은 비었고, 주께서 다시 살아나셨으니,

　이는 사중복음이 입증하고,*

　살아 있는 목격자들이 증언하며,

　나의 마음이 체험으로 아는 것입니다.

나로 주님과 함께 죽어 새 생명으로 부활하게 하소서.

　내가 죄와 이기심과 세상에 대하여 죽어 묻힌 바 되고자 하오니,

　내가 마술사의 홀리는 소리를 듣지 않고,**

　그의 정욕에서 벗어나고자 합입니다.

오, 주님, 내게 악이 가득하니, 이 악을 십자가에 못 박으시고,

　　　　내게 육에 속한 것이 많으니, 이 육을 죽여 주소서.

나로 하여금 이기심을 버리게 하시고,

　　　　사람에 대한 두려움과

---

* four-fold gospel, 그리스도의 네 가지 사역인 '중생, 성화, 신유, 재림'을 말한다―옮긴이.
** 시편 58:5 참조.

칭찬에 대한 사랑과

고루하다는 손가락질을 부끄러워하는 마음과

교양 있고 세련돼 보이려는 마음을 버리게 하소서.

나의 옛 생명은 이제 죽은 것으로 여기게 하시고,

그 죽은 것을 산 것으로 여겨 살리는 일이 결코 없게 하소서.

나로 죽어 가는 나의 구주 곁에 같이 서게 하셔서,

거절당해도 만족하게 하시고,

쳐다보는 자 없는 진리를 기꺼이 받들게 하시며,

멸시받는 가르침을 죽기까지 붙들게 하소서.

굳게 결심하여 그리스도만으로 만족하게 하시고,

주님의 뜻을 따르는 순종의 길에서 벗어나지 않게 하소서.

눈앞에 둔 싸움을 위하여 나를 강하게 하시며,

모든 고난에 맞설 용기와 모든 기쁨을 받아 누릴 은혜를 주소서.

나로 거룩하고 복된 자가 되어 그릇된 욕망에서 자유하고,

주님의 마음과 어긋나는 모든 것에서 자유하게 하소서.

내게 부활의 생명을 더욱 많이 허락하셔서,

그 생명의 다스림을 받게 하시고,

그 생명의 능력으로 걷고, 그 생명으로 힘을 얻게 하소서.

새로운 시작

무한하시고 위대하시며 영광스러우신 하나님,

내가 주님을 높이고 나를 낮춥니다.

내가 주께 가까이 가오니, 나는 먼지보다 못한 자요,

  아무것도 아닌 피조물임을 잊지 않게 하소서.

나의 생각은 주님의 눈을 피할 수 없고,

나의 은밀한 죄는 주님 앞에 환히 드러납니다.[*]

나로 하여금 모든 죄를 깨끗게 하는 그 피를 기억하게 하시고,

      모든 악을 눌러 이기는 그 은혜를 믿게 하시며,

      썩어짐의 종노릇에서 나를 해방하여

      하나님의 자녀가 누리는 영광스런 자유에 이르는

      그 섭리를 따르게 하소서.

주께서 내 안에서 선한 일을 시작하셨으니,

  주님만 이 일을 지속하시고 끝내실 수 있습니다.

내가 언제나 잘못을 범할 수 있으며,

  죄를 만날 가능성이 많음을 더 깊이 알게 하소서.

---

[*] 시편 90:8 참조.

나를 도우셔서 정결케 하고 부드럽게 하는 신앙의 감화력과

  긍휼과 사랑과 가엾게 여김과 겸손을 더해 주셔서,

  나를 들어 다른 이들에게 복 주시는 주님의 도구로 삼아 주소서.

나로 하여금 경건의 모양과 경건의 능력을 분별하게 하시고,

  살아 있다는 것과 살아 있다는 이름을*

  거짓과 진리를

  위선과 주님 보시기에도 부럽지 않은 신앙을 분별하게 하소서.

내가 바르지 않을 때 바로잡아 주셔서,

마침내 평안으로 주님의 집에 이르게 하소서.

---

* 요한계시록 3:1 참조.

신뢰

나의 아버지,

주께서 나의 잘못으로 내게 진노하실 때

  내가 더 이상 죄짓기를 멈춤으로 주님의 진노를 멈추려 합니다.

그러나 나를 가르치셔서, 나는 주님의 율법을 충족할 수 없고,

  율법을 충족하려는 행위는 나의 의로움에 기대는 일이며,

  이미 완성된 그리스도의 의로움만이

  그 목적에 합당함을 알게 하소서.

죄로 인하여 주께서 나를 벌하시는 것은,

  나 스스로 교정하라 하심이 아니라 오직 주님과 화해함으로

  더욱 낮아지고 은신하여 죄와 결별하며,

  믿음으로 그리스도 안에서 의롭게 되라는 뜻임을 알게 하소서.

그분 안에서 내가 부요하고 능력이 있다는 깨달음이

  나를 요동치 않게 하는 한 수단임을 알게 하소서.

나 자신의 믿음에만 의지해서는 결코 되지 아니하고,

  나의 유일한 도움이신 주님을 신뢰함으로 됨을 알게 하소서.

내가 나의 믿음을 저버리면 주님을 저버리는 것이니,

　이는 믿음으로 내가 주님을 알았고,

　내게 주님이 더없이 귀하듯이

　내게 믿음도 몹시 귀하기 때문임을 알게 하소서.

내가 주께서 요구하시는 정결함에 미치지 못하는 것은,

　내가 거룩하다 여김으로 이제 더 이상 거룩을 추구하지 않거나

　내게 능력이 없다 여겨 아무것도 하지 않기 때문임을 알게 하소서.

거룩해야 마땅하고, 그리스도를 통하여 거룩할 수 있음에도

　그리하지 못했으니, 나를 겸손하게 하소서.

　주께서 내 전부이시니, 주님을 소유하면 나는 전부를 소유하는 것입니다.

그러함에도 내가 피조물을 귀하게 여기면

　그 피조물을 주님과 나 사이에 세우는 것이니,

　이로 인하여 내가 겸손하고 거룩하게 행하지 못합니다.

주님, 나의 이 죄를 용서하소서.

4. 필요와 헌신

은혜가 필요함

오, 주님,

주께서 아시니 내가 섬김의 자격이 크게 부족하고

　　　　지금 이렇게 죽어 있으며,

　　　　주님의 영광을 위해 아무것도 할 능력이 없고

　　　　너무도 곤고하여 마음이 식어 있습니다.

나는 약하고 무지하며 무익하니,

　내가 나를 미워하고 혐오합니다.

주께서 내게 무엇을 원하시는지 내가 알지 못해 헤매고 있으니,

　이는 내가 놀랍게도 주께 버림받았다는 생각에,

　주님의 임재를 깨닫지 못하기에 그러합니다.

주께서 내 젊은 날의 죄와* 본성의 무서운 죄를 들추어내심은

　나로 모든 죄를 깨닫게 하려 하심이니,

내가 생각하고 행하는 것이 모두 죄뿐입니다.

복음을 악용하는 이 불쌍한 죄인에게

　넘치는 회개의 은혜를 가지고 다시 찾아와 주소서.

___

* 욥기 13:26 참조.

내 영혼을 도우셔서 거룩함과 주님을 향한 헌신이

  날마다 은혜로 더욱 풍성히 자라나게 하소서.

오, 주님, 내가 온 힘을 다하여 이 복을 구하다가

  나의 열망에 미치지 못하므로, 이제는 낙심할 지경에 이르렀습니다.

나를 도우셔서 복된 구원의 시간이 오기까지 견디게 하소서.

  주께서 그 선하심으로 나를 가까이 데려가지 아니하시면

  내 힘으로는 나의 영혼을 주께 들어 올릴 수 없습니다.

나를 도우셔서 언제나 삼가고 조심하며 긍휼히 행하여,

  생각과 행실로 나의 복되신 주님을 슬프게 하는 일이 없게 하소서.

내가 주님을 신뢰하고 의지하오니,

  주께서 언제나 나를 도우시고 이끌어 주소서.

오, 나의 모든 고통과 두려움은 다만

  그리스도의 학교일 뿐이니,

  여기서 내가 겸손의 교훈을 배워

  더 큰 섬김에 합당한 자 되기를 원합니다.

싸움

오, 주 하나님,

주께서는 나를 보호하시는 팔이시요,

　나의 산성이요 피난처이시며, 큰 방패요 작은 방패이십니다.

나를 위해 싸우시면 나의 적대자들이 달아나고,

나를 붙드시면 내가 넘어지지 아니하며,

내게 힘을 주시면 내가 서서 흔들리지 아니하고,

내게 갑옷을 두르시면 내가 상처를 입지 아니하며,

내 곁에 서시면 사탄이 떠나가고,

구원의 노래로 내 입술에 기름부어 주시면

　내가 주님의 승리를 외칠 것입니다.

나로 하여금 모든 악을 혐오하게 하소서.

　이 비천한 괴물이 주님의 법을 거스르고,

　　　　　　주님의 멍에를 벗겨 버리며,

　　　　　　나의 본성을 더럽히고,

　　　　　　고통을 퍼뜨립니다.

나를 가르치셔서 십자가에 달리신 예수를 바라보게 하시고,

　주께서 죄를 얼마나 역겨워하시는지 알게 하소서.

주님의 아들의 죽음을 통하지 아니하고는 용서가 없으며,

그분의 고귀한 피로 씻지 아니하고는 깨끗함이 없고,

그분의 속죄가 아니면 악을 갚을 길이 없습니다.

성육신하신 하나님의 수치와 고통과 상처를 내게 보이셔서,

　주께서 치르신 무한한 대가로 나의 끊임없는 죄악을 알게 하소서.

죄의 말할 수 없는 악함에서 죽음의 독사를 보게 하시고,

　거룩한 분노로 이 뱀을 가슴에서 떼어 집어던지게 하시며,

　결연히 죄의 모든 함정에서 돌아서게 하시고,

　죄를 붙들고 희롱하는 더러운 일을 거부하게 하소서.

복되신 주 예수님, 나로 하여금 주님의 십자가에서

　이제는 내가 받지 않아도 되는 그 무서운 고통을 깨닫게 하시고,

　"잃어버린 바 되었다" 하는 말을 깊이 헤아리게 하시며,

　영원한 멸망의 불을 보게 하소서.

나로 주님의 상하신 몸에 더욱 가까이 붙어 있게 하시고,

　　　더욱 견고한 믿음으로 주님을 붙들게 하시며,

　　　나의 전 존재를 바쳐 주께 헌신하게 하시고,

　　　내게 주시는 사랑처럼 강하게 죄를 미워하게 하시며,

언제나 거룩함에 둘러싸여 살아가게 하소서.

위태한 영혼

우주의 최고 명령자 되시는 주님,

슬프게도 내가 칠흑 같은 영혼의 어둠 가운데서

  의심과 두려움과 불신에 시달립니다.

나의 마음에 악한 추측과 불안이 가득하니,

  내가 도저히 믿음으로 행할 수 없습니다.

나의 배를 이끌던 하늘의 선장께서 사라지고,

  나는 붙잡고 있던 영원한 반석에서 떨어져 나왔습니다.

내가 폭풍우와 파도 저 아래 깊은 수렁에 가라앉아,

  말할 수 없는 두려움과 고통 가운데 있습니다.

오, 주님, 나를 도우셔서 슬플 때나 기쁠 때나,

  위로가 없을 때나 절망뿐일 때나, 온전히 주님을 의지하게 하소서.

내게 영혼의 평안을 주시고 마음을 담대하고 넓게 하시며,

  밤의 고통 뒤에 오는 아침의 기쁨을 주소서.

내 영혼을 주님의 거룩하신 은혜로 적셔 주소서.

혼자 있을 때 주님의 겸손을 내 안에 모시고

  여럿이 있을 때 주님을 기뻐하고 즐거워하게 하소서.

나로 하여금 골짜기로 낮아졌듯이, 산 위로 높아지게도 하소서.

주님의 은혜는 극악무도한 죄인도 감화하실 수 있는데,

　내가 바로 그 죄인처럼 악합니다.

그러나 주께서는 이 악한 죄인을 주님의 자비를 알리는 기념비로,

　구속의 능력을 증거하는 면류관으로 삼으셨습니다.

내가 곤고하고 괴로울 때 이것을 잊지 않게 하소서.

한없이 지혜로우신 하나님,

변치 않는 주님의 섭리로 모든 일들이 일어나고

　모든 두려움이 사라지며,

　선을 가장한 악의 존재가 드러나고

　악 같아 보이는 일에서 참된 선이 나오며,

　나의 수고가 헛된 것이 되어

　나라는 인간이 얼마나 근시안적인지 보여주시며,

　나를 가르치셔서, 믿음으로 복되신 주님을 의지하여 살게 하십니다.

나의 슬픔과 어둠으로 인하여

"은혜를 풍성히 받은" 납달리라는 이름을 주시고,*

　나로 주님의 자녀답게 주님을 사랑하도록 하시며,

　　천국에 속한 자로서 합당하게 걷도록 하소서.

---

* 신명기 33:23 참조.

예수가 필요함

주 예수님,

내가 눈멀었으니, 주께서 나의 빛이 되시고,

　　　내가 무지하니, 주께서 나의 지혜가 되시며,

　　　내가 고집스러우니, 주께서 나의 마음이 되소서.

내 귀를 열어 주셔서 성령의 음성을 속히 알아듣게 하시고,

　날 오라 부르시는 그분의 손짓을 향하여 기쁨으로 달려가게 하소서.

나의 양심을 녹이셔서 단단한 것이 남아 있지 않게 하시고,

　악이 와서 조금만 건드려도 곧 알아차리게 하소서.

사탄이 다가올 때 주님의 상처 안으로 달아나게 하시며,

　거기서 이제 두려워 떠는 일을 그치게 하소서.

선한 목자 되셔서 주님 말씀의 푸른 초장으로 나를 인도하시고,

　말씀이 주는 위로의 시냇가에 눕게 하소서.

내게 평화를 가득 채우셔서, 세상의 어떤 광풍으로도

　내 영혼의 고요한 수면에 물결이 일어나지 않게 하소서.

주님의 십자가가 높이 세워져 나의 피난처가 되었고,

주님의 피가 흘러나와 나를 깨끗이 씻겼으며,

주님의 죽으심으로 내가 보증을 얻었고,

주님의 이름이 나의 소유가 되어 나를 구원하였습니다.

주님으로 인하여 천국의 모든 것이 내 마음에 부어졌으나,

나의 마음은 너무도 작아 주님의 사랑을 담아내지 못합니다.

내가 나그네요 추방자요 노예요 반역자였으나

　주님의 십자가가 나를 가까이 잡아끌었으며,

　　　　　　나의 마음을 누그러뜨렸으며,

　　　　　　나를 아버지의 자녀 되게 했으며,

　　　　　　나를 주님의 가족으로 받아 주었으며,

　　　　　　나를 주님과 함께 공동 상속자로 삼았습니다.

오, 이제 내가 주께서 나를 사랑하시듯 주님을 사랑하고,

　　나의 주님이신 주께 합당한 자로 걸으며,

　　천국의 맏아들 되신 예수의 모습을 드러내고자 합니다.

언제나 나로 하여금 믿음의 눈으로 주님의 아름다움을 밝히 보게 하시며,

　내 마음에 계신 주님의 성령의 능력을 느끼게 하소서.

　성령께서 내 안에서 강하게 역사하지 아니하시면

　나의 내적인 불이 결코 타오르지 못할 것입니다.

연약함

오, 하나님의 성령님,

나의 연약함을 도와주소서.

내가 많은 슬픔에 눌려 괴롭고

　어찌할 바를 몰라 헤매며,

　비방과 박해를 당하고

　십자가를 무겁다 여기게 되었으니,

　　주께 구합니다. 도와주소서.

내 안에서 그릇된 일을 부추기는 것과

　　　　　　악한 욕망을 보듬는 것과

　　　　　　주님의 즐거움이 아닌 즐거움과

　　　　　　주님을 슬프시게 하는 행위와

　　　　　　마음에 지어진 죄악의 둥지를 주께서 보시거든,

　　　　　　내게 입맞춤하여 용서해 주시고,

　나의 두 발을 가르치셔서, 주님의 계명의 길을 걷게 하소서.

근심 걱정에서 나를 구해 내셔서, 복되고 거룩한 자 되게 하소서.

나를 도우셔서 흔들림 없고 담대한 걸음으로 구별된 삶을 살게 하시며,

나의 연약함과 맞서 싸워 이기게 하소서.

나를 가르치셔서 천국의 노래로

　주님을 찬미하고 경배하며 찬송하게 하시고,

나를 주께 올리는 찬양 가득한 감사의 향기가 되게 하소서.

내가 폭군 앞의 노예처럼 주님의 발 아래 부복함이 아니라,

　다만 아버지와 함께 있는 아들처럼 주님 앞에서 기뻐합니다.

나의 모든 행실에서 주님의 자녀답게 살아가는 능력을 주시고,

　내 자아를 넘어서 아들됨을 드러내는 능력도 주소서.

물질의 번영에 도취하지 않도록 나를 보호하시고,

주님에게서 나오지 않은 기쁨에 취해 있을 때, 흔들어 깨워 주소서.

나를 영원한 나라로 안전하게 인도하시고,

　내가 가는 길이 좋은지 나쁜지 묻지 않게 하소서.

내가 평안하게 주님의 집으로 들어갈 수 있다면,

나는 다만 내가 사랑하는 분의 얼굴을 뵙고,

　　　　먹을 양식과 입을 옷으로 만족하기를 구할 뿐입니다.

무한하신 분과 유한한 자

스스로 계신 위대하신 주님,

한분이신 주님을 생각하는 내 마음을 경외와 장엄함으로 채워 주소서.

  이 한분께는 하루가 천년 같고 천년이 하루 같습니다.

이 한분이 바로 전능하신 하나님이시니,

  세상이 수없이 지나가고 나라가 수없이 바뀌어도,

  홀로 변치 아니하시고, 영생불멸하시며, 영광스러운 분이십니다.

사람은 죽으나 주께서는 살아 계시고,

  모든 피조물은 상한 갈대요, 빈 우물이요 시든 꽃이요 마른 풀이나,

  주께서는 영원한 반석이시며 생명의 샘이시니,

  나로 하여금 이것을 기뻐하게 하소서.

나의 마음을 헛된 것과, 불만족과

  현재의 불안에서 돌이키게 하셔서,

  그리스도가 확증하신 나의 영원한 권리를 바라보게 하소서.

인생은 짧고 뜻밖이니,

  다만 유익하게 사용해야 함을 잊지 않게 하시고,

  할 수 있는 한 세월과 시간을 아끼며,

자비와 긍휼의 모든 부르심에 깨어 있고자 거룩한 열망을 주소서.

배고픈 자를 먹이고,

헐벗은 자를 입히며,

무지한 자를 가르치고,

악한 자를 바로잡으며,

죄지은 자를 용서하고,

복음을 전파하며,

모든 이들에게 이웃 사랑을 보이게 하소서.

나를 신뢰하지 아니하고 주님을 의지하며,

죄를 죽이고,

십자가를 바라보며,

기도하는 삶을 살게 하소서.

선택

오, 하나님,

내가 이제 주께 가까이 갈 수 있게 되었고,

　　나의 죄들을 모르지 않으며,

　　내게 죄 있음을 부인하지 않으니,

진심으로 나의 악함을 고백하며 간절히 용서를 구합니다.

나로 하여금 죄의 즐거움을 누리기보다

　모세와 같이 고난을 택하게 하소서.

언제나 주님의 인도하심과 보호하심 아래 있게 하시고,

　나를 주께 붙들어 매는 언약을 더욱 굳건히 붙잡게 하시며,

　내가 고백한 신앙의 능력, 곧 정결하게 하고

　고귀하게 하며 온유하게 하는 그 능력을 더욱 사모하게 하소서.

　나로 사랑과 긍휼과 공손한 마음을 더하게 하시며,

　주께 쓰임받음을 영광으로 알아

　　주님의 손에 들린 도구로

　　　유익하게 사용될 기회를 붙잡게 하시고,

나의 모든 재능을 주님 섬기는 일에 기꺼이 바치게 하소서.

주께서는 나를 위해 모든 일을 넘치게 행하시되

　나를 기억하시고, 알아보시고, 귀히 여겨 주셨습니다.

내가 바라던 것이 다 이루어지지 아니하였으나

　주께서 내가 구하는 것을 다 들어주지 아니하심은 사랑이었으니,

　모두 이루어졌으면 크게 해를 입어 망하였을 것입니다.

나의 고난은 나의 죄보다 적었고,

내가 시련의 회초리에 입 맞출 때, 주님은 언제나 매를 놓으셨습니다.

주께서는 나의 눈물을 닦아 주셨고,

　　　　　　나의 슬픈 마음에 평안을 회복해 주셨으며,

　　　　　　나의 유익을 위하여 나를 책망하셨습니다.

주께서 나를 위해 행하신 모든 일이 완전하오니,

　내가 주님을 찬양합니다.

소원

오, 기도를 들으시는 주님,

내게 기도를 가르쳐 주소서.

고백하오니 신앙생활에서 내 입술의 말과

　　　　내 가슴의 지각이 언제나 일치하지는 않았으며,

　　　　경건하고 겸손한 마음 없이는 결코 언급하지 말아야 할 이름을

　　　　빈번히 함부로 입 밖에 내었고,

　　　　내게 해로울 수 있는 것들을 자주 소원했으며,

　　　　내가 받은 큰 자비를 더러 욕되게 했고,

　　　　지나치게 희망에 차고, 지나치게 두려워했습니다.

　　　　내 걸음을 이끄는 것이 내게 있지 아니하므로

　　　　내가 나를 위해 택하는 것도 합당치 아니합니다.

주님의 성령으로 나의 연약함을 도우소서.

　나는 마땅히 기도해야 할 바를 알지 못합니다.

성령으로 하여금 내 안에서 지혜로운 소원을 이끌어 내시고,

　이로써 내가 올바른 것을 구하면

　주께서 내 기도를 들으시는 줄 알겠습니다.

일시적인 복을 얻으려고 간구하지 않게 하시며,

　아버지의 선하심에 맡기도록 하소서.

　주께서는 내가 구하기도 전에 내게 필요한 것을 아십니다.

내 영혼이 잘 되지 않으면 결코 잘 되었다 여기지 않게 하시고,

주님께 대하여 부요하지 않으면 결코 부요하다 믿지 않게 하시며,

구원의 지혜가 있지 않으면 결코 지혜롭다 여기지 않게 하소서.

주님의 나라와 그 의를 먼저 구하게 하시고,

어떠한 것이든 영원과 관련하여 보게 하시며,

내 영혼의 일을 무엇보다 염려하게 하소서.

가난과 고통과 멸시를 당해도 주님의 복을 구하게 하시되,

　주님을 잊고서 일에 형통하거나

　원하던 것보다 더 갖게 되거나

　동료들에게 존경을 받는 일은 없게 하소서.

세상은 꿈이요 거짓이요 헛것이며 영혼의 고통뿐이니,

　이 세상과 이별하기를 소원하게 하소서.

나로 하여금 주님의 은총과 주님의 모습과

　주님의 임재와 주님을 섬기는 일에서,

　나의 복된 것을 구하게 하소서.

믿음과 세상

오, 주님,

세상은 교활하게 덫을 놓고,

　　　찬란한 옷차림으로 다가오며,

　　　번쩍이는 미끼를 늘어놓고,

　　　많은 아름다운 것으로 얼굴을 내밉니다.

믿음으로 이 빛나는 것들을 살펴보고

　마음을 빼앗는 모든 덫을 피하여,

　　모든 유혹을 이겨 승리를 얻게 하소서.

내가 주님의 일을 행할 때에, 확고함과 힘과 열정과

　　　　　　주님을 향한 헌신과

　　　　　　주님의 이름으로 나아가는 용기와

　　　　　　주님의 역사하시는 은혜와 사랑과

　　　　　　나의 의무에 합당한 모든 것을 주소서.

믿음의 걸음을 담대하게 하시며,

　모든 일에서 지칠 줄 모르는 사랑으로 반응하게 하소서.

사랑하는 주님의 부재를 내가 종종 슬퍼하오니,

주께서 웃으시면 이 땅이 낙원이요,

주님의 음성은 더할 수 없이 향기로운 음악입니다.

주님의 임재로 내가 힘을 얻으며, 모든 것은 은혜가 됩니다.

그러나 불신으로 주님을 문 밖에 서 계시게 할 때도 많았습니다.

믿음으로 주님을 내 안에 모셔들이니, 영원히 나와 함께 거하소서.

주님의 말씀은 약속으로 가득하며,

　　　　　　　향기 나는 꽃이요,

　　　　　　　믿음으로 수확하는 청량한 과실입니다.

나를 말씀의 부요함으로 부요하게 하시고,

　　　　말씀의 능력으로 강하게 하시며,

　　　　말씀의 기쁨으로 복되게 하시고,

　　　　말씀의 향기 안에 머무르게 하시며,

　　　　귀한 말씀으로 기뻐하게 하시고,

　　　　말씀의 만나로 기운을 얻게 하소서.

주님, 나의 믿음을 더하여 주소서.

쉼 없는 여정

구름과 불의 주님,

나는 세상에 무관심한 나그네입니다.

나의 손에는 순례자의 지팡이가 들려 있고,

나의 행진은 시온을 향하며,

나의 눈은 주님 오시기만 고대하고,

나의 마음은 전적으로 주님의 수중에 있습니다.

주께서 나의 마음을 창조하셨고,

　　　나의 마음을 구속하셨으며,

　　　나의 마음을 새롭게 하셨고,

　　　나의 마음을 사로잡으셨으며,

　　　나의 마음을 능히 이기셨습니다.

모든 적대자들이 내 마음에 들어오지 못하도록 막으시고,

　내 마음의 반항적인 모든 탐욕을 누르시며,

　　　　반역적인 모든 정욕을 죽이시고,

　　　　세상적인 모든 욕망을 멸하소서.

주께서 만지시니 내 존재의 모든 것이 생동합니다.

내가 주님을 영혼과 마음과 몸과 힘과

능력과 뜻과 감정과 의지와

열망과 이성과 지식을 다하여 사랑합니다.

주께서는 모든 완전함 가운데 지극히 완전함이시며,

모든 이성이 주님에게서 나왔고,

나의 작은 시내도 주님의 측량할 수 없는 샘에서 흘러나옵니다.

주님 앞에서는 태양도 어둠이요,

모든 아름다움이 흉하고,

모든 지혜가 어리석으며,

아무리 뛰어난 것도 그릇될 뿐입니다.

주께서는 나의 무딘 가슴이 드릴 수 있는 것보다

큰 경배를 받으시기에 합당하십니다.

나의 사랑이 마땅히 주님을 향하여 솟구치게 하시고,

단단히 주님을 휘감게 하시며,

주님께만 사로잡히게 하소서.

그리하면 나의 걸음은 쉼 없는 찬양이 될 것입니다.

영적 성장

오, 지극히 높으신 주님,

내가 주님의 약속의 길에서 주님을 기다리오니,

　나의 영혼이 주님의 이름을 사모하고

　나의 마음이 주님을 기억합니다.

나는 죄인이니, 나의 처지를 모르지 아니합니다.

나의 죄악이 크고 셀 수 없으나, 주님은 나를 구하기에 합당하십니다.

　주님은 자비가 풍성하시며,

　주님의 아들의 피가 모든 죄에서 나를 깨끗게 할 수 있고,

　주님의 성령의 능력이 나의 강한 정욕을 누를 수 있기 때문입니다.

내게 예민하고 깨어 있는 양심을 주셔서,

　죄를 범할 때 나를 치고 괴로워하게 하소서.

나의 말과 행실에 다름이 없게 하시고,

　혼자 있을 때나 사람 앞에 있을 때나

　형통할 때나 불행할 때나 변함이 없게 하시며,

　주님의 모든 계명을 옳은 것으로 여겨

　거짓된 모든 길을 미워하게 하소서.

지금의 영적인 성장에 만족하지 않게 하시고,

　믿음에 덕과 지식과 절제와 경건과

　성도 간의 우애와 사랑을 더하게 하소서.

그리스도인의 성품을 이루고

　그 성품의 완성에 합당한 것들을 사모하게 하소서.

나로 유익한 것을 계발하며,

　　　아름다운 것을 자라나게 하며,

　　　복음을 돋보이게 하며,

　　　예수에 대한 신앙을 권하며,

　　　주님의 섭리에 순종하게 하소서.

나로 하여금 이 악한 날에 낙심하거나 죄짓지 않게 하소서.

나를 도우셔서 일상의 삶에 거룩한 진리를 받아들임으로

합당한 때마다 이를 사용하여,

　진리의 교훈을 배우며,

　진리의 경고를 새겨들으며,

　진리의 명령을 따르며,

　진리의 언약으로 위로받게 하소서.

항해

오, 바다의 주님,

나의 작은 배가 거친 바다를 헤쳐 나갑니다.

예수께서 키를 잡으셔서 나를 안전하게 이끌어 가시고,

역류에 밀려 천국 항로를 벗어나지 않게 하시며,

나의 믿음이 폭풍과 모래톱에 걸려 난파하지 않게 하소서.

나로 깃발을 담대히 날리며,

     선체가 부서짐도 없고,

     뱃짐이 상함도 없이 항구에 닿게 하소서.

내가 지금 큰 것을 구하고,

        큰 것을 기대하며,

        장차 큰 것을 받을 것입니다.

내가 온전히, 남김없이 주께 뛰어드니,

  주님은 나의 바람이요 햇빛이며, 닻이요 방벽이십니다.

항해는 길고 파도는 높으며 폭풍은 무자비하나,

  나의 키는 흔들림이 없고,

주님의 말씀이 안전한 항로를 확보했으며,

주님의 은혜가 나를 바람처럼 나아가게 하고,

나의 항구가 이미 약속되어 있습니다.

오늘이 지나면 본향이 더 가까워질 것입니다.

나로 모든 일에서 일관되이 거룩하게 하시며,

나의 평화가 물결처럼 멈춤 없이 흐르게 하시고,

나의 의로움이 잇대어 오는 파도처럼 끊임없게 하소서.

나를 도우셔서 삼가며 살게 하시고,

모든 근심을 기도로 바꾸는 능력을 갖추게 하소서.

나의 길을 온유와 사랑의 빛으로 둘러 주시고,

거친 성품을 부드럽게 하시며,

다른 이들을 슬프게 하기가 얼마나 쉬운지 잊지 않게 하시고,

모든 상처를 싸매고 모든 분노를 가라앉히려 애쓰게 하소서.

오늘 나의 삶으로 인하여 세상이 더 복되고 나아지게 하소서.

내 앞의 돛대를 구주의 십자가로 삼고,

밀려오는 파도를 그분의 옆구리에서 나온 물과 피로 여기게 하소서.

내가 영원한 찬양의 해변에 이를 때까지

요동치는 바다에서 나를 도우시고 보호하소서.

한 해를 마치며

오, 비할 데 없는 사랑의 주 하나님,

주께서는 주실 때도 선하시고,

　　　가져가실 때도 선하시며,

　　　햇빛이 나를 비출 때도 선하시고,

　　　밤이 내게 몰려올 때도 선하십니다.

주께서는 세상의 기초를 세우시기 전부터 나를 사랑하셨으며,

　사랑으로 내 영혼을 구속하셨습니다.

주께서는 나의 완악한 마음과 배은망덕과 불신에도

　이제도 여전히 나를 사랑하십니다.

주님의 선하심이 이처럼 또 한 해 동안 나와 함께하셨으니,

　굽은 광야길을 이끌어 지나가게 하셨고,

　물러설 때 도우셔서 전진하게 하셨으며,

　막혔을 때 확실한 진로를 내셨습니다.

주님의 선하심이 다가올 한 해에도 나와 함께하실 것입니다.

이전처럼 앞으로도 나의 복된 선장이 되실 주님과 함께

　이제 내가 돛을 펼치고 닻을 올립니다.

주께서 내 눈을 가려 내 앞의 바다를 못 보게 하시니

　내가 주님을 찬양합니다.

주께서 시련의 폭풍을 정해 놓으셨다면,

　주께서 그 폭풍 가운데서 나와 함께하실 것입니다.

내가 핍박과 유혹의 광풍을 통과해야 한다면,

　나는 물에 빠지지 아니할 것입니다.

내가 죽어야 한다면,

　나는 주님의 얼굴을 더 빨리 뵈올 것입니다.

고통스러운 결말이 나의 운명이 되어야 한다면,

　부디 나의 믿음이 꺾이지 않도록 은혜를 허락하소서.

내가 나의 사랑하는 섬김에서 배제되어야 한다면,

　내가 어떠한 것도 요구하거나 내세울 수 없습니다.

나는 언제나 주께서 사용하시고자 택하신 그릇이니,

　안락할 때나 괴로울 때나

　내 안에서 오직 주님 홀로 영광을 받으소서.

새해

오, 주님,

주님 앞에서 주님을 섬기며

  주님의 영광을 위하여 보내는 시간이 아니면,

  아무리 많은 시간도 내게 유익이 없습니다.

매시간을 은혜가 함께하여

  나의 시간을 이끌고 뒤따르며 지도하고,

            유지하며 거룩하게 도우셔서,

  나로 하여금 한 순간도 주님을 떠나지 않게 하소서.

   오직 주님의 성령께서 모든 생각을 마련해 주시며,

                모든 말을 지도해 주시고,

                모든 걸음을 인도하시며,

                모든 일을 형통케 하시고,

                티끌 만한 믿음을 크게 해주심을

                믿어 의심치 않게 하소서.

  또한 내게 열망을 주셔서 주님을 찬양하게 하시고,

                주님 사랑을 증거하며,

                주님 나라를 앞당기게 하소서.

기도의 골짜기

오, 나의 항구이신 아버지와 함께,

오, 나의 키를 잡으신 아들과 함께,

오, 나의 돛에 바람을 몰고 오실 성령과 함께,

　내가 올 한 해 미지의 바다로 나의 배를 띄웁니다.

나로 하여금 허리를 동이고,

　　　　　등불을 밝히며,

　　　　　주님의 부르심에 귀를 열고,

　　　　　마음을 사랑으로 채우며,

　　　　　영혼의 자유를 얻어서, 천국에 이르도록 인도하소서.

내게 주님의 은혜를 주셔서 거룩하게 하시고,

　　　주님의 위로를 주셔서 기운 나게 하시며,

　　　주님의 지혜를 주셔서 배우게 하시고,

　　　주님의 오른손을 주셔서 인도받게 하시며,

　　　주님의 권면을 주셔서 가르침 받게 하시고,

　　　주님의 법을 주셔서 심판받게 하시며,

　　　주님의 임재를 주셔서 평안하게 하소서.

주님을 경외함이 나의 두려움이 되게 하시고,

　주님의 승리가 나의 기쁨이 되게 하소서.

가족

주권자 되시는 주님,

주께서는 모든 자의 창조주 아버지이시니,

　주께서 그들을 지으셨고, 이제도 부양하십니다.

주께서는 주님을 알고 사랑하며 경외하는 이들,

　또한 주님의 멍에를 쉽다 여기고,

　　　주님의 짐을 가볍다 여기며,

　　　주님의 일을 귀하다 여기고,

　　　주님의 계명을 영광스럽다 여기는 이들의 존귀한 아버지이십니다.

그러나 분에 넘치는 주님의 선하심에도 나는 얼마나 변한 것이 없는지요!

　　　신앙의 특권들을 내가 얼마나 빈약하게 활용했는지요!

　　　다른 사람들에게 선을 행하기를 내가 얼마나 게을리했는지요!

내가 범죄하고 죄를 지어 주님 앞에 섰으니, 나를 불쌍히 여기시고,

　주님의 선하심으로 나를 회개에 이르게 하소서.

나를 도우셔서 거짓된 모든 길을 미워하고 버리며,

　　　나의 처지와 성품에 마음 쓰고,

　　　나의 혀를 다스리며,

　　　무엇보다 내 마음을 지키고,

시험에 들지 않도록 깨어 기도하며,

죄를 죽이고,

다른 사람들의 구원을 염려하게 하소서.

오, 하나님, 내 가족의 멸망을 나는 보고 싶지 않습니다.

나와 사랑의 끈으로 결합된 그들이

주님 앞에서 귀히 여김을 받고, 주님의 영광을 위하여 헌신하게 하소서.

나의 가정에 헌신과

가르침과

훈육과

본을 보임으로 거룩하고 순적하게 하셔서,

나의 집이 천국의 자녀들이 자라는 양육실이 되게 하시고,

나의 교회가 주께서 영광을 위하여 친히 심으신

의의 나무들이 가득한 주님의 동산이 되게 하소서.

나의 가족 가운데서도 특별히 친절하고 도덕적이며 아름다운 이들이

정작 천국에는 이르지 못하는 일이 없게 하소서.

내가 사랑하는 모든 이들에게서 예민한 양심과 부드러운 마음과

주님 말씀의 경고며 기쁨의 소망들이 지워지지 아니하고,

정의가 이길 때까지* 살아남게 하소서.

---

* 마태복음 12:20 참조.

보살피시는 사랑

부족함 없는 왕 되신 주님,

내가 주님 앞으로 나아갈 때,

　주님의 완전하심으로 빛나는 영광과

　영원하고 광대한 나라의 보좌와

　주님 곁에서 시중드는 수천 수만의 무리를 봅니다.

주님의 위대하심을 내 마음에 새겨 넣으시되

　나로 그 위대하심에 두려워 달아나지 않게 하시고,

　그 위대하심에 감동하여 주께 가까이 가게 하시며,

　주께 둔 나의 신뢰를 사라지지 않게 하시고,

　나를 이끄셔서 주님의 크신 겸손에 감복하게 하소서.

주께서는 나를 잊지 아니하시고 찾아 주셨으며,

　　　　내가 태어날 때부터 맡아 보호하셨고,

　　　　내가 어떠한 처지에 있든 보살펴 주셨으며,

　　　　주님의 식탁에 앉혀 먹이셨고,

　　　　내 주위로 사랑의 커튼을 둘러 주셨으며,

　　　　아침마다 새로운 자비를 베풀어 주셨습니다.

나로 이보다 더 큰 은총을 구해야 함을 잊지 않게 하소서.

무덤 너머의 소망과

영원한 생명을 보증받고 미리 맛보는 것과

거룩함과 지혜와 능력과 평안과 기쁨이 그와 같으니, 이 모든 것을

주께서는 나를 위하여 그리스도 안에서 마련해 주셨습니다.

내가 주님의 합당하신 권위와

주님의 따뜻한 사랑에 얼마나 무감했는지 생각하면 가슴이 아픕니다.

주님의 진리에 대한 믿음과

주님의 약속에 대한 신뢰와

주님의 경고에 대한 두려움과

주님의 명령에 대한 순종과

나의 장점을 선용함과

주님의 은혜에 대한 응답이 얼마나 빈약했는지 생각하면

가슴이 아프지만,

이로 인해 받을 형벌에도 불구하고 내가 살아 있으니,

주님의 선하심으로 언제나 나를 회개로 이끄시고,

주님의 오래 참으심으로 나의 구원을 드러내 보이소서.

하나님의 지원

주께서는 복되신 하나님이시며,

　스스로 복되시고,

　피조물들의 복의 근원이시며,

　나를 지으신 분, 나의 은인, 나의 소유자, 나의 지원자이십니다.

주께서는 나를 낳으시고 보존해 주셨으며,

　　　　　나를 지원하시고 귀히 여겨 주셨으며,

　　　　　나를 구원하시고 지켜 주셨습니다.

주께서는 내가 어떠한 처지에 있든 나의 필요와 궁핍을 채우십니다.

나로 하여금 주님으로 인해 살고,

　　　　　주님을 위해 살며,

　　　　　그리스도인으로 살 때 나의 성장에 만족하지 않게 하시고,

　　　　　오직 그리스도를 닮아 갈 때에만 만족하고 기뻐하게 하소서.

또한 그리스도의 신념과 성품과 삶을 따르는 것이

　나의 삶에서 날로 더하게 하소서.

비할 바 없으신 주님의 사랑에 사로잡혀 거룩한 순종에 이르게 하시고,

　기쁨으로 내게 맡겨진 일을 행하게 하소서.

다른 사람들이 나의 믿음을 어리석음이라 하고,

나의 온유함을 약함이라 하며,

나의 열심을 미친 일이라 하고,

나의 소망을 착각이라 하며,

나의 행실을 위선이라 해도,

주님의 이름을 위하여 기쁨으로 감당하게 하소서.

나로 하여금 영원한 기쁨의 나라를 향하여,

나의 참된 유산인 그 낙원을 향하여 흔들림 없이 걸어가게 하소서.

천국의 능력으로 나를 지원하셔서,

결코 내가 뒤돌아서거나

헛되이 사라질 거짓된 즐거움을 바라지 않게 하소서.

주님의 은혜로 내가 천국을 향하여 쉼 없이 여행하는 동안,

부디 내가 주님을 향한 뜨거운 열망과

다른 이들의 유익과 구원의 목적 외에는,

그 어떤 목적도 없는 사람으로 알려지게 하소서.

역사하시는 은혜

위대한 대제사장 되시는 주 예수님,

주께서 새로운 생명의 길을 열어 놓으셨으니,

　타락한 피조물이 이로써 주께 나아가 용납함을 얻습니다.

나를 도우셔서 주님의 위격의 위엄과

　　　　　주님의 희생의 완전함과

　　　　　주님의 중보기도의 효험을 묵상하게 하소서.

오, 기도의 복됨이여,

　시련이 나를 지치게 하고,

　근심이 나를 갉아 대며,

　두려움이 나를 혼란스럽게 하고,

　질고가 나를 짓누를 때,

　기도에 깊이 잠기는 것이 얼마나 복된지요.

　곤고할 때에 주님 앞에 나와서 말할 수 없는 평안을 누립니다!

주님, 회복의 은혜가 필요하오니 나를 보존하시고,

　인도하시며 지키시고, 채우시며 도우소서.

또한 여기서 내가 성도들을 보며 희망을 얻사오니,

그들이 이전에는 가난했으나 지금은 부요하고,

이전에는 묶였으나 지금은 자유하며,

이전에는 시달렸으나 지금은 승리하기 때문입니다.

새로운 의무를 행할 때마다 내게는 지금보다 더한 은혜가 필요하나

주께 가면 언제나 필요한 만큼의 은혜가 있으니,

거룩한 보고이신 주께는 온전한 충만이 있기 때문입니다.

내가 은혜에 은혜를 더하여 받고자 주께 가오니,

죄로 인하여 생긴 모든 틈이 메워지고,

주님의 충만하심으로 충만할 때까지 주께 갑니다.

나의 소원을 넓히시고 나의 소망을 담대하게 하셔서,

전적으로 주님을 의지하고 크게 기대함으로

주님을 영화롭게 하소서.

언제나 나와 함께하셔서,

모든 형통의 미소와 모든 역경의 험한 얼굴과

모든 물질의 상실과 모든 친구들의 죽음과

모든 어둠의 날들과 모든 인생의 변화와

최후에 있을 만물의 큰 격변에 대비하게 하소서.

나로 주님의 은혜가 나의 모든 필요에 족한 줄 알게 하소서.

아침

긍휼히 여기시는 주님,

주님의 은혜로 내가 또 하루의 새벽을 맞습니다.

나의 은혜가 자라나지 아니하고,

　　지식이 늘지 아니하며,

　　영적인 추수를 위한 성장이 있지 아니하면,

　　오늘 주신 이 하루의 선물은 헛된 것입니다.

오늘 나로 하여금 주님을 있는 모습 그대로 알게 하시고,

　　　　　　주님을 더할 수 없이 사랑하게 하시며,

　　　　　　주님을 전적으로 섬기게 하시고,

　　　　　　주님을 온전히 경배하게 하소서.

은혜로 나의 뜻을 굽혀 주께 화답하게 하시고,

　순종하는 능력이 내 안에 있지 아니하며, 오직

　주님의 값없는 사랑으로만 주님을 섬길 수 있음을 알게 하소서.

그러므로 나의 빈 마음을 드리오니,

　주님의 가장 귀한 선물로 채워 넘치게 하소서.

또한 이처럼 어두운 나의 분별력을 드리오니,

　이 분별력을 가린 무지의 안개를 거두어 내소서.

오, 언제나 깨어 계시는 목자 되시는 주님,

  오늘 나를 인도하시고, 지도하시며, 지켜 주소서.

주님의 제지하시는 막대기 없이는 내가 길을 벗어나 헤맵니다.

나의 길을 막으셔서, 내가 그릇된 즐거움에 빠져

  해로운 개울물을 마시지 않게 하소서.

나의 발걸음을 지도하셔서, 사탄의 은밀한 덫에 걸려들지 않게 하시고,

  그가 숨겨 둔 함정에 빠지지 않게 하소서.

저 괴롭히는 적대자들과

악한 환경과

나 자신에게서 나를 지켜 주소서.

나의 적대자들은 내 본성의 한 부분입니다.

그들은 나의 피부처럼 내게 붙어 있습니다.

나는 그들과 붙어 있지 않을 수 없습니다.

그들은 내가 일어나나 앉으나 따개비처럼 붙어 있습니다.

그들은 끝없는 미끼로 나를 유혹합니다.

나의 원수는 내 내면의 성채 안에 있습니다.

전능하신 능력으로 오셔서 나의 원수를 쫓아내시고,

  찔러 죽이시며,

  오늘 내 안에 있는 육신의 삶의 모든 티끌을 남김없이 폐하소서.

아침 기도

오, 모든 선의 창조자 되시는 하나님,

내가 또 새 하루의 의무와 일들에 필요한 은혜를 얻고자

　주님 앞으로 나아갑니다.

내가 이제 악한 세상으로 나갑니다.

내가 종일토록 악한 마음을 지니고 다닙니다.

내가 아오니 주님 없이 나는 아무것도 할 수 없으며,

　　　　　오늘 내가 세상으로 나가 만나게 될 모든 일들이

　　　　그 자체로는 아무리 해롭지 않다 해도

　　　　주님의 능력이 나를 지켜 주시지 아니하면,

　　　　그 모든 일들이 결국 죄와 어리석음의 계기가 될 것입니다.

주께서 나를 붙잡아 주시면 내가 안전합니다.

나의 분별력을 지키셔서 죄악의 교활한 덫에 걸려들지 않게 하시고,

나의 감정을 지키셔서 우상을 사랑하지 않게 하시며,

나의 덕성을 지키셔서 악습에 물들지 않게 하시고,

나의 고백을 지키셔서 모든 형태의 악에 훼손되지 않게 하소서.

내가 주님의 복을 간구할 수 없는 허무한 일에,

　　주님의 감찰을 요청할 수 없는 허무한 일에 관여하지 않게 하소서.

기도의 골짜기

나로 어떠한 일이든 합법한 일을 맡아 형통하게 하시고,

  그것이 아니면 낙심을 각오하게 하소서.

나를 가난하게도 마시고 부하게도 마시며,

오직 필요한 양식으로 나를 먹이소서.

  행여 내가 배불러 주님을 부인하며 말하기를

  주님이 누구냐 하거나,

  행여 내가 가난해서 도둑질하고 주님의 이름을 욕되게 할까 두렵습니다.

나의 기도와 주님의 뜻으로, 모든 피조물이 나를 선대하게 하소서.

나를 가르치셔서 세상에 살되 세상에 빠지지 않게 하시고,

              나의 재능을 선용하게 하시며,

              시간과 세월을 아끼게 하시고,

              밖에 있는 이들에게는 지혜롭게 행하며,

              안에 있는 이들에게는 친절히 행하게 하시고,

              모든 이들에게 선을 행하되

              나의 동료 그리스도인들에게 특히 그렇게 하여,

주께서 영광을 받으소서.

아침에 드리는 헌신

전능하신 하나님,

이제 오늘 하루를 시작하며

　나와 내 영혼과 육신과 일과 친구들을 주님의 보살핌에 맡깁니다.

나를 살피시고 지키시며 이끄시고 지도하시며,

　거룩하게 하시고 축복하소서.

나로 하여금 주님의 길에 마음을 내게 하시며,

도공이 흙으로 빚어 내듯 나를 온전히 예수의 모습으로 빚어 내시고,

내 입술을 음색 좋은 수금 삼으셔서 주님을 찬양하게 하소서.

내가 주님의 성령으로 살며

　　세상을 짓밟으며

　　거짓된 우상을 따르지 아니하며

　　새로운 마음으로 변화받으며

　　하나님의 전신갑주를 입으며

　　결코 어두워지지 않는 빛으로 빛나며

　　모든 행실에서 거룩함을 드러내는 모습을

　　주변 사람들이 보게 하소서.

오늘 어떤 악으로도 생각과 말과 손을 더럽히지 않게 하소서.

내가 진흙길을 걸어도 나의 삶은

  그 더러운 것들을 묻히지 않고 깨끗하기를 원합니다.

필요한 일을 할 때도 나의 감정이 하늘에 있게 하시고,

　　　　　　나의 사랑이 불꽃처럼 위로 솟구치게 하시며,

　　　　　　나의 시선이 보이지 않는 것들에 고정되게 하시고,

　　　　　　나의 눈이 세상과 그 우상들의 헛됨과

　　　　　　허약함과 헛된 수고를 꿰뚫어보게 하소서.

나로 하여금 모든 것을 영원의 거울에 비추어 보며,

　　　　내 주께서 오심을 기다리고,

　　　　마지막 나팔 신호 소리에 귀 기울이며,

　　　　새 하늘과 새 땅으로 서둘러 달려가게 하소서.

오늘 나의 모든 대화를 주님의 지혜에 따라 명하시고,

  서로 유익이 되게 하소서.

내가 유익을 얻지도 끼치지도 못하는 일이 없게 하소서.

말할 때마다 마지막 말인 듯 말하게 하시고,

  걸을 때마다 마지막 걸음인 듯 걷게 하소서.

나의 삶이 오늘 끝난다면,

  이날이 나의 가장 좋은 날이 되게 하소서.

저녁 기도

오, 백성들을 사랑하시는 주님,

주께서 나를 나의 전 존재요 구속자요 사령관이시며,

  남편이자 친구 되시는 예수의 손안에 두시고,

  그분 안에서 나를 보살펴 주십니다.

나를 거룩하고 흠 없으며 죄인들과 구별되게 하소서.

내가 낯선 사람의 음성을 알지 못하고, 오직

  목자 되신 예수께서 계신 곳으로 가,

  그분이 이끄시는 곳으로 따라가게 하소서.

주께서 죄를 없애는 샘에서 나를 단번에 씻기셨으니,

  오늘 하루를 살며 행한 나의 더러움과

                            잘못과

                            부족한 선행과

                            지나친 언행을 씻어 주셔서,

  나로 하여금 예수 안에서 온전한 성품을 드러내게 하소서.

오, 제자들의 발을 씻겨 주신 주님,

  나를 참아 주시고,

  나의 잘못을 너그러이 보아 주시며,

기도의 골짜기

주님의 크신 일이 내 안에서 완성될 때까지 나와 함께하소서.

내가 모든 면에서 나를 극복하고,

　　　　　내 육신과 육신의 감정과 정욕을 이기며,

　　　　　내 몸을 쳐서 복종시키고,

　　　　　나의 사람됨을 지켜 일체의 중한 죄를 짓지 아니하며,

　　　　　나의 교활한 본성을 제어하고,

　　　　　온전히 주님의 영광을 위해서 살며,

　　　　　사람들의 부당한 비난과 칭찬에 귀를 막게 하소서.

아무것도 거듭난 나의 속사람을 해할 수 없으니,

　이 속사람은 멸망하지도 죽지도 아니할 것입니다.

그 무엇도 내 안에 계신 주님의 성령의 지배를 방해할 수 없습니다.

주님과 내 양심의 인정을 얻는 것으로 족하오니,

내가 겸손하여 주님을 의지하며, 크게 기뻐하는 자 되게 하시고,

　젖을 빠는 아이처럼 고요하고 잠잠하되

　언제나 주님을 위해 열심을 내게 하소서.

내가 무엇을 행하기보다 무엇이 되고자 하며,

　무엇보다 예수님처럼 되기 원합니다.

주께서 나를 바르게 하시면 내가 바르게 될 것입니다.

주님, 내가 주께 속하였으니, 나를 주께 합당한 자 되게 하소서.

저녁 찬양

모든 것을 주시는 주님,

또 하루가 끝나고

　내가 나의 위대하신 구속자의 십자가 아래 자리하오니,

　　거기서 치유의 시냇물이 아래로 끝없이 흘러내리고,

　　거기서 향유가 쏟아져 나와 모든 상처에 스미며,

　　거기서 내가 온전히 깨끗하게 하는 피로 새로이 씻겨,

　　내게 주님의 눈에 띌 죄의 얼룩이 없음을 확신합니다.

잠시 후면 내가 주님의 집으로 가고,

　죄 많은 이 세상에 있지 아니할 것입니다.

나를 도우셔서 내 마음의 허리를 동여 채비하게 하시며,

　　　　　나의 발걸음에 힘을 내게 하시고,

　　　　　매 순간이 마지막인 듯 달리게 하셔서,

　　　　　나의 삶이 기쁨이 되고, 나의 죽음이 영광이 되게 하소서.

내가 이 세상의 잠시의 은총들을 인하여 주께 감사드립니다.

　　　　　깨끗한 공기와

　　　　　밝은 햇빛과

　　　　　기운 나게 하는 음식과

몸을 감싸 주는 의복과

일신을 보호해 주는 거처와

쉼을 누리게 하는 잠과

별이 빛나는 밤하늘과

여름날의 산들바람과

꽃들에게서 나는 향내와

시냇물 흐르는 소리와

가족과 친척과 친구들의 사랑스러움과

생명 있는 것들과 생명 없는 것들이 모두 나를 위로하오니,

내 잔이 넘칩니다.

나로 하여금 이와 같은 일상의 자비에 무감하지 않게 하소서.

주께서는 손으로 은총을 베푸시고, 능력으로 악을 막으십니다.

내가 영적인 은혜들을 인하여 주께 감사의 헌물을 드리오니,

열심을 내는 믿음과

격려가 되는 성령의 임재와

힘 있게 다스리시는 주님의 뜻과

지옥의 포문을 막으심이 그와 같습니다.

주권자 되시는 나의 주님, 찬양을 받으소서!

저녁에 새롭게 하심

나의 아버지,

주님의 자비에 제한이 있다면, 내가 진노를 피해 어디로 숨겠는지요.

그러나 그리스도 안에 있는 주님의 사랑은 한이 없습니다.

그러므로 내가 자신과 더불어

　알고 지은 죄, 알고도 행치 아니한 죄와

　나의 아버지이신 주님을 거스른 죄와

　아름다운 구속자이신 주님을 거스른 죄와

　오, 성령님, 주님의 애쓰심을 거스른 죄와

　내 양심의 명령을 거스른 죄와

　주님 말씀의 교훈을 거스른 죄와

　내 이웃과 나 자신을 거스른 죄를 주님 앞에 내어놓습니다.

부디 나를 심판하지 말아 주소서.

내가 나의 의로움을 주장하지 아니하고, 나의 죄악을 숨기지 아니합니다.

악으로 어두워진 나의 날을 용서하소서.

이 저녁에 내가 새롭게 회개합니다.

아침마다 내가 주님을 더욱 뜨겁게 사랑하며,

　　　　　주님을 더욱 신실히 섬기고,

기도의 골짜기

내 삶에 더욱 헌신하며,

온전히 주님의 것이 되리라 맹세합니다.

그러나 내가 이내 넘어지고 배역하니,

나의 연약함과 비참함과 죄를 고백하지 않을 수 없습니다.

그럼에도 내가 주님을 찬양하는 것은,

내가 무엇을 행함으로 예수께서 완성하신 일에 보탬이 되지 아니하고,

그분께서 스스로 드리신 희생이 내 죄를 속하기에 족하기 때문입니다.

내게 남은 날이 있다면 내 삶을 고치게 하시고,

악을 미워하고 증오하게 하시며,

내가 고백한 죄들을 버리게 하소서.

나로 더욱 단호하고, 더욱 경계하며, 더욱 기도하게 하소서.

내 손으로 뿌린 악의 씨앗에서 악의 열매가 나오지 않게 하시고,

나의 부주의한 행실을 내 이웃이 보고서

자만과 어리석음에 빠지는 일이 없게 하소서.

오늘 내가 그리스도와 그분의 말씀을 부끄러워하였거나

불친절과 악의와 시기와 사랑 없음과 경솔한 말과

분별없이 분노를 드러냈다면, 다른 사람들에게

걸림돌이 되거나 주님의 이름이 욕되지 않게 하소서.

오, 나로 하여금 올바른 본을 보이게 하셔서,

언제나 악을 꾸짖고 선으로 이끌리게 하시며,

그리스도의 길이 아름답다는 증거가 되게 하소서.

5. 거룩한 열망

하나님을 열망함

귀하신 주님,

내가 주께 고백하지 아니할 수 없으니,

　내가 오직 주님만 열망하고

　　　　거룩함만 열망하며

　　　　주님의 뜻과 하나 됨을 열망하는 것을 주께서 아십니다.

주께서 내게 이 같은 열망을 주셨고,

　주께서만 내가 열망하는 것을 이루어 주실 수 있습니다.

내 영혼이 주님과 나누는 친교를 열망하고,

　　　　내 안에 거하는 썩어질 것의 죽음을 열망하며,

　　　　특별히 영적인 교만의 죽음을 열망합니다.

경건의 신비와 참된 거룩에 대한

　예민한 감각과 명백한 이해를 얻는 것이 얼마나 귀한지요!

피조물인 내가 할 수 있는 한 많이 창조주를 닮아 가야 하듯이,

주님을 닮는 일이 얼마나 복된지요!

주님, 나로 하여금 더욱 주님을 닮아 가게 하시고,

내 영혼을 넓히셔서 거룩함으로 가득하게 하시며,

주님을 위한 삶에 몰두하게 하소서.

나를 도우셔서 나의 영적인 체험에 만족하지 않게 하시고,

　주님과 함께한 아름다운 사귐에 만족해 있을 때는,

　내가 알고 체험한 것이 지극히 적은 부분임을 가르쳐 주소서.

복되신 주님,

　나로 주님을 향하여 더욱 가까이 올라가게 하시며,

　　주님을 사랑하고 주님을 그리워하게 하시고,

　　주께 호소하고 주님과 씨름하며,

　　죄의 몸에서 자유케 되기를 간절히 사모하게 하소서.

　　나의 마음이 어찌할 바를 몰라 방황하며 죽어 가고,

　　나의 영혼이 사랑하시는 분을 놓칠까 하여 웁니다.

하나님의 사랑으로 나의 삶을 두르시고,

　늘 주님을 열망하게 하시며,

　언제나 겸손히 주님의 뜻을 따르게 하시고,

　더욱더 주님만 바라보게 하셔서,

　수고하고 고난받는 자리에 합당한 자 되게 하소서.

봉헌과 예배

나의 하나님,

주님을 기쁘시게 하고, 주께서 원하시는 자 되는 것을

　내가 천국으로 여깁니다.

오, 주께서 거룩하시듯 내가 거룩하고,

　그리스도께서 깨끗하시듯 내가 깨끗하며,

　성령께서 완전하시듯 내가 완전하기를 원합니다!

이와 같이 되라는 말씀을

　내가 주님의 책에 있는 최고의 명령으로 여깁니다.

　　그럼에도 내가 이와 같은 명령을 어기고, 어겨야 하다니요.

　　여기 사는 동안은 그처럼 어길 수밖에 없는지요.

슬프고 슬프게도 나는 죄인이며,

　선하고 은혜롭기가 한량없으신

　　거룩하신 하나님을 내가 슬프시게 하고 있습니다!

오, 차라리 주께서 나의 죄를 인하여 벌하기라도 하신다면,

　주님을 슬프시게 한 일로 내 마음이 이토록 아프지는 않을 것입니다!

그러나 끊임없이 내가 죄를 지음에도,

　주께서는 끊임없이 내게 긍휼을 베푸십니다.

때때로 나는, 어떠한 고난이라도 견딜 수 있으리라 생각했는데,

　이처럼 영광스러운 주님을 욕되게 하는 일은 도저히 견딜 수 없습니다.

무엇을 해야 내가 모든 존재 가운데

　으뜸이신 분을 영화롭게 하고 참된 예배를 드릴 수 있겠습니까?

오, 한 치의 망설임도 없이, 나의 영혼과 몸을

　영원히 주님 섬기는 일에 바치고자 합니다!

오, 내가 주께 나를 온전히 드려서,

　두 번 다시 내가 나의 것이 되지 않기를 원하며,

　주님의 뜻과 사랑에 일치하지 않는

　나의 뜻과 마음을 품지 않기를 원합니다!

그러나 슬프게도, 나는 죄짓지 않고는 살아갈 수 없습니다.

오, 천사들로 하여금 끊임없이 주님을 영광스럽게 하고,

　천국의 거룩하신 왕 앞에 더욱 겸손히 엎드리게 하소서!

나도 그들과 함께 쉼 없는 찬양에 참여하기를 열망합니다.

그러나 내가 할 수 있는 모든 것을 영원토록 행한다 해도,

　영광의 하나님께서 마땅히 받으셔야 할

　영광의 지극히 작은 부분조차 나는 드릴 수 없습니다.

내게 거룩한 천국의 사랑으로 가득한 마음을 주소서.

하나님께 의지함

오, 지극히 높고 영광스러우신 하나님,

주님의 한없는 고요를 생각하며 내가 위로를 얻사오니,

나는 이리저리 힘들게 일하며 괴롭고 슬프지만,

　주께서는 영원히 완전한 평화에 들어 계시기 때문입니다.

주님의 계획은 실현되지 않을 두려움이나 염려가 없으니,

　영원한 산처럼 견고히 서 있을 뿐입니다.

주님의 능력은 막힘이 없고, 주님의 선하심은 제한이 없습니다.

주께서는 혼란에서 질서를 만들어 내시니,

　나의 패배는 주님의 승리입니다.

그러므로 전능하신 주 하나님께서 다스리십니다.

내가 죄인으로서 염려와 슬픔을 들고 주님 앞에 나와서,

　나의 모든 근심을 온전히 주께 맡기고,

　나의 모든 죄를 맡기며, 그리스도의 귀한 피를 간청합니다.

내 마음에 영의 깊이를 되살려 주소서.

나로 하여금 위대하신 목자 곁에 살게 하시며,

　그분의 음성을 듣고 그 음성의 높낮이를 구분하며,

　그 음성의 부르심을 따라가게 하소서.

기도의 골짜기

나를 진리 안에 거하게 하셔서 속임을 당하지 않게 하시고,

  성령의 능력으로 걷게 하셔서 해를 당하지 않게 하소서.

내게 영원한 진리를 믿는 더 강한 믿음을 주시고,

  내가 아는 것을 살아냄으로 내 안에 더 깊이 새겨 넣으소서.

나로 하여금 복음의 진리를 부끄러워하지 않게 하셔서,

  복음이 받는 비난을 감당하며,

  복음의 옳음을 입증하고,

  예수를 복음의 본체로 여기며,

  복음 안에서 성령의 능력을 알게 하소서.

주님, 나를 도우소서, 내가 자주 냉정하고 차가워지며,

                    불신이 나의 확신을 약하게 하고,

                    죄가 나를 붙들어 주님을 잊게 합니다.

내 영혼에 자라는 가라지들이 뿌리째 뽑혀 나가게 하소서.

나로 하여금 주님을 위하여 사는 것이 참되게 사는 것이며,

          그 밖의 모든 것은 아무런 의미가 없음을 알게 하소서.

주님의 임재만이 나를 거룩하고 경건하며,

  강하고 복되게 할 수 있습니다.

영광스러우신 하나님, 내 안에 거하소서.

헌신

나의 목적이 되시는 하나님,

나의 가장 크고 고귀한 기쁨이 있으니,

무엇보다 주님을 잘 알고,

  이성적이며 불멸하는 나의 영혼을 잘 아는 일입니다.

나의 모든 능력과 열정이 하나 되어

  주님을 따라가는 데 드리는 그때에,

  주님을 닮고 주님을 온전히 기뻐함을

  내 영혼이 간절히 바라고 사모하는 그때에,

  내 속을 들여다보는 일이 얼마나 기쁘고 즐거운지 모릅니다.

나의 영혼이 주님과 함께

  사귀며 보내는 시간처럼 즐겁고 기쁜 시간은 없습니다.

오, 나 자신을 거룩히 지켜 살피며 경계함이

  그리스도인의 삶에 얼마나 바람직하고 유익한지요.

  이처럼 나 자신을 경계하는 때는

  주님을 슬프시게 하거나 주께 죄짓는 것 외에는

    내 영혼이 아무것도 두려워하지 않는 때입니다.

    거룩하신 하나님, 나의 아버지요 친구이신 주님을

사랑하고 기쁘시게 하기를 내가 간절히 바랍니다.

주님, 나 혼자 복되기를 원치 아니합니다!

내가 아는바, 이것이 경건한 성품이요

　지각 있는 사람과 거룩한 신자의 드높은 소망이며 성실한 추구이니,

　주님을 영화롭게 하고 기쁘시게 함을 나의 기쁨으로 삼게 하소서.

내가 집에 있을 때나 길에 있을 때나

　나의 모든 시간을 주님을 위해 채우기를 원하며,

　나의 모든 염려를 주님의 손에 맡기고,

　주께서 하시는 대로 온전히 따르며,

　나 스스로 무엇을 할 의지나 관심을 갖지 않기를 원합니다.

나로 하여금 영원히 주님을 위하여 살게 하시고,

　　　　　　　　주님을 나의 궁극적이고 유일한 목적으로 삼게 하셔서,

　이후로는 한 순간도 죄악된 내 자아를 사랑하지 않게 하소서.

내게 주시는 손길

스스로 계시는 위대하신 주님,

모든 것이 주님에게서 나왔음을 내가 인정하고 고백합니다.

　생명과 숨과 행복과 성장과

　보는 것과 만지는 것과 듣는 것과

　선함과 진리와 아름다움이 그러하니,

　주님에게서 나오는 이 모든 것이 존재를 사랑스럽게 합니다.

영의 세계에서도 내가 전적으로 주께 의지합니다.

내게 은혜를 주셔서 은혜가 더욱 필요함을 알게 하시고,

내게 죄악됨을 드러내셔서 기꺼이 그 죄악을 고백하게 하시며,

내게 약함을 드러내셔서 주 안에서 나의 능력이 있음을 알게 하소서.

내게 회개하는 마음이 조금이라도 있음을 인하여 주께 감사드리니,

　이 마음을 더하여 주소서.

나의 죄악이 검고 깊습니다.

　무정하고 교만하며, 자기 의를 과시하는 마음에서 이 죄악이 나오니,

울고 후회하며 스스로를 혐오함으로 이 죄악을 고백하게 하시고,

　공로가 있는 체하거나 변명하지 않게 하소서.

내게 치유가 필요합니다.

선한 의사 되시는 주님, 주님의 일이 여기 있으니,

　오셔서 주님의 능력을 보여주소서.

내게 믿음이 필요합니다.

내게 믿음을 주신 주께서 이 믿음을 유지해 주시고,

　강하게 하시며 확장시켜 주시고,

이 믿음이 구주의 사역과

　　　　　　아버지의 권세와

　　　　　　성령의 역사 위에 그 중심이 있게 하소서.

이제 내 안에 이 믿음을 일으키셔서, 주님을 의심치 않게 하소서.

　주님은 진실하시고 강하시며, 신실하신 하나님이십니다.

그러므로 내가 사랑과 감사와 소망과

　기쁨으로 가득한 마음을 주님 앞에 가져갑니다.

나로 주님의 동산에서 자란 열매들을 주님의 발 아래 두게 하시고,

　식지 않는 열정으로 주님을 사랑하게 하시며,

　흔들리지 않는 확신으로 주님을 믿게 하시고,

　희미해지지 않는 소원으로 주님을 바라보게 하시며,

　억제할 수 없는 즐거움으로 주님을 기뻐하게 하시고,

　나의 힘을 다하여 주님을 영광스럽게 하게 하셔서,

　진실로, 주님의 영광에서 나오는 빛처럼 나를 빛나게 하소서.

하나님의 약속

영광의 여호와, 언약의 하나님,

주님의 모든 약속은 그리스도 예수 안에서 아멘이니,

　그 모든 약속이 이루어질 것입니다.

주께서 약속을 말씀하셨으니, 그대로 행해지며,

주께서 약속을 명하셨으니, 그대로 일어날 것입니다.

그럼에도 내가 빈번히 주님을 의심하였고,

　더러는 하나님께서 아예 계시지 않은 듯 살았습니다.

주님, 나의 삶 가운데 있던 그 죽음을 용서하여 주소서.

　그때 나는 주님 아닌 다른 것을 찾아다녔고,

　그때 나는 덧없는 것들에 만족했습니다.

그러나 주님의 은혜로 내가 회개할 때, 주께서는 내게

예수의 상처 안에 용서가 있음을 깨닫게 하셨습니다.

　이제 내 영혼이 성육신하신 나의 하나님이시요,

　　　　　　　　내 생명의 근원이시며,

　　　　　　　　내 소망의 원천이신 예수를 믿고 의지합니다.

나를 가르치셔서 주님의 뜻에 순종하게 하시고,

주님의 법을 즐거워하게 하시며,

주님의 뜻이 아니면 어떠한 것도 품지 않게 하시고,

주께서 하시는 모든 일이

나의 유익을 위한 것임을 믿게 하소서.

나를 도우셔서 모든 염려를 주님의 손에 맡기게 하소서.

주님의 목적이 성취될 때까지 악을 다스리시고,

그 악에서 선의 끝없는 진보를 이끌어 내소서.

아브라함의 믿음으로 나를 복되게 하소서.

그의 믿음은 약속 앞에서 믿지 못하여 흔들리는 일이 없었습니다.

내가 고난 가운데서 주님을 의심하지 않게 하시고,

오히려 그 고난 가운데서 주께 영광 돌리게 하소서.

나로 하여금 거룩한 삶의 뚜렷한 진보를 이루게 하셔서

더 높은 곳에 오르게 하시고,

의심의 골짜기와 두려움의 안개를 벗어나게 하시며,

그리스도 안에서 영원히 안전한 산꼭대기에 오르게 하소서.

이는 그분께서는 거짓말하지 아니하시고,

뜻하신 바를 포기하지도 않으심을 믿기만 하면 되는 일입니다.

나로 하여금 그리스도를 깊이 신뢰하게 하소서.

영원히 복되신 그리스도께서는 찬송을 받으시기에 합당한 분이십니다.

영적 도우심

영원하신 아버지,

놀라운 사랑이 여기 있사오니,

　주께서 주님의 아들을 보내셔서 나를 대신해 고난받게 하셨으며,

　주께서 성령을 더해 주셔서 가르치고, 위로하고, 인도하게 하셨고,

　주께서 천사들을 시켜 나를 보호하게 하셨음이 그러합니다.

온 천국이 나서서 불쌍하고 보잘것없는 나의 복을 도모합니다.

주님의 보이지 않는 종들로 언제나 나를 위하여 활동하게 하시고,

　내 안에서 은혜가 커지는 것을 보며 기뻐하게 하소서.

또한 나의 싸움이 끝나고 내가 구원의 바닷가에 이르러

　승리한 자로 서기까지 결코 그 종들을 쉬지 않게 하소서.

나의 악에 대한 성향과

　　　선에 대한 무감각과

　　　성령의 사역에 대한 거역으로 인하여

　주께 버림받는 일이 없게 하소서.

나의 고집스런 마음을 보시며 불쌍히 여겨 진노하지 마시고,

행여 적대자가 나의 죄악을 인하여 나를 누르려 할 때도,

　천국이 지옥보다 강함을 드러내시고,

　나를 위하는 자들이 대적하는 자들보다 위대함을 나타내게 하소서.

넘치는 언약의 은혜로 나의 도움이 되어 주시고,

언제나 주님의 기운 나는 말씀의 푸른 초장에서 먹게 하시며,

늘 성경을 열어 거기 계시는 주님을 찾게 하소서.

나의 반역으로 내가 채찍을 맞는다면

　그 징계를 겸손히 받아들이게 하시고,

　책망하시는 손을 찬양하게 하시며,

　질책의 동기를 헤아리게 하시고,

　즉시 깨달아 처음에 하던 일을 하게 하소서.[*]

아버지 같은 주님의 모든 손길로 인하여

　나를 주님의 거룩하심에 참여하는 자 되게 하소서.

넘어질 때마다 늘 이전보다 더 무릎 꿇게 하시고,

　일어설 때마다 늘 이전보다 더 높은 경건에 이르게 하소서.

나의 모든 십자가가 거룩하게 되고,

　　　모든 손실이 이득이 되며,

　　　모든 자기 부인이 영적인 유익이 되고,

　　　모든 어두운 날이 성령의 빛이 되며,

　　　모든 시련의 밤이 찬송이 되게 하소서.

---

[*] 요한계시록 2:5 참조.

피난처

오, 주님,

주께서는 능력이 무한하시고 지혜가 완전하시니,

모든 일을 명령하여 나를 방해하지도 훼방하지도 않게 하시고,

　주님의 크신 뜻을 가로막는 장애물이 되지도 않게 하소서.

나와 나를 향한 모든 위협 가운데 서 계셔서

　내게 어떠한 해악도 닥치지 않게 하시고,

　어떠한 죄도 나의 은사와 열정과 성취를 더럽히지 않게 하소서.

나로 의무를 따르되 스스로 세운 어리석은 꾀를 따르지 않게 하시고,

주께서 복 주시지 않은 일을 붙들고 수고하지 않게 하셔서,

　수치도 부끄러움도 없는 기쁜 마음으로 주님을 섬기게 하소서.

주님의 그늘 아래 마련하신 은밀한 처소에 나를 거하게 하소서.

　그곳은 아무것도 뚫고 들어올 수 없는 안전한 곳이니,

　낮에 날아드는 화살과

　흑암을 틈타서 퍼지는 염병과

　말다툼하는 자들과

　악의에 찬 해로움과

　무례한 말의 상처와

친구들의 함정과

청년의 위험과

중년의 유혹과

노년의 슬픔과

죽음의 두려움을 막아 줍니다.

내가 온전히 주님의 도우심과 권면과 위로를 의지합니다.

주님의 성령으로 나를 붙드시고,

실족하지 않는 것으로 안심하지 않게 하시며,

언제나 앞으로 나아가게 하시고,

언제나 주께서 내게 주시는 일이 넘치게 하소서.

주님의 성령으로 나의 속사람을 강건하게 하셔서,

그리스도인으로서 내 삶의 모든 목적에 합당하게 하소서.

나의 모든 보석을 주님 안에 있는 안전한 곳에 맡기오니,

그리스도 안에서 새롭게 얻은 나의 이름과

나의 몸과 영혼과 재능과 성품과

나의 형통과 아내와 자녀들과 친구들과 일과

나의 현재와 미래와 마지막을 받으소서.

이 모든 것이 지금부터 영원토록

주님의 것이며, 나도 주님의 것입니다.

담대함

영생불멸하시는 주님,

주님 앞에서 천사들이 경배하고 천사장들이 얼굴을 가립니다.

　나로 하여금 경건과 거룩한 두려움으로 주님을 섬기게 하소서.

주께서는 영이시며 내 안의 진리를 요구하시니,

　나를 도우셔서 영과 진리로 주님을 예배하게 하소서.

주께서는 의로우시니,

　나로 하여금 마음에 죄를 품지 않게 하시고,

　　　　　세상 풍조를 따라 살지 않게 하시며,

　　　　　죽어 없어질 것들에서 만족을 구하지도 않게 하소서.

나는 장차의 시간을 향해 서둘러 가고 있으니, 그때가 되면

　세상에서 추구하던 것들과 소유했던 것들의 헛됨이 드러날 것이며,

　세상에서 내가 부했거나 가난했거나, 성공했거나 보잘것없었거나,

　존경을 받았거나 멸시받았거나, 그 무엇도 중요하지 않을 것입니다.

그러나 내가 죄를 인하여 울고, 의에 주리고 목말랐으며,

　　　　　주 예수를 진실하게 사랑하고,

　　　　　그분의 십자가를 자랑으로 여긴 것은

　　　　　영원한 순간으로 남을 것입니다.

부디 이와 같은 목적에 나의 온 마음을 쏟아붓게 하소서!

주님 섬기는 일을 나의 완전한 목적으로 삼는

  확신과 성품을 내 안에 심어 주소서.

내 마음에서 죄악된 두려움과 수치심을 모두 몰아내셔서,

  담대한 마음으로 사람들 앞에서 구속자를 고백하기 원합니다.

  그분과 함께 나아가 그분께서 겪으신 치욕을 짊어지고,

  그분의 지식에 열중하며

  그분의 지혜로 충만하며

  그분의 신중함으로 걸으며

  모든 일에 그분의 권면을 구하며

  성경을 열어 그분의 명령을 구하며

  그분의 평화에 나의 마음을 고정하게 하소서.

  그분의 결정과 택하심과 실행이 아니면,

  내게 어떠한 일도 일어날 수 없음을 알게 하소서.

그리스도를 닮아가는 일

예수의 아버지 되시는 주님,

다시 새벽이 왔으나,

안에 주님의 빛이 없으면 밖의 빛도 소용이 없습니다.

내게 주님의 성령의 구원의 등불을 주소서.

  그리하시면 내 구원의 하나님, 내 영혼의 즐거움이신 주께서

  사랑 안에 있는 나를 기뻐하시는 모습을 보겠습니다.

나의 마음을 주님의 깊은 보살핌에 맡기오니,

  이는 내가 내 마음이 어떠한지를 잘 알기 때문입니다.

내 마음의 모든 문을 지키셔서 교활한 적대자가 들어오지 못하게 하시고,

그 적대자의 무서운 계략을 속히 분별하게 하시며,

나로 하여금 빛의 천사로 가장한 그를 알아차리고,

  물러가라 명하게 하소서.

나의 말과 행실로 인하여 다른 사람들이

  고상한 믿음과 사랑의 길을 걷게 하소서!

내가 모범을 보임으로 게으른 자들이 더 부지런하게 하소서!

세상 사람들이 마음을 돌이켜 주님을 아는 기쁨을 누리게 하소서!

겁 많고 결단력 없는 자들이 예수를 향한 나의 열정을 보고

　심판의 날이 다가오고 있음을 깨닫게 하소서!

나로 하여금 주님의 은혜를 비추는 거울이 되게 하시고,

　다른 사람들에게 주님 섬기는 기쁨을 나타내 보이며,

나의 입술이 소리 좋은 제금이 되어 주님을 찬양하게 하시고,

천국의 마음에서 나오는 빛무리가 나를 에워싸고 빛나게 하시며,

　친절의 등불이 나의 길을 햇살처럼 비추게 하소서.

영원한 것에 마음을 두고 일시적인 것에 성실히 임하는

　복된 은사를 내게 가르쳐 주소서.

나를 세상으로 내보내셔서, 무지하고 불쌍한 자들을 긍휼히 여기게 하소서.

나를 도우셔서 예수께서 걸으신 길을 걷게 하소서.

　예수께서는 나의 유일한 구주요 완전한 모범이 되시니,

　예수의 마음은 내 안에 모신 손님이요,

　예수의 온유하심은 내가 겉에 입는 옷입니다.

마음이 가난한 이들과 함께함을 나의 복된 거처로 삼게 하시고,

　온유한 이들의 무리를 나의 기쁨으로 삼게 하소서.

나로 하여금 언제나 다른 사람들을 나보다 낮게 여기고,

　참된 겸손에서 두 세계의 상속권을 찾게 하소서.*

---

* 디모데전서 4:8 참조.

그리스도인의 사랑

오, 사랑 없는 자들을 사랑하시는 주님,

곧 마음과 목숨과 뜻과 힘을 다하여 주님을 사랑하고,

　또한 내 이웃을 내 몸같이 사랑함이 주님의 뜻입니다.

그러나 나는 이처럼 사랑하기에 부족한 인간입니다.

애초부터 내 영혼에는 순결한 사랑이 없으며,

내 안의 모든 감정은 주님에게서 돌아섰습니다.

내가 노예처럼 정욕에 묶여 있습니다.

주께서 사랑스러우심에도 내가 주님을 사랑할 수 없으니,

　주께서 나의 묶인 것을 풀어 주소서.

내가 은혜로 주께 속한 자유인이 되어* 주님을 섬기고자 하오니,

　주께서 예수 안에 계신 나의 하나님이심과

　예수를 통하여 내가 구속받았고, 죄를 용서받았음을 믿게 하소서.

이처럼 자유를 얻은 내가 언제나 주께 순종하고자 하나,

　처음에 내가 스스로 자유를 얻을 수 없었듯이,

　지금 또한 자유롭게 걸을 수 없습니다.

---

* 고린도전서 7:22 참조.

　　　　　　　　　　　　　　　　　　　　　　기도의 골짜기

주님의 성령으로 인하여, 나를

　주님과 주님의 길로 더 가까이 이끌어 주소서.

주께서는 모든 수단도 목적이 되시니,

　그 수단들을 사용하고도 주께 이르지 못하면

　나는 무의미하게 사라질 뿐입니다.

주님의 거룩하신 말씀으로 나의 모든 길을 지시하시고,

　주님의 계명을 내 마음의 기쁨으로 삼아 주셔서,

　말씀과 계명으로 주님과 복된 대화를 나누게 하소서.

주님의 사랑 안에서 자라게 하시고, 그 사랑을 사람 앞에 드러내게 하소서.

사랑의 성령님, 나로 사랑하시는 예수를 닮게 하시고,

　　　　　　　　예수의 온유하신 성품과

　　　　　　　　선하신 행실을 따르게 하셔서,

　사람들 앞에 빛남으로 주께 영광이 되게 하소서.

주께서 내게 사랑으로 행하실수록

　나를 더욱더 겸손하게 하시고,

　나로 온유하고 낮은 자 되게 하시며,

　언제나 주께 영광을 돌리는 자 되게 하소서.

쏟아져 나온 사랑

은혜로우신 하나님,

예수 안에 있는 주님의 사랑의 기적을 인하여 내가 주님을 찬양합니다.

예수께서는 하늘에서 사랑받으시는 분이시나 성육신하시고,

  멸시받고 거절당하시고 십자가에 달려 나의 죄를 짊어지신 분입니다.

예수 안에서 주님의 은혜가 한없이 깊어졌으며,

예수 안에서 반역자들을 향하신 사랑이 한없이 커졌습니다.

오, 내가 이와 같은 사랑으로 주님을 사랑하기 원합니다!

나의 마음이 돌처럼 단단하니 주님의 사랑으로 녹이시고,

나의 마음이 굳게 잠겼으니 주님의 사랑을 열쇠로 삼으셔서

  이 마음을 열어 주소서.

오, 아버지, 주께서 예수께 맡기신 크신 사랑을 인하여 경배합니다.

오, 예수님, 주께서 나를 위하여 생명을 버리셨음에 찬양합니다.

오, 성령님, 주께서 내게 이와 같은 신비를 알게 하셨음에 감사드립니다.

크신 하나님, 주님의 아들께서 치르신 영혼의 수고가

  내게서 이처럼 나타나고 있으니, 그분께 보여주소서!

거짓된 희망에서 나를 되돌리셔서,

  예수께 의지하고 예수만 신뢰하게 하소서.

예수의 공로에 무지하여 그분을 사랑하지 아니하는 일이 없게 하시고,

예수의 피에 무감각하여 씻음 받기를 원치 아니하는 일이 없게 하소서.

주님이시며 구속자요 구주이신 주 예수님,

내게 오셔서, 나를 온전히 소유하소서.

이는 값을 치르고 사신 주님의 권리입니다.

사랑의 팔로 나의 고집스러운 마음을 완전히 둘러싸 제압하소서.

나의 모든 재능을 취하시고, 거룩하게 사용하소서.

내가 소망을 부끄러워하지 않으며, 나의 확신은 흔들림이 없습니다.

무수한 죄로 인하여 내가 주님을 의지하였더니,

주께서는 그 많은 죄를 주님의 등 뒤로 던지셨습니다.

온갖 해악이 나를 둘러쌀 때 내가 주님을 의지하였더니,

주께서는 나를 건져 모든 것이 풍족한 곳으로 이끌어 주셨습니다.*

곤고한 날에 내가 주님을 의지하였더니,

주께서는 믿음이 흔들린 나를 버리지 아니하셨습니다.

오, 영원히 나를 택해 주신 하나님,

오, 나무에 달려 값을 치르시고 소유권을 회복하신 하나님,

오, 효력 있는 권세로 나를 부르시는 하나님,

아버지와 아들과 성령님,

내가 영원히 주님의 영광과 영예와 위엄과 권능과 다스리심을 찬양합니다.

---

* 시편 66:12 참조.

하나님께 합당하게 되는 일

만물을 지으시고 돌보시는 주님,

낮과 밤이 주님의 것이요,

  하늘과 땅이 주님의 영광을 선포합니다.

그러나 주님의 능력과 은택으로 창조된 나는,

양심의 명령과

주님의 법의 요구와

복음의 부르심을 거역하여, 주님께 죄를 지었습니다.

  그럼에도 내가 주님의 소망의 경륜 아래 살고 있으니,

세상으로 향하는 욕망에서 나를 구하소서.

  나는 위에서 났으며, 영광을 향해 가고 있습니다.

거룩함을 영혼의 아름다움이요 위엄으로 바라보고 열망하게 하소서.

내가 원수의 땅을 지나갈 때 움츠러들지 아니하며,

  확신을 잃지 아니하고, 영적으로 무장하는 것을 잊지 않게 하소서.

어떤 처지나 어떤 형편에서든 잘 감당하게 하시며,

나의 마음을 주께 고정하여 고난을 복으로 바꿔 주셔서,

  그 고난의 의미와 결과를 헤아리며, 감사와 찬양을 드리게 하소서.

주님의 뜻에 대한 나의 순종이

 거룩하고 자발적이며 즐거운 일이 되게 하소서.

거룩한 진리에 대하여

 명백하고 일관성 있으며 영향력 있게 나의 모든 생각을 고쳐 주소서.

주님의 계시된 뜻 어느 하나라도 가볍게 여기거나 무시하지 않게 하소서.

마땅히 복음의 가르침과 실천을 모두 귀히 여기게 하시며,

 복음의 약속과 함께 명령도 소중히 여기게 하소서.

내 삶의 모든 관계와 직무와 일과 환경에 임하는 나를 거룩하게 하셔서,

 형통할 때 지나치게 자랑하지 않게 하시고,

 곤고할 때 너무 슬퍼하지 않게 하소서.

어떠한 형편에서도 내 마음이 치우치지 않게 붙잡아 주시고,

 나를 도우셔서, 나의 모든 의무를 영적인 특권으로 여기게 하소서.

그리하여 내가 만족을 얻고,

　　　　　주께 영광이 되며,

　　　　　다른 이들에게 본이 되게 하소서.

확신

오, 하나님, 주께서는 크고도 크시며,

내가 경건한 두려움과 겸손한 확신으로 주께 나아가오니,

　주께서 친히 몸을 낮추심은 주님의 위엄과 같고,

　주님의 선하심은 주님의 영광이기 때문입니다.

나는 자격이 없으나 주께서는 기쁘게 받아 주시고,

나는 죄를 지었으나 주께서는 자비로우시며,

나는 궁핍하나 주님의 부요하심은 무궁합니다.

주께서는 주님의 아들을 아끼지 아니하시고

　그분 안에서 내게 모든 것을 값없이 주심으로

　내게 한없는 긍휼을 보여주셨으니,

이것이 내 희망의 근거이며,

　　　내가 안전하게 숨을 피난처이며,

　　　주께 이르는 새로운 생명의 길이며,

　　　죄를 깨닫고 마음을 깨뜨리며 자기를 혐오하여,

　　　마침내 복음을 귀하게 여기게 하는 통로입니다.

그리스도께 속한 이들은 복됩니다.

  그들은 그리스도 안에서 주님과 평화를 누리고,

  정죄당한 모든 일에서 풀려나 의롭다 하심을 얻으며,[*]

  임박한 진노에서 구원을 받고,

  장차 올 영광의 상속자가 되었습니다.

내게 세상에 대한 죽음과

      구주를 사랑함과

      그분의 집을 사모함과

      그분을 섬기는 헌신을 주시고,

이로써 내가 구원받은 사람임을 나타내 보이게 하소서.

나의 성품과 행실 하나하나로 인하여

  다른 사람들이 진실하고 따뜻한 감화를 받고,

  또한 주께 가는 길을 묻게 하소서.

기쁜 일이든 슬픈 일이든 삶의 어떠한 일도

  내 영혼의 번성에 해가 되지 않고, 오히려 유익이 되게 하소서.

내게 주님의 도우심을 내려 주소서.

  주께서 미리 모든 일을 정해 놓으셨다 하여

  내가 주님과 상관없이 앉아 있기만 하면 되는 일이 아니오니,

  그 위에 내려 주시는 은혜 없이는

  아무리 좋은 수단도 모든 것이 헛되기 때문입니다.

---

[*] 사도행전 13:39 참조.

언약

주 예수님,

내게 주님의 섭리와 말씀의 가르침을 따라

  주님의 인도하심을 받는 은혜를 허락하소서.

내게 고통스러운 일만 아니라 주님의 복도 함께 허락하셔서,

  나를 소성시키고 살려 내시며,

  낙심하여 죽게 하지 마소서.

옛적의 기드온에게 그러하셨듯이, 내가 증거로 삼도록

  나의 용기를 꺾는 것들을 제거해 보이소서.

내가 시험당할 때, 주님의 긍휼하심의 그늘 아래 숨어

  주님의 도우심을 얻게 하소서.

나의 끝없는 감사를 받아 주소서.

  내가 주님의 손에서 버림받지 아니하였으니,

  빛을 잃은 별이나 향방 없이 떠다니는 배처럼 되지 아니하였습니다.

쓸모없게 될 때까지 나의 생명이 연장되지 않게 하소서.

나를 교만과 불의와 재물과 출세와

  사람들의 이기심에 굴복하지 않게 하소서.

기도의 골짜기

나를 도우셔서 인내와 침묵으로 주님을 기다리게 하시고

  분별없는 분노나 말을 삼가게 하소서.

내 평생에 주의 선하심이 나를 따르게 하시며,

  주님의 뜻에 기꺼이 순종하게 하소서.

나의 마음을 취하셔서 주님의 손안에 두시고,

  그 위에 영원히 지워지지 않도록

    주님에 대한 경외심을 새겨 넣으소서.

내가 아플 때나 성할 때나

  주님의 은혜와 주님의 언약의 보호에 나를 맡기오니,

    이는 주께서 세상을 이기셨고,

              율법을 성취하셨으며,

              의롭게 하는 의를 이루셨고,[*]

              죽음을 감당하사 승리하셨으며,

              모든 것에서 권세를 가지셨기 때문입니다.

용서하시는 은혜의 법정에서 이 언약에 주님의 핏자국을 남겨 주시고,

그 위에 내가 믿는 주님의 이름을 덧붙이소서.

  자격 없고 죽어 없어질 나의 손으로 한 날인은 아무 소용이 없습니다.

---

* 로마서 5:18-20 참조.

6. 하나님께 가까이

주께 가까이 가는 일

자비로우신 주님,

내가 쉼 없이 주님을 찬양하오니,

　이는 나로 주님의 은혜의 보좌 앞으로 나아가

　나의 소원과 바람을 주님 앞에 펼쳐 놓도록 허락하셨기 때문입니다.

　내가 주님의 의에서 멀어졌으므로

나는 주님의 은총과 자비를 받을 자격이 없습니다.

불순종과 반역에서 나의 부패한 본성이 드러나며,

불평과 교만과 시기와 복수심이 어려서부터 내 안에 있었습니다.

내 젊은 날의 죄를 기억하지 마시고,

　　말년에 이르기까지 쌓인 나의 범죄와

　　시간과 재능을 활용하지 못한 것과

　　자비와 은혜를 남용한 것과

　　안식을 헛되이 보낸 것과

　　은혜의 계절을 더럽히고 그르친 것과

　　오랫동안 주님의 크신 구원을 무시한 것과

　　죄인들의 친구이신 분을 소홀히 여겼던 일을 기억하지 마소서.

기도의 골짜기

내가 죄를 고백할 때는 범죄한 사실을 깊이 깨닫게 하시고,

 그 깨달음과 함께 나를 미워하고 혐오하되

   주께 소망이 있음을 기억하게 하시며,

   죄를 지고 가는 어린양을 바라보게 하소서.

그분을 통하여 내가 주께 돌아가며

                  주께 귀 기울이며

                  주님을 의지하며

                  주님의 법을 즐거워하며

                  주께 순종하며

                  주님의 도움을 얻게 하소서.

부디 나의 지식에 그릇됨이 없게 하시고,

      나의 마음에 우상에 대한 사랑이 없게 하시며,

      나의 입술이 간사한 꾀를 말하지 않게 하시고,

      나의 행실이 더러운 악습에 물들지 않게 하시며,

      나의 성품이 악의 모양을 취하지 않게 하셔서,

      나로 해롭지 아니하고 흠과 허물이 없으며,

      모범이 되고 유용하며, 빛을 주고 사려 깊으며,

      주님의 영광과 동료들의 유익을 위하여 노력하는 자 되게 하소서.

기도 중에

오, 주님,

기도 중에 내가 머나먼 영원의 세계로 들어가며,

　그 광대한 바다에서 내 영혼이 필멸의 바닷가에 있는

　모든 악을 이기고 기뻐합니다.

그토록 유쾌한 즐거움을 주었다가

　잔인한 실망을 안기는 기도의 시간은 어찌 그리 야속한지요.

기도 중에 내가 스스로를 아무것도 아닌 존재로 여깁니다.

그때 내 마음이 주님을 열심히 찾으며,

　또한 주님을 위하여 살기를 심히 바라고 갈망합니다.

성령의 강한 바람이 복되니, 그 강풍으로 인하여

　내가 새 예루살렘을 향하여 질주합니다.

기도 중에 이 땅의 모든 것들이 소멸하고,

　마음의 거룩함과 다른 이들의 구원 외에는

　아무것도 중요해 보이지 않습니다.

기도 중에 모든 세상 근심과 두려움과 염려가 사라지고,

　스쳐 지나간 바람처럼 하찮아 보입니다.

기도의 골짜기

기도 중에 내 영혼이 주께서 교회를 위하여 하시는 일을

  활발히 생각하고 심중에 기뻐하며,

  또한 주께서 시온으로 돌아가는 죄인들에게서

  크게 칭송받으시기를 열망합니다.

기도 중에 내가 들려 올라가 세상의 비난과 칭찬을 내려다보고,

  천국의 기쁨을 맛보며 영원한 세계에 들어가므로,

  마음을 다하여 주께 나를 드려 영원히 주님의 것이 됩니다.

기도 중에 내가 모든 염려를 주님의 손에 맡김으로,

  온전히 주님의 뜻에 따르고, 나의 뜻도 권리도 주장하지 않습니다.

기도 중에 내가 친구들과 주님의 일꾼들과 죄인들과

  교회와 다가올 주님의 나라를 위하여

  아들이 아버지에게 하듯, 연인이 사랑하는 이에게 하듯,

  온전히 자원하는 마음과 뜨거운 소망으로 간구합니다.

나로 하여금 기도에 몰입하게 하시며, 결코 기도를 쉬지 않게 하소서.

기도로 살아감

오, 귀를 열고 들으시는 하나님,

나를 가르치셔서, 주님의 섭리로 살아가고 기도로 살아가게 하소서.

　이는 내 영혼과 육신과 자녀들과 가족과 교회를 위함이니,

주님의 뜻에 합한 마음을 내게 주소서.

　그래야 내가 기도로 살고, 주님을 경외하며,

　알고 있는 악과 모르고 있는 악에서 보호받을 수 있습니다.

나를 도우셔서, 내가 행하는 모든 일에 따라다니는 죄와

　모든 일의 선을 귀하게 가려낼 수 있게 하소서.

나로 하여금 기도는 나의 뜻을 주님의 뜻 앞에 내려놓는 것이며,

　이것 없이 기도하는 것은 어리석은 일임을 알게 하소서.

내가 주님의 뜻을 내 뜻 앞에 가져다 놓으려는 것은 주께 명령함이요

　그분 위에 서고 그분보다 지혜롭고자 함이니,

　이는 내가 죄를 짓는 일이며 교만한 일입니다.

기도할 때는 주님의 가르침과 약속에 따라야 올바로 끝마칠 수 있으며,

　또한 주께서 기뻐하시는 기도로 마치려면

　주님의 주권적인 뜻에 따라야 함을 알게 하소서.

주께서 내게 용서와 화평과 상한 마음을 위하여 기도하라 명하실 때는

주께서 내게 약속하신 것을 주시고자 함이니,

이는 내게 유익하고 주께 영광이 되는 일입니다.

나로 하여금 작은 일들을 소원할 뿐 아니라

거룩한 담대함으로 주님의 백성과 나를 위하여

큰일도 소원하게 하셔서,

그들과 내가 모두 주님의 영광을 위하여 살게 하소서.

내게 있는 모든 것을 인하여 기도하되 부득불 기도함이 아니요,

기꺼이 사랑하는 마음에서 기도함이 지혜임을 알게 하시고,

어느 때든지 주님 앞에 나아가, 주께서 받아 주시도록

나의 필요를 펼쳐 놓을 수 있음을 알게 하소서.

또한 주님의 길을 걷는 즐거움을 지속하지 못했음이

나의 죄임을 알게 하시고,

주님의 길을 걷는 이 즐거움과 이 진리를 기억함이

주님의 임재를 의식하는 확실한 방법이며,

나의 목적을 위하여 내 정욕의 지배를 받는 것보다

더 큰 화는 없음을 알게 하소서.

하나님을 만나는 일

크신 하나님,

사람 앞에 있을 때나 홀로 있을 때, 성전에 있을 때나 집에 있을 때,

　나의 삶이 온전히 기도에 잠기게 하시고,

　은혜와 간구하는 심령으로 충만하게 하시며,[*]

　기도마다 속죄의 피에서 피어나는 향기로 가득하게 하소서.

내가 이 낮은 기도의 땅에서

　저 끝없는 찬양의 나라로 건너갈 때까지 나를 도우시고 지키소서.

나의 간절한 필요와, 주님의 약속의 초대와, 성령으로 부름받아,

　주님의 임재에 들어가서 거룩한 두려움으로 주님을 예배하며,

　　　　　　　주님의 위엄과 위대하심과 영광에 놀라고,

　　　　　　　주님의 사랑으로 위로를 받습니다.

내가 죄를 지었을 뿐 아니라 가난하기까지 하여

　주께 갚아 드릴 만한 것이 전혀 없으나,

믿음의 두 팔로 예수를 주께 모시고 가서,

　나의 죄악을 갚으실 예수의 의로우심에 호소합니다.

---

* 스가랴 12:10 참조.

예수께서 나를 위하여 의의 저울을 무겁게 하셔서

주님의 공의를 충족하실 터이니, 내가 기뻐합니다.

큰 죄에서 큰 은혜가 나오니, 내가 주님을 찬양합니다.

아무리 작은 죄라도 무한하신 하나님을 거스른 죄이므로

무한한 형벌을 받아 마땅하지만,

나를 위한 자비가 있으니, 곧 죄악이 극심한 곳에는

그리스도 안에 있는 주님의 자비가 더 크고 깊기 때문입니다.

내게 복을 내리셔서 예수의 구원의 공로를 더욱 드러내시고,

주님의 선한 것을 내 앞으로 지나가게 하시며,[*]

통회하는 나의 마음에 평안을 말씀하여 주소서.

그리스도께서 내 안에 최고의 통치자가 되셔서

모든 생각과 말과 행실을 다스리시고,

마음을 정결하게 하시며,

세상을 이기고, 사랑으로 일하도록

나를 주께 붙들어 매소서.

언제나 십자가에 매달리는 믿음을 허락하셔서

한시도 쉬지 마시고 내게 힘을 주소서.

---

* 출애굽기 33:19 참조.

사랑의 기도

은혜로우신 주님,

주님의 이름은 사랑이시니,

  사랑으로 나의 기도를 받아 주소서.

나의 죄가 바닷가의 모래보다 많지만,

  죄가 넘치는 곳에 은혜는 더욱 넘칩니다.

주님의 사랑하시는 아들의 십자가를 보시고,

  그분의 속죄하시는 피가 얼마나 고귀한지 헤아려 주소서.

그분의 다함없는 중보의 기도를 들으시고

  내 마음에 은밀히 말씀시기를, "네 죄를 용서하였으니,

  걱정 말고 가서 평안하게 누워라" 하소서.

은혜가 하늘에서 폭포처럼 쏟아져 영원히 흐르고,

  자비가 결코 지치는 법 없이 은택을 베풉니다.

나로 하여금 기도의 특권을 소중히 여기게 하시고,

                주님 앞에 죄로 얼룩진 죄인으로 나아가게 하시며,

                주님 안에서 용서를 발견하게 하소서.

나로 하여금 더욱 주님과 대화하게 하시며,

주님을 기도 가운데 알게 하셔서, 주께서

나의 두 발이 걷는 길이요

내 입술의 문을 단속하는 빗장이요

나의 빛나는 눈빛이요

내 귀에 들리는 노래요

내 지식의 핵심이요

내 의지를 사로잡는 힘이요

내 감정의 통제력이요

내 기억의 향기로움으로 알게 하소서.

내 기도의 말이 언제나 지혜롭고 겸손하고 유순하여,

순종적이며 성경적이고 그리스도를 닮게 하소서.

내게 확고한 믿음을 주셔서 기도가 헛되지 않음을 믿게 하시고,

내가 간구한 대로 얻지 못한 것처럼 보여도,

내가 구하거나 생각하는 모든 것을 뛰어넘는

더 크고 풍성한 응답을 얻을 것을 믿게 하소서.

나는 구하지 아니하였으나 주께서는 가장 큰 선물을 내게 주셨고,

그 선물은 곧 주님의 아들 되신 예수이시니,

주께서는 그분 안에서 내게 필요한 모든 것을 주실 것입니다.

보좌

나의 기쁨이 되시는 하나님,

주님의 은혜의 보좌는 내 영혼이 즐거워하는 곳입니다.

거기서 내가 필요할 때 자비를 얻으며,

주님의 화해하시는 얼굴의 미소를 보고,

예수의 이름을 인하여 기뻐하며,

성령의 검을 벼리고,

믿음의 방패에 기름을 먹이며,

구원의 투구를 쓰고,

주님의 말씀에서 나오는 만나를 거두며,

눈앞의 싸움에 대비하여 힘을 얻고,

위를 향한 경주에 임하여 용기를 얻으며,

모든 적대자를 이기는 능력을 얻습니다.

나를 도우셔서, 그리스도 앞으로 나아가게 하소서.

그분께서는 내려 주시는 은혜의 근원이시요,

활짝 열린 자비의 수문입니다.

나의 무지한 어리석음이 놀랍기 그지없으니,

그토록 풍성한 은혜가 눈앞에 있음에도

나는 손을 뻗어 잡으려 하지 않습니다.

주님의 이름을 생각하셔서, 이처럼 죽어 있는 내게 자비를 베푸소서.

나를 되살리시고 부추기시며, 거룩한 열정으로 채우소서.

내게 힘을 주셔서, 주님을 꼭 붙들고 놓아 드리지 않게 하소서.

내 안에 계신 주님의 성령으로 하여금

  주님의 손에서 모든 은총을 끌어오게 하소서.

앞으로 나아가지 아니하면, 나는 이전으로 돌아갑니다.

나로 겸손히 걷게 하소서. 내가 알고도 선을 행하지 아니하였으며,

  행하지 말아야 할 악을 행하였습니다.

이제 시간이 짧음과

　　힘써 해야 할 일과

　　계수해야 할 것과

　　영원이 가까이 왔음과

　　성령을 멸시하는 무서운 죄를 명심하게 하소서.

나로 하여금 주님의 눈이 언제나 보고 계시고,

　　　　　　주님의 귀가 언제나 듣고 계시며,

　　　　　　주님의 부지런한 손이 언제나 기록하고 계심을

　　　　　　결코 잊지 않게 하소서.

그리스도께서 내 심장의 박동이 되시고,

　　　　　　　내 입술의 대변자가 되시며,

　　　　　　　내 발의 등불이 되실 때까지

  나로 하여금 결코 주님을 쉬지 않게 하소서.

간구

오, 하나님,

나의 삶이 얼룩지거나 백지가 되지 않게 하시고,

　진리의 도가 나로 인하여 비난받는 일이 없게 하시며,

　나의 자유를 육체의 욕망을 만족시키는 구실로 삼지 않게 하소서.

사랑으로 다른 이들을 섬기며,

　이웃을 기쁘게 하여 유익을 주고 덕을 세우게 하소서.

신앙의 본질은 물론 신앙의 겉치레에도 주의를 기울이게 하시며,

　사랑할 만하며 칭찬받는 일들을 추구하게 하소서.

복음에 대한 나의 고백이 진실될 뿐 아니라

　이웃에게 우호적이고 귀 기울일 만한 것이 되게 하소서.

내가 혀로만 아니라 성품으로도,

　　입술로만 아니라 삶으로도 예수의 길을 제시하게 하소서.

만나는 모든 사람들에게 말하기를,

　내가 지금 주께서 마련하신 집으로 가고 있으니,

　그대의 유익을 위하여 나와 함께 갑시다, 하게 하소서.

나로 하여금 이 짧고 무상하며 불확실한 장래의 삶에 대비하게 하셔서,

  그 삶 안에 쓸모 있게 거하고,

  평안히 삶의 여정을 지속하며,

  안전하게 그 삶을 통과하게 하소서.

나로 하여금 성품과 행실에서 천국의 이슬처럼

                    지상의 소금처럼

                    세상의 빛처럼

                    넘치는 샘물처럼 되게 하소서.

나로 하여금 예수와 그분의 말씀을 결코 부끄러워하지 않게 하시고,

  두려움으로 알고 있는 의무를 행하지 못함이 없게 하시며,

  연약함으로 그 의무의 시도를 단념하는 일이 없게 하소서.

나로 하여금 하나님의 빛으로 모든 것을 보게 하셔서,

  나의 판단이 도움을 받고 나의 마음이 거룩해지게 하소서.

또한 주님의 섭리의 모든 징계와

                    신앙의 모든 규례와

                    남아 있는 삶의 의무와

                    엄숙한 죽음의 시간과

                    무덤 너머에 있는 기쁨과 섬김에 더욱 준비된 자 되게 하소서.

기도를 마친 후

오, 은혜의 하나님,

내가 차갑고 마음에 없으며 무정한 기도를 슬퍼하오니,

 그 빈약한 기도로 인하여 나의 죄가 쌓입니다.

그와 같은 기도에 희망을 둔다면 나는 망하고야 말 터이나,

예수의 공로를 인하여 나의 연약한 호흡에 향기가 가득하고,

 나의 기도가 받아들여집니다.

나에게 깊은 통회의 마음을 주시고,

모든 죄를 씻는 예수의 피를 믿는 믿음을 굳게 잡게 하소서.

나의 위대하신 구속자와 더불어 다정히 걸을 때에

내 영혼이 참된 회개로 넘쳐서,

 나의 마음이 죄로 상하고 죄에 대하여 죽게 하소서.

주께서 나를 용서하시듯 내가 나를 용서하는 일은 없게 하소서.

나로 주님의 은혜의 영광을 오래도록 바라보고,

 부끄러워 몸 둘 바를 몰라 고개 숙이고 다니게 하소서.

 주께서 진노를 거두시고 나를 용서하셨으니,

오, 나의 위대하신 대제사장 되시는 주님!

　내게 필요한 은혜를 강물처럼 부어 주시고,

　나의 모든 일들, 곧

　내 마음의 모든 생각과

　내 입술의 모든 말과

　내 발의 모든 걸음과

　내 손의 모든 행실에 복을 주소서.

주께서는 내게 복을 주시려 사셨고,

　　　　복을 주시려 죽으셨으며,

　　　　복을 주시려 승천하셨고,

　　　　복을 주시려 보좌에 앉으셨으며,

　　　　이제는 복을 주시려 다스리십니다.

오, 나의 소원을 진실하게 하시고,

　나의 간구를 간절하게 하시며,

　나의 사랑을 뜨겁게 하소서.

기쁨에 대하여

오, 내 영혼아, 기억하여라.

하나님을 기뻐함이 너의 의무요 특권이니, 그분께서는

  은혜로 내려 주신 모든 사랑의 대가로 네게 기쁨을 요구하신다.

그러므로 주시는 분을 기뻐하고, 그분의 선하심을 기뻐하여라.

오, 내 영혼아, 하나님을 기뻐하고 오직 하나님만으로 기뻐하여라.

  사람이 무엇을 믿든지 믿는 그것에서 행복을 기대하는 법이니.

네 믿음의 근원이 되시는 분께서

  네 기쁨의 본질이 되셔야 하리라.

그러므로 네 안에 이 기쁨이 씨앗처럼 심기며,

       하나님께서 이 기쁨을 약속하시며,

       아들께서 이 기쁨을 네게 주시며,

       성령께서 이 기쁨을 네 안에 깊이 새겨 넣으시며,

       은혜로 이 기쁨이 너의 것이 되며,

       믿음으로 이 기쁨이 네게 상속되리니,

  슬픔과 낙심이 어찌 올 수 있겠는가?

네가 교만과 자랑의 악한 동기로 너 자신을 기뻐하려는가?

너는 처음부터 죄가 아니면 네 것이라고 할 만한 것이 없으니,

하나님께서 너의 무엇을 보고 은혜를 베푸시고

네게 은혜를 공급하시겠는가?

이것을 잊는다면 너는 너의 기쁨을 잃으리라.

너는 네 안에 거하는 죄를 알고서 슬퍼하는가?

경건한 슬픔으로 스스로 회개하여라.

그와 같이 진실한 마음이 주께 복을 받고,

그와 같이 진실한 마음이 넘치는 기쁨을 낳을 것이다.

스스로를 슬퍼함이 하나님을 기뻐하는 시작이며,

스스로를 혐오함이 하나님의 기쁨을 불러온다.

네가 일신의 안락에서 기쁨을 구하였는가?

하나님께 합당치 아니한 복을 구하지 말며,

들릴라의 무릎을 베고 잠들지 말아라.

하나님을 너의 전부가 되시게 하고,

언제나 넘치는 샘의 기쁨이 되시게 하여라.

7. 은혜의 선물

모든 것을 충족하시는 하나님

오, 은혜의 주님,

세상이 오늘 내 앞에 있으며,

　나는 약하고 두렵지만, 주께서 힘 주시기를 기다립니다.

내가 홀로 뛰쳐나가면 비틀거리며 넘어지지만,

　사랑하시는 분의 팔에 기대면 영원한 언덕처럼 든든합니다.

내가 마음의 반역에 휘둘리면 주님의 이름을 부끄러워하지만,

　주님의 성령께서 깨우쳐 주시고, 지도해 주시고, 붙들어 주시면

　주께 영광을 돌리게 됩니다.

주께서 나의 팔이 되셔서 도와주시고,

주께서 나의 힘이 되셔서 일으켜 주시며,

주께서 나의 빛이 되셔서 보게 하시고,

주께서 나의 발이 되셔서 뛰게 하시며,

주께서 나의 방패가 되셔서 막아 주시고,

주께서 나의 칼이 되셔서 물리치시며,

주께서 나의 해가 되셔서 따뜻하게 하소서.

아무리 나를 부요하게 하셔도 주님의 부요는 줄어들지 아니합니다.

주님의 모든 자비가 주님의 아들 안에 있으니,

내가 믿음의 팔로 그분을 주님 앞에 모셔 가며,

나를 위해 죽으신 그분의 구원의 이름을 주장하고,

내 죄악의 빚을 갚아 주시는 그분의 피에 호소합니다.

나의 무익함을 대신하여 그분의 유익을

나의 죄악을 대신하여 그분의 죄 없으심을

나의 더러움을 대신하여 그분의 깨끗하심을

나의 간사함을 대신하여 그분의 진실하심을

나의 속임을 대신하여 그분의 정직을

나의 교만을 대신하여 그분의 겸손을

나의 퇴보를 대신하여 그분의 한결같으심을

나의 미움을 대신하여 그분의 사랑을

나의 허무를 대신하여 그분의 충만을

나의 배신을 대신하여 그분의 충성을

나의 무도함을 대신하여 그분의 순종을

나의 수치를 대신하여 그분의 영광을

나의 고집을 대신하여 그분의 헌신을

나의 부정한 삶을 대신하여 그분의 거룩한 삶을

나의 죽은 행실을 대신하여 그분의 의로우심을

나의 생명을 대신하여 그분의 죽음을 받아 주소서.

특권

오, 주 하나님,

나를 가르치셔서

은혜가 내 구원을 앞에서 이끌고, 내 구원과 나란히 가며,

　내 구원을 뒤따르고,

　　은혜가 구속받은 영혼을 붙들어 주니,

　　은혜의 고리는 단 하나라도 깨어질 수 없음을 알게 하소서.

갈보리 십자가로부터 은혜가 잇달아,

　내게로 닿으며

　나의 죄를 처리하며

　나를 깨끗이 씻어 주며

　나의 마음을 새롭게 하며

　나의 의지를 굳게 하며

　나의 감정을 이끌어 내며

　내 영혼에 불꽃을 일으키며

　나의 속사람을 온전히 다스리며

　내 모든 생각과 말과 행실을 거룩하게 하며

　주님의 헤아릴 수 없는 사랑을 내게 가르칩니다.

그리스도 예수 안에 있는 나의 특권이 얼마나 큰지요!

그분 없이는 내가 멀리 떨어진 낯선 자요 추방된 자이나,

　그분 안에서는 더욱 가까이 나아가 왕이신 그분의 규를 만집니다.

그분 없이는 감히 내가 죄 많은 두 눈을 들 수 없지만,

　그분 안에서는 나의 아버지 하나님이시요 친구이신 분을 바라봅니다.

그분 없이는 내가 부끄러워 떨며 나의 입술을 가리지만,

　그분 안에서는 간구와 찬양으로 내 입을 엽니다.

그분 없이는 모든 것이 진노요 태워 없애는 불이지만,

　그분 안에서는 모든 것이 사랑이요 내 영혼의 안식입니다.

그분 없이는 내 발밑이 입을 벌린 지옥이요 영원한 고통이지만,

　그분 안에서는 나를 위해 그분의 귀한 피가 지옥문을 막습니다.

그분 없이는 어둠으로 인하여 앞이 온통 두려움이지만,

　그분 안에서는 영원한 영광이 내 앞에 끝없이 펼쳐져 있습니다.

그분 없이는 내 안의 모든 것이 공포요 경악이지만,

　그분 안에서는 모든 고소가 기쁨과 평안으로 바뀝니다.

그분 없이는 외적인 모든 것이 나의 정죄를 요구하지만,

　그분 안에서는 모든 것이 나를 위로하고,

　또한 감사함으로 누릴 수 있는 것들이 됩니다.

은혜를 인하여, 말로 다 형용할 수 없는 예수의 선물을 인하여,

　주님을 찬양합니다.

은총

위대하신 삼위일체 하나님,

내가 누리는 모든 은총과

　내가 소망하는 모든 것의 창조주 되시는 주님,

주께서 내게 가르치셨으니,

　지금 불행을 겪고 있어도

　이전의 죄를 기억한다 해도

　친구들이 진심으로 충고한다 해도

　　죄인의 마음은 움직이지 않고 움직일 수도 없습니다.

　　이는 주께서 성령의 능력의 효력으로

　　특별히 주님의 은혜를 드러내 보여주시고,

　　죄 가운데 죽었던 자들을 다시 살리셔야 가능한 일입니다.

주께서 내게 보여주셨으니,

영혼에 하나님의 사랑이 크게 넘쳐날 때

　육신의 건강보다 뛰어나고 구별되며,

육신의 행복이 지극히 낮고 보잘것없을 때

　영혼의 위로는 말할 수 없이 큽니다.

주께서 내게 은혜의 방편으로 찬송의 규례를 주셨으니,

　선택받은 천사들과 온전하게 된 성도들이

　주님의 보좌와 어린양 앞에서 부르는 찬송입니다.

영원히 새로운 그 찬송에 참여할 수 있도록 나를 훈련시키소서.

주께서 모든 슬픔과 기쁨을 알맞게 제어해 주시니

　내가 주님을 찬양합니다.

　슬픔이 지나치면 내가 짓눌릴까 염려하며,

　기쁨이 지나치면 내가 우쭐할까 염려합니다.

주님은 지혜로우셔서 이 둘을 내게 조금씩 맛보게 하십니다.

주께서 내게 광야에서 포도송이를 주시고

　천국의 포도주를 조금 맛보게 하셔서,

　나로 장차 그곳에서 마음껏 마시기를 갈망하게 하시니

　내가 주님을 사랑합니다.

주님과 떨어지면 내가 속히 죽고,

　주님을 잃으면 내가 굶주리며,

　주님에게서 멀어지면 목이 말라 시들고 맙니다.

주님은 내게 필요한 전부입니다.

"내가 결코 너를 떠나지도, 버리지도 않겠다" 하신 그 약속을*

　나로 하여금 끝까지 붙들게 하소서.

---

* 히브리서 13:5 참조.

믿음

나의 하나님,

내가 주님을 찬양하오니, 주께서 내게 믿음의 눈을 주셔서

　주님을 아버지로 보게 하시고,

　주님을 언약의 하나님으로 알게 하시며,

　내 안에 심겨진 주님의 사랑을 경험하게 하소서.

실로 믿음은 연합의 은혜이며,

　이 은혜로 내가 주님에 대하여 나의 권리를 주장합니다.

믿음은 나의 닻을 높은 곳으로 던지니,

나의 닻이 든든히 고정된 그곳은,

　내가 주님을 의지하고 주님을 나의 주로 삼은 곳입니다.

기꺼이 내 안에서 거하시고 활동하시며,

　나의 기도 가운데서 호흡하시고,

　나의 찬양 안에 거하시며,

　나의 언어로 말씀하시고,

　나의 행동으로 행동하시며,

　나의 삶으로 사셔서,

　나로 하여금 주님의 은혜 안에서 자라가게 하소서.

기도의 골짜기

주님의 넘치는 선하심으로 내가 믿게 되었으나,

　나의 믿음이 약하고 흔들려서

　　그 빛이 희미하며,

　　그 발걸음이 위태로우며,

　　그 성장이 더디며,

　　그 퇴보는 빈번합니다.

마땅히 하늘로 치솟아야 할 믿음이

　머리를 숙이며 굽실거리고 있습니다.

주님, 이 신성한 불꽃에 바람을 불어넣으셔서

타오르는 화염이 되게 하소서.

믿음이 잠을 자면

　나의 마음이 부정한 것이 되고,

　　　　　일체의 가증스러운 욕망의 샘이 되며,

　　　　　빠져나가지 못해 안달하는 정욕의 새장이 되고,

　　　　　죽음의 열매가 열리는 해로운 나무가 되며,

　　　　　가라지와 잡초가 자라는 버려진 땅이 됩니다.

주님, 믿음을 흔들어 깨워 내게 힘을 주소서.

　내 영혼이 온전히 천국으로 가득 차고,

　부정한 모든 것이 쫓겨날 때까지 그리하소서.

사랑

주 예수님,

이전에는 내가 정욕과 죄를 껴안았지만,

　이제는 주님을 사랑하고 주님을 껴안게 하소서.

주께서는 내가 주님을 사랑하기 전에

　원수요 죄인이며 보잘것없는 나를 먼저 사랑하셨습니다.

내가 나를 버리는데, 주님은 나를 소유하셨습니다.

주께서는 나를 아들처럼 사랑하시고,

　예루살렘을 보고 우시듯 나를 보고 우십니다.

사랑으로 인하여 주께서는 하늘에서 땅으로 내려오셨고,

　　　　　　　땅에서 십자가로 오르셨으며,

　　　　　　　십자가에서 무덤으로 들어가셨습니다.

사랑으로 인하여 주께서는 지치고 굶주리고 유혹받으셨으며,

　　　　　　　멸시당하고 채찍에 맞고 매질을 당하셨으며,

　　　　　　　침 뱉음을 당하고 십자가에 달리고 창에 찔리셨습니다.

사랑으로 인하여 주께서는 죽음으로 고개를 숙이셨습니다.

나의 구원은 창조된 완전한 사랑과

　창조되지 아니한 지극히 완전하신 사랑이 만나는 곳에 있으니,

주께서는 나를 반겨 맞으시되

요셉과 그 형제들처럼 사랑하나 슬퍼하지 아니하시고,

사랑하며 기뻐하시기 때문입니다.

이 사랑은 멈춤이 없고, 차지 아니하고 변함이 없으니,

내 안에 미움이 있어도 끊어지거나 줄어들지 아니합니다.

거룩함은 주님의 사랑에서 나온 불꽃이니,

주님의 성령에 의하여 내 마음 안에서 타오르는 불길이 되어,

애초에 나왔던 곳을 향하여 올라갑니다.

나로 모든 곳에서 주님의 사랑을 보게 하시되, 십자가뿐 아니라

신자들의 사귐에서도, 주변의 모든 세상에서도 보게 하소서.

내가 태양의 따뜻함을 느낄 때는

치료의 능력이 있는 의로운 해이신 주님을 찬양하게 하소서.

내가 부드러운 비를 느낄 때는

내 영혼을 적시는 복음의 소나기를 생각하게 하소서.

내가 시냇가를 거닐 때는

흘러서 하나님의 영원한 성을 기쁘게 하고,[*]

내 옷을 희게 빨아 생명나무의 효력을 갖게 하는

그 시내로 인하여 주님을 찬양하게 하소서.

주님의 한량없는 사랑은 신비 중의 신비이니,

그 사랑을 즐거워하는 것이 나의 영원한 안식입니다.

---

[*] 시편 46:4 참조.

기쁨

오, 그리스도여,

주님의 모든 자비의 길이 나의 기쁨에 이르고, 나의 기쁨으로 끝납니다.

주께서는 내가 기뻐하도록, 우시고 슬퍼하시고 고난받으셨습니다.

나의 기쁨을 위하여 주께서는 보혜사를 보내셨으며,

주님의 약속을 주셨고,

장래의 복을 보여주셨으며,

생명의 샘을 주셨습니다.

주께서는 내게 기쁨을 준비해 주시고, 기쁨을 맞이하게 하십니다.

내가 기도로 기쁨을 구하고, 기쁨을 기다리며, 기쁨을 그리워하오니,

내가 담을 수 있고, 바랄 수 있고, 생각할 수 있는 것보다

더 많은 기쁨을 내게 주소서.

마땅히 해야 할 일과 의무에 임할 때에,

나에게 합당한 기쁨의 시간과 정도를 정해 주소서.

내가 밤에 울면, 아침에는 기쁨을 주소서.

나로 하여금 주님의 사랑과

죄를 용서받음과

천국에 대한 나의 권리와

기도의 골짜기

장래의 흠 없는 나의 모습을 생각하며 안식하게 하소서.

나는 주님의 은혜를 받을 자격이 없습니다.

내가 빈번히 주님의 피와 주님의 사랑을 경시하였으나, 이제는

회개함으로 기쁨이 넘치는 용서의 우물에서 물을 길어올립니다.

나의 마음이 영원한 안식을 향하여 뛰어오르게 하소서.

거기서는 구속과 성화와 보전과 영화가 끝나 영원히 완전케 되고,

주께서도 나로 인하여 기뻐하며 즐거워하실 것입니다.

천국의 기쁨 같은 기쁨은 없으니,

거기에는 그리스도인답지 않은 분열과 다툼과

분쟁과 악한 생각과

곤핍과 굶주림과 추위와

슬픔과 죄와 고난과

핍박과 고된 의무가 없기 때문입니다.

오, 병든 자 하나 없는 강건한 곳이여!

오, 모두가 왕이 되는 복된 땅이여!

오, 모두가 제사장이 되는 거룩한 모임이여!

오직 주님의 종이 될 뿐 누구의 종도 되지 아니하는 그 나라는

얼마나 자유로운지요!

어서 속히 나를 그 기쁨의 땅으로 데려가 주소서.

만족

하늘에 계신 아버지,

내가 궁핍하고 헐벗으며 가난에 처하여도

내게로 오는 모든 복이 가로막힐지라도,

주님의 사랑을 귀하게 여기고, 그 사랑을 알며,

그 사랑에 사로잡히게 하소서.

가난으로 나를 괴롭고 힘들게 하심은 주님의 자비이시니,

　이와 같은 시련으로 내가 나의 죄들을 보며,

　그 죄들과 끊어지기를 소원합니다.

내가 불행과 슬픔과 시험을 받아들임으로

　죄를 가장 큰 악으로 여기고, 죄에서 구원받아 주께 감사드리며,

　이를 주님의 사랑에 으뜸가는 증거로 인정할 수 있다면,

　기꺼이 그 불행과 슬픔과 시험을 받아들이게 하소서.

주님의 아들 예수께서 내 영혼에 죄 대신 들어오셨을 때,

　그분께서는 내게 이전에 죄가 귀했던 것보다 더 귀하게 되셨고,

　그분의 온유하신 다스림이 죄의 강포를 대신하였습니다.

나를 가르치셔서, 이것을 믿게 하소서.

내가 죄를 이기고자 하면 죄를 이기려고 애써야 할 뿐 아니라,

  반드시 그리스도를 초청하여 죄 대신 내 안에 거하시게 하고

  그분께서 내게 악한 정욕보다 더 소중한 분이 되셔야 하니,

  그분의 향기와 능력과 생명이 죄 있던 자리에 있게 하려 함입니다.

그러므로 내가 죄를 대적하여 그분께 은혜를 구하되,

  그분이 계시지 않는 은혜만 구해서는 아니됩니다.

내가 다가올 악을 두려워하면 주께서 나를 위로하셔서,

  내 안에서는 내가 죽을 수밖에 없고 정죄받은 비참한 자이나,

    그리스도 안에서는 화해하심을 얻어 사는 자가 됩니다.

  내 안에서는 내가 부족하여 안식을 얻을 수 없으나,

    그리스도 안에서는 만족과 평화가 있습니다.

  내 안에서는 내가 연약하여 선을 행할 능력이 없으나,

    그리스도 안에서는 모든 것을 행할 수 있습니다.

지금은 내가 그리스도의 은혜를 부분적으로 누리지만,

  이제 그 나라에서는 완전하게 소유할 것입니다.

    거기서는 완전히 화해하시며,

          홀로 충족하시고,

          죄를 폐하시며, 나를 지극히 사랑하시는

          주님을 뵈올 것입니다.

오, 주님, 속히 그날을 앞당겨 주소서.

안식

하늘에 계신 아버지,

나의 믿음이 주께 있고,

나의 기대가 주님에게서 오며,

나의 사랑이 주님을 향해 나아가고,

내가 주님을 믿으며,

내가 주님의 말씀을 받아들이고,

내가 주님의 뜻을 따르며,

내가 주님의 약속에 의지하고,

내가 주님의 섭리를 신뢰합니다.

내가 주님의 것임을 양심의 법정이 증명하니,

이를 인하여 내가 주님을 찬양합니다.

이제 이적과 기사가 있어야 내가 믿는 것이 아니니,

　주님의 말씀이 확실한 진리이기 때문입니다.

내가 평화의 항구에 나의 닻을 던졌으니,

　이는 현재와 장래가 못 박히신 두 손에 있음을 내가 아는 까닭입니다.

주께서는 선하시고 지혜로우시며 한없이 거룩하시니,

　단 하나의 그르침도 주께는 있을 수 없습니다.

주께서는 모든 법의 근원이요 원천이시니,

　주님의 명령에 순종함이 나의 일입니다.

나의 모든 존재와 소유를 주님의 주권에 넘겨 드리오니,

　주께서 뜻하시는 대로 나를 처분하소서.

주께서는 내 마음에 중얼거림과 불평 대신 침묵을 주셨습니다.

나의 소원이 나의 욕심이 되지 않게 하시며,

　나의 욕심이 주님의 섭리를 불평하는 것이 되지 않게 하소서.

　부디 나를 불쌍히 여기셔서,

내가 죄를 짓고 거스를 때는 회개하게 하시고,

　나의 울음을 거두어 찬송을 주시며,

　나의 베옷을 거두어 아름다움으로 옷 입혀 주시고,

　나의 한숨을 거두어 내 입에 노래를 가득하게 하소서.

　내가 주님 안에서 회복하여 안식할 때는

　내 마음에 시원한 날을 주소서.

잠

복되신 창조주 되시는 주님,

주께서 사랑하시는 자에게 잠을 약속하셨으니,

내일의 수고를 위해 필요한 회복의 안식을 주시고

꿈을 꿀지라도 악한 꿈은 꾸지 않게 하소서.

주님의 성령으로 하여금 내가 안식하는 그 시간을

　거룩히 임재하시는 복된 성전으로 삼으시게 하소서.

날마다 누우며 죽음과 친하게 하시고,

　침상으로 갈 때마다 무덤을 생각하게 하시며,

　지금 두 눈을 감으며 마지막 눈 감는 그때를 그려 보게 하소서.

언제나 주님 계신 곳으로 들어갈 준비를 하게 하시며,

세상일에 대한 나의 애착을 허물어 주소서.

내 손에 쥔 삶을 풀어 놓게 하셔서,

　삶은 포기해야 얻을 수 있음을 알게 하소서.

고통과 괴로움으로 건강이 잠깐임을 알게 되었으니,

　나로 하여금 죽음을 회피하지 않게 하소서.

　죽음은 시들지 않는 영원한 젊음으로 나를 안내합니다.

어느 날 주님과 함께 깨어날 것을 온전히 확신하며,

　이 밤에 내가 잠자리에 듭니다.

이 고귀한 소망을 인하여

　은혜의 복음을 인하여

　주님의 말할 수 없는 선물 예수를 인하여

　삼위일체의 사귐을 인하여, 모든 영광을 올려드립니다.

밤이 지나는 동안 주님의 자비를 거두지 마소서.

　주님의 손은 결코 피곤하지 않고,

　주님의 능력은 쉼이 필요하지 않으며,

　주님의 눈은 결코 잠들지 아니합니다.

나 스스로는 아무것도 해볼 수 없고,

내 양심이 죄로 인하여 나를 고발하며,

내 마음이 앞날을 생각하며 괴로워하고,

내 눈이 일신의 염려로 깨어 있을 때,

부디 나를 도와주소서.

주께서 모든 은혜와 사랑과 능력의 하나님이심을 내게 보여주소서.

　주께는 모든 상처에 바르는 향유와

　　　　모든 괴로움에 대한 위로와

　　　　모든 고통에 알맞은 처방과

　　　　모든 불안을 가라앉히는 평안이 있습니다.

잠들어 있을 때나 깨어 있을 때나, 주께 온전히 나를 의탁하게 하소서.

위로

선한 모든 것을 주시는 주님,

나의 길에 사랑의 물결이 쉬지 않고 넘쳐흐릅니다.

주께서는 무에서 나를 만드셨으며,

세상의 먼 곳으로부터 나를 불러내셨고,*

무지에서 지식으로

어둠에서 빛으로

죽음에서 생명으로

불행에서 평안으로

어리석음에서 지혜로

오류에서 진리로

죄에서 승리로, 나를 옮겨 주셨습니다.

내가 받은 높고 거룩한 부르심을 인하여 주께 감사드립니다.

내가 주님을 찬양하오니, 보살펴 주는 천사들과

주님의 말씀의 위로와

주님의 교회의 규례와

주님의 성령의 가르침과

---

* 이사야 41:9 참조.

기도의 골짜기

주님의 거룩한 성례와

성도의 교제와

그리스도인의 사귐과

거룩한 삶들을 기록한 행적과

따라야 할 뛰어난 모범과

따라서는 안 되는 슬픈 표지들을 인함입니다.

주님의 뜻은 모든 것을 예비하셔서

　나로 하여금 은혜 안에서 자라게 하시고,

　　영원히 주님 앞에서 합당한 자 되게 하심에 있습니다.

천국에서 난 나의 믿음이 이제는 영원하리라 약속하고,

　나의 새로운 탄생이 영원한 생명을 약속합니다.

주께서 내게 가까이 오실 줄을 알고, 내가 주께 가까이 갑니다.

주께서 이미 주셨음을 믿고, 내가 주께 구합니다.

주께서 나를 구속하셨기에, 나를 주께 맡깁니다.

내가 이와 같은 생각이 주는 위로와

　　이와 같은 희망이 주는 기쁨을 인하여,

　　영원한 하나님이신 주님을 찬양하고 흠모합니다.

충만함

하늘에 계신 아버지,

주께서는 내가 죄 덩어리임을 밝히셨습니다.

　그러나 주님 자신은 넘치는 선이시고,

　　나를 능히 구해 낼 힘이시며,

　　나를 능히 인도할 지혜이시고,

　　나를 능히 살려 낼 자비이시며,

　　나를 능히 만족케 할 사랑이십니다.

주께서 내게 보여주셨으니, 주님은 나의 것이기에

　　내가 주님의 생명으로 살 수 있고,

　　내가 주님의 힘으로 강할 수 있으며,

　　내가 주님의 지혜로 인도받을 수 있고,

　　또한 나의 생각과 마음을 주께 고정할 수 있습니다.

놀라운 사랑의 교제가 이러하니, 곧

　　내가 나를 위하여 주님을 소유하고,

　　또한 주께서 나를 소유하시며, 내게 주님을 주시는 일입니다.

주님 안에 내게 필요한 넘치고도 남는 선이 있고,

　나를 주께 이끌어 갈 모든 충만한 은혜가 있으니,

　그렇지 아니하면 내가 주께 갈 수 없었을 것입니다.

내가 이처럼 주께 왔사오니, 주께 붙어 있어야 하고,

　　　　　　　　　　　주님과 연합해야 하며,

　　　　　　　　　　늘 주님을 구해야 합니다.

주님처럼 온전히 선하신 분은 없습니다.

주님과 함께라면 다른 것 없이도 살 수 있습니다.

　주께서는 온전히 충족하신 하나님이시며,

　주님과 견주면 세상의 영광과 평화와 안식과 기쁨은

　피조물로서 썩어 없어질 것이기 때문입니다.

주님만 바라고 주님을 위해서만 모든 것을 소망하는 사람이

참되게 희망하는 사람임을 알게 하시고,

　　또한 내가 모든 은혜로 충만하고자 하면

　　반드시 나의 모든 복을 거룩함에 두어야 함을 알게 하소서.

그리스도의 뜻을 행하려는 마음이 없고

　이 땅에 사는 동안 그분의 충만하심을 구하지 않으면,

　죽을 때 평안을 누리지 못하고, 내가 그리스도께 가리라고

　소망할 수도 없음을 알게 하소서.

행복

오, 주님,

나를 도우셔서 세상에서 오는 행복을 기대하지 않게 하시고,

　오직 주님 안에 있는 행복만 바라게 하소서.

나를 위해 내 뜻대로 살아야 더 행복하리라 생각지 않게 하소서.

　나는 주님을 위해 사용되어야 행복할 수 있으며,

　주께서 맡기신 일을 행하고

　이 세상에서 인내하며 살고자 할 때 행복할 수 있습니다.

　주께 만족한 삶을 살지 아니하면

　나 스스로 만족한 삶을 살지 못하게 됨을 알게 하소서.

내가 천사들의 마음과 성품을 간절히 원하오니,

　그들은 하늘을 바라고 세상에는 결코 소망을 두지 않으나

　이 낮은 땅에 기꺼이 내려와 주님의 뜻을 행합니다.

　이와 같이 원하면 나도 갖추어야 할 그 성품을 갖추게 될 것입니다.

내 힘으로 주님을 위해 살고자 하지 않게 하시고,

　언제나 주님의 도움을 바라고 의지하게 하소서.

나를 가르치셔서, 이보다 큰 진리는 없으며,

　나 혼자서는 아무것도 할 수 없음을 알게 하소서.

주님, 회심하지 아니한 자로서는 이와 같은 삶을 살 수 없으니,

　경건한 모든 영혼들이 전심으로 향하는 목표입니다.

나와 내 모든 것을 주께 헌신하는 일에만 마음 쓰게 하소서.

나의 삶이 더 열매 맺고 더욱 영적이게 하소서,

　내게 열매 없는 삶이 날마다 나의 염려요 짐이 됩니다.

이토록 귀한 시간에 아무런 결실도 거두지 못하고

　흘러가는 그 시간을 바라보는 것이 얼마나 괴로운지요!

주님의 도우심이 필요합니다.

오, 내 영혼에 분별을 주셔서, 주님을 의지하여 온전한 성화를 추구하며,

　나와 세상과 그 나라를 위한 주님의 목적을 이루게 하소서.

소명

하늘에 계신 아버지,

주께서는 나를 교회에 두셨사오니,

  이 교회는 주님의 아들께서 피흘려 사신 교회입니다.

은혜에 은혜를 더하셔서, 나의 받은바 소명에 합당히 살게 하소서.

나는 인생의 바다를 건너가는 항해자입니다.

천국의 방주를 타고 험한 세상을 무사히 건너

  영원한 안식의 항구로 들어가게 하소서.

나는 주께서 심으신 포도원의 나무입니다.

무익한 잎과 들포도만* 거두는 흉작이 없게 하시고,

나의 쓸모없는 가지들을 잘라 내시며,

은총의 이슬로 나를 적셔 주소서.

나는 어린양의 신부, 곧 교회의 일부입니다.

---

* 이사야 5:2, 4 참조.

나를 도우셔서, 참되고 신실하며 정숙하고 사랑스러우며

  순결하고 헌신되게 하시며,

내게 강한 정욕이 일어 세상을 붙들고 희롱하는 일이 없게 하소서.

나로 세상의 덧없는 것들을 사랑하지 아니하고 하늘 높이 살게 하시며

  은혜로 성화되고 깨끗하게 되며, 흠이 없고 거룩하게 하셔서,

  주님의 사랑이 나의 충만이 되고,

  주님의 영광이 나의 기쁨이 되며,

  주님의 교훈이 나의 길이 되고,

  주님의 십자가가 나의 안식처가 되게 하소서.

나의 마음이 늘 흠모하는 것이 사랑의 불길은 아닙니다.

주님의 아들의 구속에 의지하여

  내가 천국의 날들을 고대하오니,

  거기는 짓누르는 우울함이 없고,

  무서워 떨게 하는 죄악이 없으며,

  눈을 흐리게 하는 불신의 안개가 없고,

  아무리 열심을 내어도 피곤치 아니합니다.

아버지, 이와 같은 일들을 생각함이

  내 영혼의 의지요 위로입니다.

예수 안에 있는 진리

생명을 주시는 하나님,

내게 새 힘을 주셔서 주님의 이름을 부르게 하소서.*

　실로 나의 정신은 무지하고,

　　　　나의 생각은 종잡을 수 없으며,

　　　　나의 감정은 속되고,

　　　　나의 마음은 믿음이 없으니,

　오직 주님의 성령께서만 나의 약함을 도우실 수 있습니다.

내가 주께 가까이 가오니, 주께서는 아버지요 친구이시며,

　나의 영원한 분깃이요,

　나의 넘치는 기쁨이며,

　내 마음의 반석이십니다.**

내가 주님을 피조물의 하나님이시요,

　　　　　섭리의 제정자이시고,

　　　　　나의 구주 예수를 보내신 분으로 믿습니다.

내가 죄책의 두려움으로 주께 나아갈 마음을 내지 못하나,

---

* 　시편 80:18 참조.
** 　시편 73:26 참조.

예수께서 주님을 나와 화해케 하신다는

  그 기쁜 소식을 인하여 주님을 찬양합니다.

예수 안에 있는 진리로

 내 안에서 어두운 모든 것을 비추시고,

 내 안에서 흔들리는 모든 것을 세우시며,

 내 안에서 비참한 모든 것을 위로하시고,

 내 안에서 주님의 선으로부터 나온 모든 것을 완성하시며,

 내 안에서 예수의 이름을 영광스럽게 하소서.

내가 눈물의 골짜기를 지나고 있으나,

그 골짜기 끝에 영광의 문이 열려 있음을 인하여 주님을 찬양합니다.

나로 하여금 더 나은 하늘의 본향을 나의 것으로 알게 하시며,

내 순례의 모든 여정에 합당하도록 나를 준비시키시고,

주님의 말씀으로 나의 발걸음을 지키시며,

죄악이 나를 지배하지 않게 하소서.

나를 가르치셔서 내가 목적지면 그리스도께서 길이 되실 수 없음을,

              내가 나의 주인이면 그리스도께서 구속자가 되실 수 없음을,

              피조물이 나의 마음을 차지하고 있으면

               그분과 이루는 참된 연합이 있을 수 없음을,

              믿음은 그분을 구속자이시요 주로 받아들임인데,

               그렇지 아니하면 결코 믿음이 아님을 알게 하소서.

시련 중의 은혜

자비하신 아버지,

예수를 생각하셔서 내게 귀 기울이소서.

내가 주님과 아주 가까이 걸을 때조차 죄된 몸이나,

　이토록 오래 죽지 않고 있음은 주님의 은혜입니다.

주님의 은혜로 내가 십자가의 믿음을 얻었으니,

　이 십자가로 주께서는 나를 주님과 화해하게 하셨고,

　주님의 크신 사랑으로 나를 주께 이끄셨으며,

　내 안에서는 죄 많으나 그리스도 안에서는 죄 없는 자로 여기셨습니다.

모든 은혜를 주시는 주님,

　내 안의 모든 은혜를 유지하도록 힘 주시기를 주께 원하오니,

　　이는 내가 믿는 바를 실행하는 것이 어려운 까닭입니다.

나를 강하게 하셔서, 시험에 맞서게 하소서.

나의 마음은 마르지 않는 죄악의 샘이요,

　　　　　어린 시절부터 온갖 행실에 끝없이 흘러넘치는

　　　　　부패의 강입니다.

기도의 골짜기

주께서는 내가 의지했던 수단들을 다 빼앗으셨고,

　이제 내게 남은 것은 주님 안에 있는 능력뿐입니다.

주께서만 나의 악한 길을 막으실 수 있으며,

　나를 붙드시는 주님의 은혜 없이는 내가 넘어지고 맙니다.

사탄의 화살이 쏜살같이 내게 불을 지르고,

　그 불을 막는 방패는 내 손에서 쉽게 나가떨어집니다.

내게 능력을 덧입히셔서, 사탄의 간계와 공격을 대적하게 하소서.

언제나 나의 연약함을 잘 알게 하시고,

　늘 주님의 능력에 의지해야 함을 잘 알게 하소서.

모든 시련을 통하여 주님의 평화와,

　주님의 사랑을 더 많이 배우게 하소서.

주님의 성령을 주심은 주님의 은혜를 더하려 하심이나

　성령께서 내 안에서 쉼 없이 역사하지 아니하시면,

　나는 주님의 은혜를 보전도 활용도 할 수 없습니다.

성령으로 주께서 약속하신 도움을 믿는 믿음을 굳건히 하시고,

　나로 예수로 말미암아 주님을 의지하며, 겸손히 걷게 하소서.

십자가의 은혜

오, 나의 구주여,

내가 내 속 깊은 곳에서부터 주께 감사드리오니,

　나무에 달려 친히 주님의 몸으로 나의 죄를 담당하신

　구주의 놀라운 은혜와 사랑 때문입니다.

주님의 십자가가 내게

　쓰디쓴 마라의 물을 단물로 바꾸는 나무가 되게 하시고,

　생명과 아름다움이 피어나는 지팡이가 되게 하시며,

　믿음의 눈길을 이끌어 내는 구리뱀이 되게 하소서.

주님의 십자가에 나의 모든 죄를 못 박으시고,

주님의 십자가로 나와 주님을 더욱 가까워지게 하소서.

주님의 십자가를 내 모든 위로의 근원이요,

　　　　　　　　내 모든 의무의 활력이요,

　　　　　　　　복음에서 선포한 모든 약속의 결정체요,

　　　　　　　　내 모든 고통의 위로요,

　　　　　　　　내 사랑과 감사와 은혜의 원천이요,

　　　　　　　　내 신앙의 본질로 삼게 하시고,

주님의 십자가로 내게 쉼 없는 안식과,

　끝없는 찬양을 주소서.

오, 나의 주님, 나의 구주여,

주께서는 내가 지고 갈 십자가를 정해 놓으셨으며,

　내게 면류관을 주시기에 앞서 십자가를 먼저 정해 놓으셨습니다.

주께서 이처럼 십자가를 나의 몫으로 정해 놓으셨으나

　나의 이기심이 십자가를 미워하고,

　세속의 이성이 십자가와 화해하지 않으니,

　인내의 은혜 없이는 내가 십자가를 감당할 수 없고,

　　　　　　　　내가 십자가와 함께 걸을 수 없으며,

　　　　　　　　내가 십자가로 유익을 얻을 수 없습니다.

오, 복된 십자가여, 십자가 되신 주님으로 인하여 놀라운 자비가 옵니다!

나의 반역의 고집으로 주님의 십자가가 미움을 받고,

　내가 십자가의 짐을 회피하므로 사람들이 십자가를 무겁다 여깁니다.

은혜로우신 나의 주님, 나의 구주여,

　주께서 내게 십자가만 아니라 약속하신 은혜도 함께 보내셔서

　　나로 하여금 십자가를 인내로 감당하게 하시고, 구주 안에서

　나의 십자가는 쉬운 멍에요, 가벼운 짐임을 알게 하소서.

갈보리의 찬송

하늘에 계신 아버지,

주께서 나를 찬송하며 십자가로 나아가게 하셨으니,

  거기서 내가 모든 짐을 내려놓고 그 짐들이 사라지는 것을 보며,

  거기서 나의 산더미 같은 죄악이 평야처럼 낮아지고,

  거기서 죄 중에 가장 크고 모래알보다 더 많은

  나의 죄가 소멸하여 없어짐을 봅니다.

갈보리의 피에는 능력이 있으니,

  천국에서 노래하는 천사가 와서

  셀 수 있는 것보다 더 많은 죄를 멸합니다.

주께서 내게 희고 깨끗이 씻을 수 있는 산비탈의 샘물을 주셨으니,

  죄인된 내가 그 샘으로 가서

  아무런 방해도 없이 그 맑은 샘에 씻습니다.

십자가에는 가난하고 온유한 이들을 위하여 값없이 주시는 용서와

  영원히 지속되는 넘치는 은혜가 있습니다.

기도의 골짜기

어린양의 피는 한없는 은혜가 흐르는 큰 강과 같아서,

　목마른 자들이 수없이 와서 마신다 해도

　결코 그 풍성함이 줄어들지 아니합니다.

오, 주님, 피 흘리신 산에서 얻은

　주님의 값없는 용서는 영원히 존재합니다!

고통의 세상 한가운데서

　그 피는 가는 곳마다 찬양의 제목이요,

　　　　지상의 노래요,

　　　　하늘의 찬송이니,

　　　　그 피의 사랑과 효험은 끝이 없습니다.

내가 위에 있는 세상을 그리워합니다.

　거기서는 수많은 무리가 놀라운 찬송을 부르니,

　실로 내 영혼은 지상의 진토를 사랑하라고 창조되지 아니하였습니다.

여기서는 비록 내 영의 모습이 약하고 초라하나,

　내가 쉬지 않고 갈보리의 찬송을 부를 것입니다.

선함이 가득한 마음이 백합꽃보다 아름답고,

　깨끗한 마음만이 밤낮으로 찬송할 수 있으며,

　갈보리에 머무를 때에

　그러한 마음이 언제나 나의 마음이 됨을 알게 하소서.

신앙의 진실함

성도들을 택하신 하나님,

주께서 택하여 주님 앞으로 부르신 사람은 복이 있습니다.

주께는 자비와 구속과 확신과 용서가 있습니다.

주께서는 죄인인 나를 죄의 구덩이에서 끌어올리셨으며,

       하늘의 법정에서뿐 아니라

       양심의 법정에서도

       나의 무죄 방면을 선언하셨습니다.

 믿음으로 나를 의롭다 하셨으며,

 주님과 더불어 화목하게 하셨고,

 주님의 자녀로서 영광스러운 자유를 누리게 하셨습니다.

그러니 위선자들의 거짓 희망에서 나를 구하소서.

내가 새로운 피조물이 아니라면

 결코 그리스도 안에 있다 여기지 않게 하시고,

내가 성령의 일들에 마음 쓰지 않는다면

 결코 성령으로 났다 생각하지 않게 하시며,

나의 마음이 주께 올바르지 아니하면

　결코 믿음의 고백과 외적인 형식과 봉사에 만족하지 않게 하소서.

나로 하여금 주님을 거스를까 두려워하는 마음과

　　　　주님의 뜻을 알고자 하는 마음과

　　　　기꺼이 나를 부인하려는 마음으로

　　　　내 신앙의 진실함을 판단하게 하소서.

그 무엇을 인하여도 내가 주님의 영광을 잊거나

　　　　　　　주님의 계명을 외면하거나

　　　　　　　주님의 약속에 대한 확신이 흔들리거나

　　　　　　　주님의 자녀들을 실족케 하는 일이 없게 하소서.

세속의 직업으로 인하여 영적인 일에 해가 되지 않게 하시고,

　일상의 염려로 인하여 꼭 필요한 한 가지를 무시하지 않게 하소서.[*]

나로 하여금 나를 대하시는 주님의 의도에 주의하지 않거나

　　　　주님의 책망에 무지하거나

　　　　주님의 부르심에 반응하지 않는 일이 없게 하소서.

나로 하여금 주님 안에 거할 줄 아는 거룩한 기술을,

　　　　세상에 있되 세상에 속하지 않는 거룩한 기술을,

　　　　모든 것을 나의 신앙과 모순이 없게 하고

　　　　오히려 도움이 되게 하는, 거룩한 기술을 배우게 하소서.

---

* 　누가복음 10:42 참조.

8.　섬김과 사역

하나님의 일

통치하시는 하나님,

나의 일이 아니라 주님의 일이 나의 마음을 사로잡으니,

　내가 스스럼없이 주께 아뢰기를, 사탄이 지배하는 모든 곳에

　주님의 나라를 세워 달라고 간구합니다.

주께서 영광을 받으시면 내가 기뻐하오니,

　실로 주님의 이름을 영광스럽게 함이 나의 유일한 소원입니다.

주께서 하나님이시니 내가 주님을 경배하며,

다른 이들도 주께서 하나님이심을 알고 느끼고,

　기뻐하기를 내가 원합니다.

오, 모든 사람이 주님을 사랑하고 찬양하면 얼마나 좋을는지요!

　주께서 저 지혜 있다는 세상에서 모든 영광을 받으시면

　얼마나 좋을는지요!

주님의 귀하신 이름을 인하여 죄인들을 주님 앞으로 오게 하소서!

이성의 눈에는 회심에 관한 모든 것이 밤중같이 캄캄한 일로 보이나

주께서는 큰일을 성취하실 수 있으시니,

　그 일은 주님의 일이요

　사람들이 구원 받음은 주님의 영광을 위함입니다.

주님, 주님의 뜻대로 나를 사용하시고,

　　주께서 원하시는 대로 내게 행하소서.

　　주님의 일을 확장하시고,

　　주님의 나라가 임하게 하시며,

　　주님의 복되신 영향력이 세상에 퍼지게 하소서!

오, 주께서 많은 사람들을 예수 앞으로 데려가소서!

　나로 하여금 영광스러운 그날을 보게 하시고,

　수많은 영혼들을 붙잡고자 달려가게 하시며,

　이를 위하여 기꺼이 죽을 수 있게 하시고,

　살아 있는 동안 주님을 위하여 힘써 일하며,

　강건하든지 연약하든지,

　이 일에 시간을 유익하게 사용하도록 하소서.

내가 바라는 것은 주님의 일과 주님의 나라요,

　나의 일과 나의 나라가 아닙니다.

오, 주님, 나의 간구에 응답하소서!

섬김과 준비

나의 목적이 되시는 하나님,

주께서는 내게 확고한 마음을 주셨으니,

  가서 주님을 위하여 나의 삶을 바치게 하셨습니다.

그것이 주님의 뜻이면 나로 계속 나아가게 하시고,

  아니면 나의 결심을 되돌려 주소서.

여기서 내가 원하는 것은 세상에서 주님을 잘 섬길 수 있는 환경뿐입니다.

이를 위하여 나의 모든 염려를 주께 맡기오니,

  다만 나로 하여금 낙심하지 않게 하소서.

  낙심은 내 영혼의 열심을 가로막습니다.

내게 능력을 주셔서, 무엇이든 주님을 위하여 힘든 일을 떠맡게 하소서.

  이 힘든 일이 내 영혼을 살리고 움직이게 하시며,

  이로 인하여 내가 고생과 수고를 견디고

  기꺼이 주님의 이름을 위하여 고난받겠습니다.

오, 애쓰고 수고하며 분주하여 아무것도 이루지 못하니,

  이보다 허망한 일이 어디 있겠습니까!

슬프게도, 시간은 흘러가고 나는 점점 무익합니다.

오, 내가 주님 섬기는 일에 불길이 되어,

　꺼지지 않는 화염으로 타오르면 좋겠습니다.

나로 이 세상에서 무엇보다 유익한 자가 되게 하소서.

나의 온갖 시련을 기뻐하게 하소서.

　고난이 주님의 나라를 앞당길 수 있다면 내가 기뻐하겠습니다.

세상의 우정에 걸었던 나의 희망을 포기하게 하시고,

　나의 죄악됨을 더욱 깊이 알게 하소서.

내게 닥치는 어떠한 시련이라도

　주님에게서 오는 합당한 대가로 받아들이게 하소서.

내가 원하는 즐거움을 주께서 거절하시면 그 뜻에 온전히 따르고,

　주님과 함께 시간을 보내는 일에 만족하게 하소서.

거룩한 사귐을 기뻐하며 기도하게 하시고,

　모든 시간을 내 영혼에 복된 시간으로 알게 하시며,

　또한 나의 하찮음을 보게 하시고, 내가 감히

　　주님을 섬길 수 있음을 인하여 감사하게 하소서.

더러운 것 없는 그 복된 나라로 들어갈 때에,

　영원히 나와 함께하실 주님을 잘 알게 하소서.

필요한 것들

영원한 근원이 되시는 주님,

모든 피조물과 복의 창조자 되시는 주님,

내가 주님을 경배하오니, 주께서 사람에게 믿음을 주셨으므로

  사람이 가르침을 받으면 이와 같이 말할 수 있습니다.

    "나를 지으신 하나님은 어디 계시는가?

     밤에 노래를 주시는 이가 어디 계시는가?"*

그러나 우리 인간이 퇴보하여,

      영광이 수치로 바뀌었고

      우리는 주님을 잊었습니다.

주님의 능력만이 방황하는 자녀들을 다시 부르실 수 있고,

  거룩한 것들에 대하여 처음 감각을 심어 줄 수 있으며,

  그러한 감각을 영원히 효력 있는 것으로 만드실 수 있습니다.

주님에게서 모든 선한 목적과 소원이 나오고,

  신심과 복이 퍼져 나갑니다.

주께서는 내 영혼의 은밀한 본성을 아시고,

  복음을 널리 전하려는 나의 마음도 아십니다.

---

* 욥기 35:10 참조.

나를 청지기로 삼으셔서 가난한 이들에게 주님의 복을

　　　　　　　마음이 아픈 이들에게 주님의 위로를

　　　　　　　죄로 병든 이들에게 주님의 회복을

　　　　　　　절망한 이들에게 주님의 소망을

　　　　　　　슬퍼하는 이들에게 주님의 기쁨을

　　　　　　　돌아온 탕자들에게 주님의 사랑을 나누게 하소서.

주님의 성령의 숨으로 불신의 재를 불어 흩으시고,

　내게 사랑의 빛과 불과 온기를 내려 주소서.

내게 영적인 위로가 필요하오니, 주님의 위로는

　부드럽고 평화로우며 순하고 늘 새롭습니다.

　나를 녹여 주님 앞에서 마음을 다하여 겸손하게 하시고,

　주님을 나의 전부로 고백하며 의지하게 하소서.

내 영혼의 동산을 사랑의 훈풍으로 가득 채우셔서,

　그리스도인의 삶의 향기가 다른 이들에게 실려 가게 하시고,

　그 후에 주께서 오셔서 열매를 거두시고 영광을 받으소서.

그리하면 내가 내 존재의 가장 큰 목적을 이루게 될 터이니,

　곧 주님을 영화롭게 하고 사람들에게 복이 되는 일입니다.

섬기는 자의 겸손

능력이 많으신 하나님,

내가 잘못 사용한 재능과

    무시해 버린 기회와

    무분별한 언사로 인하여 겸손히 나를 낮춥니다.

나의 어리석음과 경솔한 태도와

    지키지 못한 결심과 참되지 아니한 섬김과

    퇴보하는 발걸음과 헛된 생각을 회개합니다.

오, 나의 죄를 예수의 피의 바다에 수장시켜 주시고,

  성마른 기질과 온당치 않은 행실과

  옹졸한 마음으로 인하여, 해악이 닥치지 않게 하소서.

나의 불친절로 인하여 다른 이들이 상처를 입었다면,

  주께서 그들에게 하늘의 위로의 향유를 부어 주소서.

내가 궁핍과 비참과 비탄에 처한 이들을 차갑게 외면했을지라도,

  주님의 의로운 분노로 나를 버리지 마소서.

내가 가난과 고통을 보고 구제하기를 마다했을지라도,

  주님은 내게 은혜로이 복 주시기를 마다하지 마소서.

기도의 골짜기

내가 내 마음을 상하게 한 이들을 못 본 체했을지라도,

　주님은 내게 마음의 문을 열어 주시고 나의 필요에 응답하소서.

긍휼의 바다가 내 안에 가득하여 넘쳐흐르게 하시고,

　주님의 사랑의 통치가 나의 동기가 되게 하시며,

　주님의 사랑의 법이 나의 규칙이 되게 하소서.

오, 모든 은혜의 하나님, 나로 더 감사하고 더 겸손하게 하시며,

나의 무익함을 깊이 깨닫게 하소서.

　이 무익함은 내 본성의 타락과

　　　　　　나의 의무를 태만히 여김과

　　　　　　나의 재능을 활용하지 아니함과

　　　　　　주님의 계명을 어김으로써 생겨난 것입니다.

나로 감사와 기쁨의 모든 부르심을 기억하되,

　슬퍼하고 겸손해야 할 이유도 있음을 기억하게 하소서.

오, 내게 생명에 이르는 회개를 주소서.

복되신 주님과 나의 하나 됨을 굳게 하셔서,

　믿음이 주께 더욱 달라붙어 움직이지 않게 하시고,

　사랑이 주님을 더욱 단단히 휘감게 하시며,

　주님의 성령을 나의 온몸에 충만하게 하소서.

그리하여, 나를 보내셔서 다른 이들에게 주님을 알리게 하소서.

싸움에 나선 종

오, 주님,

내가 주님을 찬양하오니, 주님과 사탄의 싸움의 결말은

  불확실하지 않으며, 마땅히 승리로 끝날 것입니다.

갈보리가 용의 머리를 부수었고, 나는 정복당한 적과 싸우고 있습니다.

  이 원수는 교활함과 힘에도 불구하고 이미 패한 자입니다.

내가 나의 뒤꿈치에 그 뱀이 닿는 것을 느낄 때는,

  발꿈치를 상하셨으나 상하신 그때 마귀의 머리를 부서뜨린

  그분을 기억하게 하소서.

내 영혼이 속에서 기뻐하며, 능히 이기시는 분을 찬양합니다.

주님 보시기에 내게 더러움이 쌓이며,

              내 믿음이 손상을 입고,

              내 희망이 밝지 아니하며,

              내 사랑이 뜨겁지 아니하고,

              일신의 안락이 내 마음을 차지하며,

              내 영혼이 싸움의 압박으로 낙심한다면,

그 큰 싸움에서 얻은 나의 상처를 고쳐 주소서.

오, 하시는 약속마다 향유요

만지는 손길마다 생명이신 주님,

피곤한 주님의 용사에게 가까이 오시고

기운을 주셔서, 다시 일어나 싸우게 하시며,

원수가 짓밟힐 때까지 결코 피곤치 않게 하소서.

나에게 주님과 함께하는 깊은 사귐을 허락하셔서,

사탄과 불신과 정욕과 세상을 거절할 수 있게 하시고,

피조물에게서 나오지 아니하고

피조물이 훼손할 수도 없는 기쁨을 누리게 하소서.

변치 않는 주님의 사랑과 결정 안에 있는

영원한 샘물 한 모금을 내게 주소서.

그러므로 나의 손이 약해지지 아니하고,

나의 발이 걸려 넘어지지 아니하며,

나의 검이 쉬지 아니하고,

나의 방패가 녹슬지 아니하며,

나의 투구가 깨지지 아니하고,

나의 흉배가 떨어지지 아니하리니,

이는 나의 힘이 주님의 강한 능력 안에 있기 때문입니다.

헛된 섬김

오, 나의 주님,

나를 용서하소서, 내가 죄악된 방식으로 주님을 섬겼습니다.

　나의 힘을 자랑으로 여겼으며,

　마지못해 사역에 나섰고,

　사람들의 칭찬을 받아들였으며,

　거짓 은혜와 영적인 감정에 의지했고,

　그리스도만 믿지 아니하고

　　내가 그리스도를 붙들고 있다는 사실을 믿었으며,

　주님 옆에 올라설 또 다른 토대를 세워 두었고,

　　그리하여 나는 육신으로 나의 힘을 삼았습니다.[*]

나로 하여금 보게 하소서,

　행하는 믿음은 은혜에서 나온 믿음이며,

　이 믿음은 사람을 주께로 가까이 이끌어

　　단순한 사람 이상으로 높여 주고,

　영혼이 그처럼 향상되고 높아질 때

　　주께서 그 영혼에 역사하셨음을 알게 하소서.

---

[*] 예레미야 17:5 참조.

또한 믿음은 주님을 아버지와 아들과 성령으로서

　온전히 충족하시는 하나님으로 나의 중심에 모시는 일입니다.

　이는 주님의 계명과 약속에서는 간접적으로,

　믿음이 보고 아는 주님의 모든 능력에서는 직접적으로,

　주님의 뜻의 계시에서는 그 전능하신 결과와 함께

　넘치도록 풍성히 나타남을 알게 하소서.

이와 같은 믿음이 없으면, 나는 아무것도 아닙니다.

마음과 눈으로 주님을 다른 모든 것보다 높이 둠이 나의 의무이고,

나를 주님보다 높이 둠은 나의 죄입니다.

주님, 특별히 더한 죄의 악이 이와 같으니, 곧

　주님의 모든 법을 어기고,

　주님을 경멸하고 주님과 주님의 영광을 멸시하며,

　주님보다 피조물을 좋아하는 데서 비롯됩니다.

나를 도우셔서 주님과 비교하여 나를 혐오하게 하시고,

언제나 사랑으로 역사하며

　은혜로 섬기는 믿음 안에 있게 하소서.

참된 사랑

귀하신 주님,

내가 주님을 온전히 의지하오니,

　다른 모든 기댈 곳을 내게서 끊어 내소서.

주님은 나의 전부이며, 모든 것을 마다하시고 나를 기뻐합니다.

주께서 선의 근원일진대

　내가 어찌 주님을 의심할 수 있으며,

　내게 닥치는 일을 어찌 근심할 수 있겠습니까?

주님의 고귀하심을 생각할 때,

　세상과 그 안의 모든 즐거움은 말할 수 없이 초라해집니다.

내가 사람들에게서 받는 사랑을 돌멩이보다 못한 것으로 여깁니다.

나로 하여금 주께서 주시는 복에 취하여

　이 땅의 나그네의 마음을 잃는 일이 없게 하소서.

모든 은택을 인하여 나의 주님을 사랑하게 하시고,

　내가 누리는 혜택이 오히려 큰 위험이 될 때가 있음을 잊지 않게 하소서.

내 안에 나를 혐오하는 마음을 일으키셔서 예수를 소중히 여기게 하시고,

　그분의 모든 직분을 기뻐하며,

그분의 모든 길을 즐거워하고,

그분의 약속만 아니라 계명도 사랑하게 하소서.

나를 도우셔서 참된 사랑과 거짓 사랑을 분별하게 하소서.

하나는 주님을 향한 최고의 사랑이요, 다른 하나는 그렇지 아니합니다.

참된 사랑은 주님의 영광과 사람의 행복을 하나 되게 하여

그 둘을 한 목표로 추구하게 하지만,

거짓 사랑은 그 둘을 가르고 분리하여

사람의 행복만 추구하고 주님의 영광은 무시하게 합니다.

나를 가르치셔서 참된 사랑은 이성적인 주장이나

이기적인 동기에서 나온 것과는 근본적으로 다름을,

참된 사랑은 사랑이 있는 마음에 기쁨을 주는

즐거운 감정임을 알게 하소서.

내게 은혜를 허락하셔서 참된 사랑과 거짓 사랑을 분별하여,

완전한 사랑이신 주님 안에서 안식하게 하소서.

제자가 새롭게 되는 일

오, 나의 구주 되시는 주님,

나를 도우소서.

내가 몹시 둔하여 배우기 어렵고,

　　몹시 어리석어 쉽게 잊어버리며,

　　몹시 연약하여 올라가지 못합니다.

내가 산꼭대기에 올라 있어야 하나 산기슭에 머뭅니다.

내가 나의 은혜 없는 마음과

　　　　기도 없는 날들과

　　　　빈곤한 사랑과

　　　　하늘로 가는 경주를 게을리함과

　　　　더러워진 양심과

　　　　낭비한 시간과

　　　　활용하지 못한 기회들을 인하여 괴로워합니다.

빛이 나를 비추고 있음에도 내가 눈 멀었으니,

　내 눈에서 비늘을 떼어 내시고

　불신의 악한 마음을 부수어 가루가 되게 하소서.

나로 하여금 주님을 연구하고

주님을 묵상하며

주님을 오래도록 바라보고

마리아처럼 주님의 발 아래 앉으며

요한처럼 주님의 품에 기대고

베드로처럼 주님의 사랑에 호소하며

바울처럼 모든 것을 오물로 여김을*

　가장 큰 기쁨으로 삼게 하소서.

내게 은혜를 더하시고 자라나게 하셔서,

　나의 성품에 더 많은 결단과

　나의 목적에 더 많은 활력과

　나의 삶에 더 많은 향상과

　나의 헌신에 더 많은 열정과

　나의 열심에 더 많은 성실함이 있게 하소서.

내가 세상에서 나의 자리를 얻되,

　세상을 나의 자리로 삼게 하지는 마소서.

나로 하여금 창조주에게서만 구할 수 있는 것을

　피조물에게서 구하지 않게 하소서.

우리가 환히 보게 되어 믿음이 사라질 때까지

　믿음으로 주님 찾는 일을 멈추지 않게 하소서.

만왕의 왕이시며 만주의 주이신 주님, 나를 타고 나가셔서

　나로 승리하며 살게 하시고, 승리하여 나의 목적을 이루게 하소서.

---

* 빌립보서 3:8 참조.

사역자의 악

하나님의 거룩하신 성령님,

나의 사역에 네 가지 악이 따르니, 곧

　아무런 감정도 없이 차갑게 식어 버린 개인의 경건에

　　실망하고 부끄러워하여 마귀가 나를 짓누르는 것과,

　이전에 내가 뛰어나게 일을 잘했고 크게 인정받았으니

　　지금의 실패는 그리 중요하지 않다는 영적 침체와

　　무감각으로 인하여 태만에 사로잡혀 있는 것과,

　영적인 빛과 생명과 능력이 부족하여 결함과 연약함에 시달리고

　　이로 인하여 영혼들이 내게 도움을 받지 못할 뿐 아니라

　　나 또한 주께서 가까이 계심을 느끼지 못하는 것과,

　최선을 다했음에도 일에 성과가 없어 낙심하는 악이 그러합니다.

그러나 주께서 내게 보여주신 것과 같이,

　선을 이루라고 거룩히 축복하신 모든 일의 영광은

　　그 일 자체에 있지 아니하고 거룩한 축복의 근원에 있습니다.

그러므로 설교에 둔 나의 목적은 그리스도를 알고

그분의 진리를 전하는 것이요,

설교에 둔 나의 원칙은 내가 믿는 그리스도 자체인데,

그분께는 영과 능력이 충만하기 때문이며,

설교에 둔 나의 위로는 그분을 위하여 모든 일을 행함입니다.

나를 도우셔서 나의 일에서 더욱 겸손하게 하시며,

주님의 모든 섭리를 헤아려

내 일의 목적에 합당한 것을 택하게 하소서.

주님을 기뻐하고 나를 미워하게 하시며,

나의 생명과 존재와 영혼과 육신을

오직 주님을 위하여 유지하게 하시고,

사랑과 기쁨으로 나의 마음을 주께 가져가며,

주님 안에 거하여, 주님에게서 오는 모든 은혜를 바라보며

사랑으로 주님과 함께 걷게 하소서.

그리하면 내가 일에 성취를 얻든 실패하든,

주님 외에는 아무것도 중요하게 여기지 아니할 것입니다.

사역자의 기도

오, 나의 주님,

나의 사역이 사람들에게 인정받거나

　사람들의 존경과 사랑을 얻는 데만 그치지 않게 하소서.

주께서 그들의 마음에 은혜의 역사를 일으키시고,

　　　　주님이 택하신 이들을 불러들이시며,

　　　　중생한 이들을 확증하여 세우시고,

　　　　그들의 영혼에 영원한 은총을 명하소서.

나를 교만과 이기심에서 벗어나게 하시고,

주님의 말씀을 듣는 자들의 마음에 물을 대셔서,

　약하게 심긴 씨앗이 강하게 자라도록 하소서.

나와 나의 설교를 듣는 사람들이

　이 땅에서는 특별한 믿음의 빛으로 주님을 보고,

　저 나라에서는 끝없는 영광의 빛으로 주님을 바라보게 하소서.

나의 모든 설교를 은혜를 주시는 수단으로 삼으시고,

　죽음으로 보이신 사랑의 능력을 체험하게 하소서.

　　주님의 피는 향유요,

　　주님의 임재는 지복이며,

주님의 미소는 천국이며,

주님의 십자가는 진리와 자비가 만나는 곳입니다.

의심스럽고 실망스러운 내 사역을 굽어보시고,

거만하지 않도록 나를 지키소서.

내가 사람이요 사역자로서 지은 많은 죄와 태만과

흠결에 대하여 주께 용서를 구합니다.

나의 연약하고 무익한 수고와

주께서 허락하신 구원의 설교에, 주님의 은총을 허락하소서.

주님의 백성들과 함께 계셔서,

주님의 임재가 그들의 분깃이요 또한 나의 분깃이 되게 하시며,

내가 다른 사람들에게 말씀을 전할 때는

나의 말만 고상하고 유창하며,

나의 논리만 뛰어나고 세련되며,

나의 전달만 힘차고 감동적인 것이 아니라,

주님을 높이고 죄인들을 낮추는 데도 각별히 마음 쓰게 하소서.

오, 능력과 은혜의 주님,

모든 마음이 주님의 손에 있고,

모든 일이 주님의 처분에 달렸사오니,

주님의 전능하신 인장을 찍으셔서, 나의 사역을 승인하소서.

사역자의 고백

오, 하나님,

빈번히 나는 주님의 능력 없이 주님의 일을 행합니다.

무감각하고 무정하며 눈먼 섬김으로 인하여,

내면의 빛과 사랑과 기쁨의 부족으로 인하여,

주님의 도움 없이 움직이는 생각과 마음과 혀로 인하여, 죄를 짓습니다.

다른 이들의 인정을 받으려는 데서 내 마음의 죄를 봅니다.

사람들의 의견을 나의 규칙으로 삼으려는 악함이 내게 있습니다.

그러나 정작 스스로 어떤 선을 행하였는지 헤아려 보고

주께 영광을 돌려야 옳았으며,

스스로 어떤 죄를 범하였는지 돌이켜 보고

그 죄로 인해 울어야 마땅했습니다.

내가 칭찬받기 위해 설교하며 기도하고,

칭찬받기 위해 다른 이들의 영적인 감정을 이끌어 냄은

나의 거짓됨이니,

내가 날마다 나 자신을 눈앞에 있는 다른 누구보다

비천한 자로 여김을 나의 근본으로 삼아야 했습니다.

그러나 주께서는 나의 연약함으로 주님의 능력을 보여주시고,

　내가 약할수록 쓰임받기에 합당한 자 되게 하시니,

　　이는 주께서 나의 약함에 은혜의 장막을 치시기 때문입니다.

나의 연약함을 기뻐하고 또한 주님을 찬양하게 하시며,

다른 이들 앞에서 나의 결함을 인정하고,

그 결함으로 인해 낙심하지 아니하게 하시며,

이로써 사람들이 주님의 영광을 더욱 명백히 보게 하소서.

　나로 세상에서 나지 아니한 능력으로 행해야 함을 알게 하소서.

　그 능력만이 나의 힘을 뛰어넘는 일들을 시도할 수 있으며,

　　　　　나의 힘에 부치는 악을 감당하고,

　　　　　모든 일에서 그리스도를 위하여 행할 수 있으며,

　　　　　그분의 뛰어난 능력을 얻어 도움을 받을 수 있습니다.

나로 하여금 바울을 배우게 하소서.

　그의 용모는 보잘것없고,

　그의 약함은 말할 수 없으며,

　그의 말주변은 변변치 못했으나,

　주께서는 그를 신실하고 거룩한 자로 여기셨습니다.

주님, 바울처럼 나도 주님을 의지하며,

　나의 사역을 주님의 일로 귀히 여기게 하소서.

사역자의 힘

변함없으신 여호와 하나님,

내가 일하는 중에 낙심하고

  나 스스로에 대한 의심을 주체할 수 없을 때,

  주님의 영원한 택하심의 반석 위에 나를 단단히 붙들어 매소서.

  그리하시면 나의 두 손이 피곤치 아니하겠고,

  나와 다른 이들에 대한 소망이 생길 것입니다.

주께서는 백성들의 이름을 하나하나 아시고,

  정하신 때에 효력 있는 부르심으로

  그들을 자연의 상태에서 은혜의 상태로 이끌어 내십니다.

이것이 내 구원의 근거요,

      내 소망의 대상이며,

      내 사역의 동기입니다.

내 자신이나 나의 일을 대단한 것으로 여기지 않게 하소서.

  나는 죄와 약함 외에는 아무것도 없으며,

  내 안에는 선한 것이 없고,

  내가 가장 잘한 일이라고 해봐야 죄뿐입니다.

기도의 골짜기

주님 앞에서 나를 진토와 같이 낮추소서.

자기 의의 쓰디쓴 풀을 뿌리째 뽑아내시고,

　내게 먼지보다 못한 나의 무익함을 보여주소서.

내가 죄인임을 잊지 않게 하시며,

회개와 자기 부인에 더욱 깊이 들어가게 하소서.

주님의 임재의 궤 앞에서 교만의 다곤을 부수어 조각내시고,

자만의 바벨을 무너뜨려 바람에 흩날리시며,

반역하는 마음의 여리고 성벽을 남김없이 허물어 버리소서.

그것이 은혜요, 그 은혜가 나의 산 체험과 외침이 됩니다.

믿음이 움직이지 아니하면, 나는 날개를 결박당한 독수리처럼

　불쌍하고 연약한 피조물에 불과합니다.

나로 하여금 주님의 능력과 신실하심에 의지하게 하소서.

　내게 삶을 바칠 만한 가치 있는 두 가지 일이 있으니,

　세상에서 주님의 일을 널리 알리고,

　사람들의 영혼과 육신에 선한 일을 행하는 것입니다.

이것이 나의 사역이요, 나의 삶이며, 나의 기도요, 나의 목적입니다.

내게 은혜를 허락하셔서, 실패하지 않게 하소서.

사역자의 찬양

오, 나의 넘치는 기쁨 되시는 하나님,

주님을 찬양함으로 나의 마음이 벅차오릅니다.

　실로 주께서는 기쁨의 근원이시며,

　　주님을 기뻐하는 영혼에게 복을 주십니다.

그러나 내가 내 마음의 반역으로 인하여

　마땅히 드려야 할 찬양을 드리지 못했습니다.

그럼에도 나는 언제나 주님의 뛰어나심과 선하심과

　자비하심 안에서 안식을 얻고자 합니다.

주께서는 예수 안에서 말할 수 없는 기쁨의 대상이 되시니,

　내가 주님을 생각하며 넘치는 기쁨을 누립니다.

그러나 주님, 때때로 내가 주님의 원수가 되기도 합니다.

　나의 본성이 주께 반역하고 주님을 피해 달아납니다.

주께서 나를 새롭게 하셨으나

　악한 부패가 나를 재촉하여 여전히 주님을 거스르게 합니다.

나를 도우셔서 온전히 복종하는 마음으로 주님을 찬양하게 하시고,

기도의 골짜기

나 스스로를 부지런히 살펴 헤아리게 하시며,

나 자신에게 이르기를,

　나는 진실로 거듭났는가,

　내 영은 주님의 자녀된 자의 영인가,

　내 슬픔은 회개하며 마음을 찢는 자의 슬픔인가,

　내 기쁨은 믿음에서 나온 기쁨인가,

　그리스도에 대한 나의 믿음은 사랑으로 역사하고

　영혼을 깨끗하게 하는가, 묻게 하소서.

향기로운 믿음의 결과가 나의 개인의 삶과

　공적인 삶에 드러나게 하소서.

사랑의 끈으로 내 마음을 둘러치셔서,

　나를 붙잡아 두시고 달아나지 않게 하소서.

구주의 상처가 나를 지배하는 것이

왕들이 나를 지배하는 것보다 더하게 하소서.

모든 것을 덮어 주고 가려 주는 주님의 사랑을 알게 하셔서,

　사랑하시는 분과 맺은 엄숙한 연합을 어기지 않게 하소서.

나의 본성에는 정복되지 아니한 영토가 많으니,

　내 영혼의 성전에서 사고파는 자들을 매질하여 쫓아내시고,

　내게 완전한 거룩을 추구하는 소원과 열망을 주소서.

사역자의 성경

오, 진리의 하나님,

내가 거룩한 성경을 인하여, 성경의 교훈과 약속과

　가르침과 빛을 인하여 주께 감사드립니다.

성경으로 그리스도를 더 많이 배우고,

　　　　　　　그리스도의 진리를 간직하게 하시며,

　　　　　　　그리스도의 진리를 따르는 은혜를 얻게 하소서.

내 영혼의 문을 활짝 열어, 내가 성경을 상고할 때

　그리스도께서 들어오셔서, 친히 그분 자신을 계시하게 하소서.

　내게는 내려보내 성경의 깊이를 측량할 줄이 없고,

　　　　날아올라 성경의 높이를 가늠할 날개가 없습니다.

그분의 도우심으로 성경의 모든 진리를 탐구하게 하시고,

　마음을 다하여 성경의 모든 진리를 사랑하게 하시며,

　힘을 다하여 성경의 모든 진리를 껴안게 하시고,

　나의 삶에 성경의 모든 진리를 접붙이게 하소서.

주님의 말씀에 쌓아 두신 모든 진리의 알곡들을

내 영혼에 은총으로 베푸시고,

그 알곡들이 깊이 뿌리내려

천국의 이슬을 받아 자라며,

천국의 빛으로 익어서,

내 영혼이 기쁨으로 단을 거두며 주님을 찬양하게 하소서.

나를 도우셔서 내가 말씀을 읽는 것으로 유익을 얻게 하소서.

내가 읽는 이 말씀은 모든 보화 가운데 으뜸가는 보화요

나의 마른 가슴을 가득 채우는 샘이니,

성령께서 끊임없이 물줄기를 대시는 이 샘의 물이

영원한 강으로 내 안에서 흐릅니다.

나로 성경을 한 장 한 장 읽을 때마다

주님의 전능하신 팔을 붙들고,

놀라운 일들을 성취하며, 은혜를 덧입고,

자비의 물줄기를 끌어오는, 신실한 기도가 되게 하소서.

성경을 통하여, 얼마나 빈번히 나의 말이 주께 신실하지 못했으며,

내 동료들에게 상처를 입혔고, 은혜가 없었으며, 어리석었고,

주님의 부르심을 욕되게 했는지 보게 하소서.

주께서 하신 말씀들을 내 마음에 기록하시고,

내 입술에 새겨 주소서.

그리하면 내가 주님의 말씀을 읽을 때에

모든 영광이 주께 돌아갈 것입니다.

사역자의 설교

나의 주가 되시는 하나님,

내가 오늘 말씀을 전하고자 하나,

　이 일을 감당하기에는 연약하고 부족합니다.

그럼에도 내가 간절히 원하오니, 설교를 통하여

　사람들이 하나님의 진리로 세워지게 하시고,

　주님을 위한 거짓 없는 증언이 이루어지게 하소서.

설교와 기도에 임하는 내게 도움을 주시고,

　나의 마음을 높이 들어올려 은혜와 기름부음을 구하게 하소서.

설교 주제에 합당한 것들을 내게 가르쳐 주시고,

　풍성한 내용과 명료한 생각을,

　적절하고 유려한 표현과 뜨거운 열정을,

　설교하는 내가 진심으로 느끼는 감동을,

　설교가 사람들의 양심에 가닿는 은혜를 주소서.

설교하는 동안 나의 부족함을 잊지 않게 하시고,

　또한 나의 설교를 만족스러워하며 교만하지 않게 하소서.

나로 하여금 주님을 위하여 증언하게 하시고,

　죄인들이 주님의 자비를 무시하는 일을 변명하지 못하게 하소서.

나의 설교로 주님의 백성들이 비탄과 슬픔을 고백하게 하시고,

  또한 설교 중에 그들 앞에 위로가 되는 말씀을 내어놓게 하소서.

선포된 진리에 능력으로 임하셔서,

  나태한 나의 회중들을 깨워 주소서.

주님의 백성들이 새롭게 되고 마음에 감동을 받아

  죄를 깨우치며, 위로받게 하시고,

  나로 그리스도의 성육신과 십자가의 고난에서

  가장 강력한 말씀의 논거를 사용하게 하셔서,

  사람들이 거룩해지게 하소서.

내게 주님의 지원과 위로와 능력과 거룩함이 필요하오니,

  이로써 내가 주님의 은혜의 순전한 통로가 되어

  주님을 위하여 설교의 사역을 감당하고자 합니다.

주님의 백성 중에 있는 나에게 새 힘을 주셔서,

  뛰어난 본문 내용을 불충분한 방식으로 다루거나,

  말할 수 없이 귀한 구속자에 대하여 온전치 못한 증언을 하거나,

  그리스도의 죽으심을 다룰 때도

    따뜻함과 열정이 없어 비정하게 선포하는 일이 없게 하소서.

이 일들을 감당할 때는 언제나 주님과 일치되게 하소서.

성경에 대한 확신

오, 사랑의 주님,

내가 주님의 격려를 힘입어 주께 가오니, 이는 내가

　내 본성의 어둠 가운데서 주님을 더듬어 찾지 아니하고,

　주님을 알지 못하는 신으로도 섬기지 아니하기 때문입니다.

내가 주님의 완전하심을 다 알 수 없으나, 주님은 선하시고

　언제나 기꺼이 용서해 주시며, 자비가 넘치는 분이심을 알고 있습니다.

주께서는 모든 일에서 지혜와 능력과 선하심을 보이셨으며,

　또한 진리의 성경에 주님의 뜻을 계시하셨습니다.

주께서는 성경이 보존되고 번역되고 출판되고 배가되어,

　모든 사람이 소유하고, 그 안에서 주님을 발견하도록 하셨습니다.

성경에서 내가 주님의 위대하심과 주님의 은혜를,

　　　　　주님의 긍휼하심과 주님의 엄정하심을,

　　　　　주님의 자비와 주님의 진리를,

　　　　　주님의 성품과 사람들의 마음을 봅니다.

주께서는 성경을 통하여 주님의 이름을 높이셨으며,

　인간들에게 은혜로우셔서 복음을 베푸셨습니다.

나를 불쌍히 여겨 주소서.

　내가 주님의 은택을 입고도 감사할 줄 몰랐으며,

　　　　주께 받은 특권들을 활용하지 않았고,

　　　　영적인 것들을 하찮게 여겼으며,

　　　　주께서 전하시는 말씀을 무시하면서,

　　　　선의 본보기들과

　　　　양심의 책망과

　　　　친구들의 훈계와

　　　　섭리의 인도하심과도 다투었습니다.

그러하니 나에게서 주님의 나라가 떠남이 마땅합니다.

주님, 내가 연민과 탄식과 상한 마음과 통회하는 영과,

　나를 미워함과 나를 정죄함과 나를 혐오함으로 나의 죄를 고백합니다.

나에게 소망이신 예수로 인한 구원을 주시고,

　　　　그분의 이름 구주를 믿는 믿음을 주시며,

　　　　그분의 피로 인한 용서를 주시고,

　　　　그분의 임재로 인한 힘을 주시며,

　　　　그분의 성령으로 인한 거룩함을 주소서.

이로써 마음을 다하여 주님을 사랑하게 하소서.

주님의 날 전야

흘러가는 시간의 주인 되시는 하나님,

또 한 주일이 지나고 이처럼 보호하심을 입어,

　내가 무사히 나갔다가

　내가 무사히 들어왔습니다.

저 무서운 악을 돌려세운 것이 주님의 파수였으며,

나를 먹여 살린 것이 주님의 양식이었고,

내게 한없이 베풀어진 것이 주님의 위로였으며,

나를 기쁘게 한 것이 주님의 친척과 친구들이었고,

나의 덕을 세운 것이 주님의 은혜의 수단들이었습니다.

내가 한창 세상 즐거움에 빠져 있을 때,

　이는 나의 안식이 아니라 일러 주고,

　모든 뛰어난 일 가운데 꼭 필요한 것은

　구주를 사랑하는 일뿐이라고 일러 준 것이 주님의 책이었습니다.

무엇으로도 주께 받은 자비를 헤아릴 길이 없고,

　다만 나의 흠과 죄가 헤아릴 수 없이 많을 뿐입니다.

오, 하나님, 이것을 내가 숨기지도 변명하지도 아니하며,

　오직 상한 마음으로 고백할 뿐입니다.

내 인생을 은밀히 돌아보건대

　주께는 구속하심이 넘치고,

　주님은 용서하시는 하나님이십니다.

　그러므로 주님을 경외해야 한다는 이 확신이 내게 없다면,

　지금 나의 처지가 어떠하겠는지요!

이제 내가 십자가의 피를 통한 용서를 바라며 기도하오니,

　겸손으로 옷을 해 입고,

　주님의 길에서 걸음을 재촉하며,

　주께 더욱 헌신하고,

　내 인생의 마지막을 눈앞에 두고 살며,

　어리석음과 나태와 우유부단함을 고치고,

　내가 얼마나 약한 자인지를 알며,

　나의 날을 세어 보고 지혜의 마음을 얻게 하소서.*

---

* 시편 90:12 참조.

주님의 날

오, 나의 주님,

이날은 주님의 날이요,

　　천국의 안식의 규례요,

　　예배로 들어가는 열린 문이요,

　　예수 부활의 증거요,

　　장차 올 영원한 안식의 보증이요,

　　이 땅에서 싸우는 성도들과 승리한 천국의 성도들이

　　끝없는 찬송으로 하나 되는 날입니다.

내가 은혜의 보좌를 인하여 주님을 찬양하오니,

　값없이 주시는 은혜가 이 보좌에서 다스리고,

　예수의 피를 통하여 담대히 이 보좌로 나아갈 수 있으며,

　성전 휘장이 찢어져 내가 지성소로 들어가 주님을 뵈올 수 있으니,

　주께서는 거기서 기꺼이 듣고자 하시고,

　　　　은혜를 베푸시려 기다리고 계시며,

　　　　필요한 것을 모두 말해 보라 권유하시고,

　　　　나의 소원을 격려하시며,

　　　　내가 구하거나 생각하는 것보다

더 주겠다고 약속하십니다.

내가 이와 같이 주님을 찬양하지만

  수치와 당혹의 마음 또한 가눌 길이 없으니,

이는 내가 거룩한 것들을 그릇되게 사용했던 일과

  불손하게 드렸던 예배와

  감사할 줄 몰랐던 비천한 태도와

  냉랭하고 무감했던 찬양을 기억하기 때문입니다.

나의 모든 과거의 안식일에 예수의 깨끗게 하는 피를 뿌리셔서,

바로 이날에, 내 안에서 놀라운 진보가 이루어지게 하소서.

주님의 날로 인하여 주고자 하신 은혜를 내게 풍성히 나누어 주시고,

세상 생각과 염려에 대해 나의 마음을 든든히 단속하게 하시며,

내 마음에 헤아릴 수 없는 평안이 넘쳐흐르게 하소서,

  나의 묵상이 향기롭게 되고,

  나의 예배가 생명과 자유와 기쁨이 되며,

  주님의 보좌에서 흘러나오는 시내로 나의 마실 물을 삼고,

  주님의 귀한 말씀으로 나의 양식을 삼으며,

  믿음의 방패로 나의 보호를 삼아서,

  나의 마음이 주님과 더욱 가까워지게 하소서.

주님의 날 아침

오, 만물을 지으시고 돌보시는 주님,

낮과 밤이 주님의 것이요, 이 둘은 주님에게서 받은 것이니,

　밤은 내게서 낮의 근심을 가져가고,

　　　　나의 지친 몸을 되살리며,

　　　　내 육신의 힘을 회복시켜 줍니다.

　낮은 나를 새로운 활동으로 불러내며,

　　　　내게 주님을 영광스럽게 할 기회를 주고,

　　　　다른 이들을 섬길 수 있게 하며,

　　　　지식과 거룩함과 영원한 생명을 얻게 합니다.

그러나 주께서는 다른 모든 날보다 한 날을 특별하게 만드셨으니,

　이는 주님의 영광과 나의 성장을 위함입니다.

내가 안식일로 인하여 창조하신 후 쉬신 주님의 안식을 생각하고,

　　　　　　　내 구주의 부활을 기억하며,

　　　　　　　그분께서 주시는 안식에 들어갈 일을 사모합니다.

주님의 집은 나의 것이나

내가 거기서 주님을 만날 자격이 없고,

영적 예배를 드리기에도 부족합니다.

내가 주의 집에 들어갈 때는, 나의 양심과 주님의 말씀을 의지하여

  정죄받은 죄인으로 주님 앞에 나아갑니다.

나는 여전히 육신에 거하고 광야 가운데 있으며,

                무지하고 약하며 위험에 처해 있으니,

                주님의 날에 주의 도우심이 필요합니다.

온전히 주님의 은혜를 힘입어, 주님의 집으로 가게 하소서.

  거기서 주님이 내게 오셔서 평안을 주실 것을 내가 아오니,

  그러므로 주님을 만날 산소망이 내게 있습니다.

내 영혼이 성소의 거룩한 식탁에 임하시는

  주님의 현존을 바라며 주께 나왔으니,

  이 식탁에서는 모두가 선한 것들로 가득한 성찬을 대접받습니다.

나로 하여금 죽기까지 사랑하신 그 사랑의 징표인

  떼어 주신 빵과 포도주 앞에서

  상하고 깨어진 마음으로 주께 외치며, 은혜와 용서를 구하게 하소서.

내가 완전한 나라의 영원한 집에서 주님의 백성들과 나누는

  복된 교제를 그리워하오니, 이 백성들은 어린양을 따르는 이들입니다.

나로 하여금 이들의 무리에 속하게 하소서!

예배

영광스러우신 하나님,

주님을 예배함은 내 삶의 불꽃이요,

주님을 찬양함은 내 영혼의 면류관이며,

주께 가까이 감은 천국의 기쁨입니다.

주님의 성령으로 내게 힘을 주시고 예배하는 나를 도우셔서,

  나로 하여금 세상을 잊고 충만한 삶에 이르러,

              새 힘을 얻고 위로받으며 복을 누리게 하소서.

내게 주님의 선하심에 대한 지식을 주셔서,

  주님의 위대하심에 크게 놀라 떨지 않게 하소서.

사람의 아들이시며 하나님의 아들이신 예수를 내게 주셔서,

  내가 두려워 떨지 아니하고,

  자녀된 자의 사랑으로,

  거룩한 담대함으로 주께 더 가까이 가게 하소서.

그분께서는 나의 중보자요 형제요 해석자요,

              나의 가지요 중재자요 어린양이시니,

              그분을 내가 찬송하며,

              그분 안에서 내가 높임을 받습니다.

374

주께 드릴 면류관이 내게는 없고,

　다만 주께서 주신 것을 내가 돌려 드릴 뿐입니다.

　모든 것이 주님의 것일 때에야 모든 것이 나의 것이며,

　모든 것을 주께 내어 드릴 때에야

　그 모든 것이 더욱 나의 것이 되니, 내가 기뻐합니다.

나로 하여금 온전히 구주를 위하여 살게 하시고,

　마음에 흐트러짐이 없게 하시며,

　근심과 괴로움을 벗어나게 하시고,

　내가 걷는 좁은 길을 가로막는 장애물이 없게 하소서.

내가 예수의 피로 용서함 받았으니,

　그 피를 새롭게 느끼게 하시고,

　계속해서 그 피로 나를 용서하셔서,

　나로 하여금 그 샘에 나아가,

　　날마다 새롭게 씻음을 받으며,

　　언제나 영과 진리로 주님을 예배하게 하소서.

주님의 만찬

모든 선의 하나님,

은혜의 방편들을 인하여 내가 주님을 찬양합니다.

　나를 가르치셔서, 그 방편들에서 주님의 사랑의 목적과

　내 영혼의 기쁨과 힘을 보게 하소서.

주께서 나를 위하여 만찬을 준비하셨습니다.

　비록 내가 손님으로 앉기에는 부족하나

　예수의 공로를 온전히 의지하고,

　그분의 의로우심 아래 숨습니다.

내가 예수의 자비하신 초대의 말씀을 듣고 그분의 놀라운 은혜를 볼 때

　도저히 망설일 수 없어, 다만 사랑으로 그분 앞에 나아갈 뿐입니다.

주님의 성령으로 나의 믿음에 생명을 불어넣으셔서,

　구주를 올바로 알아보며 영으로 깨닫게 하소서.

내 구주의 죽음을 바라볼 때는

　그분께서 왜 돌아가셨는지 생각하게 하시고,

　그분의 이와 같은 말씀을 듣게 하소서.

　"내가 나의 생명을 주고 너의 생명을 샀으며,

　　　나를 제물로 바쳐 너의 죄를 속했고,

내 피를 흘려 너의 죄악을 지웠으며,

내 옆구리를 찔러 너를 깨끗하게 했고,

너의 저주를 견뎌 너를 자유롭게 했으며,

너의 죄를 감당하여 하나님의 공의를 충족하게 하였다."

오, 나로 하여금 이 구원의 넓이와 깊이를 올바로 알게 하소서.

그분께 가까이 다가가 순종하며, 손을 내밀어

빵을 들고 잔을 받아 먹고 마시며

모든 사람들 앞에서 믿음으로 증언하기를, 내가 스스로 기뻐하며

거룩한 마음과 사랑으로 나의 주님을 받아 모시니,

그분을 나의 생명이요, 힘이요, 음식이요, 기쁨이요,

즐거움으로 삼았다 하게 하소서.

내가 주님의 만찬으로 그분의 영원한 사랑과 한없는 은혜와

긍휼하심과 고뇌와

십자가와 구속을 기억하고,

용서와 양자됨과 생명과 영광을 얻습니다.

외적인 빵과 포도주가 나의 육신에 힘을 주듯,

내주하시는 주님의 성령으로 내 영혼에 생명을 주소서.

내가 예수와 함께 그분의 천국 식탁에 앉으니,

더 이상 배고프거나 목마르지 아니하는 그날까지 그리하소서.

성찬 성례를 앞둔 사역자

주님,

사랑의 표시요 증거인 성찬의 본질을 내게 가르치셔서,

  신실하신 그리스도께서 그분의 식탁에 손님으로 앉은 백성에게

  친히 임재하시는 분이심을 알게 하소서.

성찬으로 내게 확신을 주셔서,

  그분의 말씀이 내 믿음에 유익이 되고,

  성찬으로 그분과 내가 연합되며,

  내가 죄에 빠지지 아니할 힘을 얻게 되고,

  내 안에서 시작된 그분의 생명이 장차 완전하게 되며,

  그분과 맺은 나의 언약이 확증되고,

  감사함으로 그분을 받아 모시는 모든 이들에게

  그분께서 성찬으로 자신을 주심을 나로 알게 하소서.

내가 성찬을 받으러 나아갈 때, 내가 나 자신과 가족과

  교회와 친구들을 향한 의무를 소홀히 했음을 기억하게 하소서.

  나는 그들을 가르치지 않았고, 책망하지 않았으며,

그들에게 본이 되지 못했습니다.

어떻게 기도하고 무엇을 기도해야 할지 모르는 나의 무지와

주님을 기뻐하지 않음과

  주님을 대변하기 싫어하는 나의 그릇됨과

잘하지 못하리라는 두려움 때문에

  할 수 있는 말도 하지 않으려는 나의 교만과

주님의 영광을 위하려 하지 않는 나의 미지근함과

나의 게으름이며 나태와

나의 온유한 사랑의 부족과

시도하였다가 좋은 결과를 얻지 못할까 하여

  애초부터 돌밭에 씨를 뿌리는,

  이 결실 없음에 대한 두려움을 보게 하소서.

내가 올바로 행했다 하여도 나의 무관심한 태도들을 슬퍼하며,

  선한 의무라 해도 그릇된 원칙이나 동기로 수행하였음을 고백하오니,

  이러한 문제들을 나의 의무로 여겨 온전히 대처할 수 있게 하소서.

은혜를 구하오니, 주님의 식탁으로 나아가는 지금 나를 고쳐 주시고,

  주님 자신으로 나를 넘치도록 채워 주소서.

주님의 날 저녁

지극히 거룩하신 하나님,

지상의 안식일이 끝나 가는 이 시간,

  마지막 안식일도 언젠가는 끝날 것임을 생각하게 하소서.

나로 하여금 천국에서는 찬양이 그치지 아니하며,

                    예배가 영원히 계속되며,

                    육신이 피곤치 아니하며,

                    회중이 흩어지지 아니하며,

                    감정이 식지 아니하며,

                    생각이 산만하지 아니하며,

                    의지가 꺾이지 아니하며, 다만 모든 것이

                    흠모할 사랑이 되리라는 기쁨으로

                    활력을 얻게 하소서.

나의 마음을 지키셔서, 규례를 나의 의지처요 희망으로 삼지 않게 하시고,

                    물이 새는 웅덩이를 파지 않게 하시며,*

                    사람들의 도움을 의지하지 않게 하소서.

나를 신속히 주님의 임재 앞으로 나아가게 하소서.

---

* 예레미야 2:13 참조.

기도의 골짜기

나의 빈약한 기도에서도 죄의 공허와 허무를 보게 하시고,

뜨거운 기도와 겸손한 고백에서도 회개의 확신을

　내 안에 더욱 깊이 심어 주소서.

나의 정성스러운 섬김으로 십자가에 더 가까이 가게 하시고,

　나를 재촉하여 "예수밖에는 없네!" 하고 외치게 하소서.

주님의 성령으로 오늘 얻은 교훈에 영속적인 생명을 부여하시고,

뿌린 씨앗이 깊이 뿌리내려 풍성한 결실을 맺게 하소서.

내가 주님과 함께 있었으며,

주께서 내게 죄인으로서 필요한 것을 가르치셨고,

　　　　내게 완성된 구원을 계시하셨으며,

　　　　영적인 모든 은혜로 나를 부요하게 하셨고,

　　　　나를 택하셔서 다른 이들에게 예수를 드러내게 하셨으며,

　　　　나를 도우셔서 불신의 안개를 걷어 내셨음을,

　　　　나를 보는 모든 이들이 알도록 하소서.

오, 위대하신 창조주요, 능하신 지원자요, 은혜로운 보호자 되시는 주님,

　주께서 내게 사랑의 자비를 한없이 베푸시고,

　나를 주께서 값 주고 사신 주님의 소유로 삼으셨으며,

　모든 죄책에서 나를 구속하셨습니다.

내가 나의 안식일의 쉼을 인하여,

　　　　나의 고요한 양심을 인하여,

　　　　내 마음의 평화를 인하여, 주께 찬양하며 감사드립니다.

사역자의 언약

주 예수님,

참된 하나님이시며, 영원한 생명이시고, 죄인들의 구속자 되신 주님,

　나의 몸과 영혼과 이성과 의지와 감정을 주께 드립니다.

내가 저 죄책의 위협과 영원에 대한 두려움을 벗어나서

　영혼의 안식을 얻고자 주께 왔사오니,

　낮과 해와 땅과 나무와 돌과 바람과 비와 서리와 눈과

　집과 침상과 식탁과 음식과 책과 음료와 의복이 증언합니다.

내게 주님을 사랑하는 할례 받은 마음과

　　　주님의 영광을 구하는 올바른 영과

　　　주께서 주인 되시는 원칙과

　　　깨끗게 하시는 피와

　　　의롭다 하시는 의와

　　　구원해 내시는 구속에 대한 권리를 허락하셔서,

　　　심판날에 내가 위선자로 드러나는 일이 없게 하소서.

주님의 처참한 죽음을 생각하셔서,

　나의 시간과 힘과 은사와 재능의 쓰임과 충성을 받아 주소서.

　　내가 굳건한 심령으로 주께 구하오니,

　　　　　　　　　　　　　　　　　　　기도의 골짜기

나의 마음에 죄가 들어와 나의 시야를 흐리는 일이 없게 하시고,

  어리석은 행실로 나의 은사가 쇠퇴하는 일도 없게 하소서.

다른 이들처럼 타락의 덫에 걸려 넘어지지 않게 하셔서,

  주님의 이름이 욕되거나 손상을 당하지 않게 하시고,

  주님의 백성들이 슬퍼하는 일이 없게 하시며,

  주님의 적대자들이 완악해지지 않게 하시고,

  나의 평화가 훼손당하지 않게 하소서.

내게 주님과 사람들을 향한 사랑이 가득하게 하소서.

이 땅에 사는 동안 주님 앞의 내가 어떤 사람인지 알게 하셔서,

  저 나라에 가서야 세상에서 살던 나의 모습을 깨닫는 일이 없게 하소서.

나로 죽음을 준비하게 하소서.

  오랫동안 질고에 시달리다 죽거나 갑자기 죽는 일이 없게 하시고,

  의식의 혼란이나 장애를 겪지 않고 잠깐 앓다가,

  평화롭게 눈을 감으며 형제들과 작별하게 하소서.

나의 날들이 집안의 잡동사니처럼 함부로 종말을 맞지 않게 하시고,

  한 세계에서 다른 한 세계로 조용히 떠나게 하소서.

나의 이 간구를 주님의 책에 기록하시고

  또한 주님의 아버지 앞에 보이시며,

주님의 "아멘"을 나의 구하는 것 아래 날인하여 주소서.

  나도 언약을 맺은 당사자로서, 주님과 같이 날인하겠습니다.

9. 고별의 기도

땅과 하늘

오, 주님,

  이 땅에서는 내가 물동이에 담긴 물고기처럼

  목숨이나 부지하며 살아갈 뿐이지만,

  천국에서는 바다를 헤엄쳐 다닐 것입니다.

여기서는 내가 숨이나 쉴 만한 공기밖에 얻지 못하나,

  거기서는 향기롭고 신선한 바람을 마실 것입니다.

여기서는 내가 나의 어둠이나 밝혀 줄 빛과

                  얼어 죽지 않을 온기밖에 얻지 못하나,

  저 너머에서는 영원한 빛과 온기를 받아 살 것입니다.

내 육체의 욕망이 부패하고 그릇되니,

  이를 멸하여 주심은 주님의 자비입니다.

내 영의 소원은 주께서 심으신 것이니,

  주께서 물을 주셔서 이 소원을 자라게 하소서.

위에 있는 나라를 향한 나의 허기와 갈증을 더하소서.

여기서는 세상이 내게 있고,

  거기서는 그리스도 안에서 주님이 내게 계십니다.

여기서는 그리워하며 기도하는 삶이 있고,

　거기서는 의심 없는 확신과

　　　　거절 없는 요청이 있을 것입니다.

여기서는 값싼 위로가 있고, 은택보다는 짐이 많지만,

　거기서는 슬픔 없는 기쁨과

　　　　고통 없는 위로와

　　　　변함없는 사랑과

　　　　피곤 없는 안식이 있을 것입니다.

나로 하여금 천국이 온통 사랑임을 알게 하소서.

　거기서는 눈이 마음을 움직여

　주님의 아름다움을 끊없이 보고 있으면,

　영혼도 끊임없는 기쁨에 어쩔 줄 몰라 합니다.

나로 하여금 천국이 온통 평화임을 알게 하소서.

　거기서는 그릇됨과 교만과 반역과 정욕이 고개를 들지 못합니다.

나로 하여금 천국이 온통 기쁨임을 알게 하소서.

　여기서 믿고 금식하고 기도하고, 울고 낮아지고 경계하고,

　두려워하고 한탄하던 모든 것의 결말이 바로 이 기쁨이니,

속히 나를 그곳으로 인도하여 주소서.

바라던 천국

오, 나의 주님,

은혜의 방편들이 그치고,

　더 이상 금식과 기도와 눈물과 깨어 경계함과 유혹이 없으며,

　설교와 성례에 참여할 필요가 없는 곳으로 나를 데려가소서.

　거기서는 아무것도 나를 더럽히지 못하고,

　거기서는 비통함과 슬픔과 죄와 이별과 눈물과

　　　　　창백한 얼굴과 허약한 몸과 육신의 연약함과

　　　　　노쇠함과 온갖 질병과

　　　　　짓누르는 두려움과 애타는 근심이 없으며,

　거기서는 누구나 완전함에 이르고,

　거기서는 눈이 완전할수록 보이는 대상이 더 아름답고,

　　　　　식욕이 완전할수록 음식이 더 달며,

　　　　　귀가 완전할수록 선율이 더 뛰어나고,

　　　　　영혼이 완전할수록 기쁨이 더 크며,

　거기서는 주님에 대한 온전한 지식이 있습니다.

기도의 골짜기

여기서는 내가 개미 같은 존재이며, 내가 개미 떼를 보듯,

　주께서도 나와 사람들을 그와 같이 보시는지요.

개미가 저보다 큰 나를 모르고 나의 본성과 생각을 모르듯이,

　이 땅에서 살아가는 나도 주님을 명백히 알 수 없습니다.

그러나 거기서는 내가 주님 곁에 가까이 있고,

　　　　　　　　나의 가족과 함께 살며,

　　　　　　　　주님을 뵙는 곳에 들어가서,

　　　　　　　　주님 나라의 상속자가 됩니다.

　　　　　　　　그리스도의 신부로서,

　　　　　　　　그분의 몸의 지체로서,

　　　　　　　　주님과 하나이신 그분과 하나 되며,

　　　　　　　　내 몸과 영혼의 모든 것을 바쳐

　　　　　　　　주님을 누리고 기뻐할 것입니다.

주님의 성도들의 입에서 찬송이 그치지 않아야 마땅하듯이,

　나를 가르치셔서 이 거룩한 찬송의 은사를 사용하게 하소서.

　그리하면 내가 사람들과 내 원수들의 눈앞에서 기도하고 읽고,

　듣고 보고 행할 때에, 주님을 찬송하며 소망하기를,

　내가 영원히 주님을 찬송하리라 할 것입니다.

회상과 기대

보이는 세계와 보이지 않는 세계의 최고 통치자 되시는 주님,

주님의 놀라운 은혜와 보살피심을 인하여

　나의 마음이 주께로 향합니다.

주께서 나의 목전에서 나의 회심을 새롭게 하셨사오니,

　내가 처음으로 영혼의 위로를 받던 그때에,

　예상치 못했던 방식으로 나는 홍해를 건넜습니다.

그처럼 바다를 건넜으니 내가 기뻐하였고,

　살기를 단념하던 순간에 그와 같이 건넘으로

　내가 애굽의 두려움에서 구원받았습니다.

이 일이 내 마음에 새롭게 살아나니, 이제도 내가 기뻐합니다.

옛적에 주께서 나와 함께하시던 날들을 생각하니, 내 영혼이 감격합니다.

　스스로는 어찌 해볼 지혜도 능력도 없던 불쌍하고 무익한 인간에게

　주님을 의지해 살 수밖에 없는 강권적인 복을 주심으로,

　내가 주께서 주시는 위로를 얻었습니다.

기도의 골짜기

주께서는 모든 충만이 거하는* 나의 거룩한 보고이며,

　　　　나의 생명이요 소망이요 기쁨이며, 영광이요 목적이십니다.

나로 하여금 날마다 더욱 주님을 닮아 가며,

　내 영혼에 계신 어린양의 온유하심과 고요를 배우고,

　천국의 복을 진심으로 느끼는 마음을 주소서.

이 천국은 내가 불완전함을 벗고 천사들과 하나 되기를 소망하는 곳이요,

　　　　내 안에 사랑하는 구주의 모습이 완전하게 회복되는 곳이니,

　　　　그러므로 내가 그분을 기뻐하고,

　　　　그분께 쓰임 받기에 합당한 자 되게 하소서.

내가 죽음의 세계를 통치하는 왕을 두려워 아니하고 똑바로 쳐다보리니,

　이는 내가 이 세상에서 쫓겨나는 것이 아니요,

　　이끌려져 저 천국으로 올라갈 것임을 알기 때문입니다.

나로 하여금 그때까지, 끝없이 주님을 향하여 불타오르게 하시고,

　최후의 날이 올 때 주님의 모습으로 깨어나게 하셔서,

　주님을 영광스럽게 할 본보기를 내 뒤에 남겨 두소서.

　　그리하시면 내 영이 천국에서 기뻐하고,

　　내 평생에 나를 따라 주님을 찬양하던 이들과 함께

　　지상에서 복된 것을 기억할 것입니다.

---

*　골로새서 1:19 참조.

10. 함께 드리는 한 주간의 기도

첫째 날 아침

예배

오, 주님,

우리가 날마다 주님과 친교를 나누지만

  평일은 세상의 날이니,

  세상의 염려가 천국의 감동을 줄일 뿐입니다.

그러므로 우리가 영혼을 위해 성별된 날을 인하여 주님을 찬양하오니,

  이날에 우리는 주님을 기다리며 새롭게 됩니다.

우리가 신앙의 제도를 통하여 주께 감사드리오니,

  이 제도를 통하여 우리가 주께 가까이 가고

  주께서는 우리에게 가까이 오십니다.

우리가 또다시 찾아온 주님의 날을 기뻐하오니,

  이날에 우리가 세상 근심으로부터 마음을 돌려

  흐트러짐 없이 주님을 모십니다.

우리의 안식이 경건하고,

        대화가 덕이 되며,

        말씀을 읽음이 신실하고,

        설교를 들음이 유익하게 하셔서,

         우리의 영혼이 되살아나고 고양되게 하소서.

394   기도의 골짜기

우리가 기도의 집으로 가니,

   은혜와 간구의 영을 부어 주소서.

우리가 찬양의 집으로 가니,

   우리 안에 감사와 기쁨의 감정을 모두 일깨우소서.

우리가 배움의 집으로 가니,

   선포된 말씀의 증거를 보여주소서.

   거기 앉아 듣는 자들의 마음 안에서 말씀을 영광스럽게 하시며,

   말씀으로 무지한 자들을 깨우치시고,

         나태한 자들을 깨우시며, 방황하는 자들을 바로잡으시고,

         연약한 자들을 세우시며, 의지가 약한 자들을 위로하셔서,

         주님을 위하여 준비된 사람들이 되게 하소서.

올 수 없는 모든 이들에게 주께서 성소가 되어 주시고,

오지 아니하는 이들을 잊지 마소서.

또한 주께서 우리에게 주시기를 구하오니,

   우리를 의지하여 사는 이들을 친절히 대하는 마음과

   우리의 적대자들을 용서하는 마음과

   우리의 이웃과 평화롭게 지내는 마음과

   우리의 동료 그리스도인들을 향해 열린 마음을 주소서.

교사

오, 하나님,

우리의 창조주요 보호자요 은인이요 교사이신 주님을 찬양하오니,

주께서는 우리에게 자연의 책을 열어 보이셔서,

우리로 하여금 거기서 주님의 일들을 읽고 생각하게 하십니다.

주께서 오늘 우리 앞에 더 넓고 큰 계시를 펼쳐 보이셨으니,

펼치신 그 계시 안에서,

주께서 우리에게 원하시는 것과

주께서 우리에게 요구하시는 것과

주께서 우리를 위하여 행하신 것과

주께서 우리에게 약속하신 것과

주께서 우리에게 예수 안에서 주신 것을 봅니다.

우리가 주께 기도하며 구하오니,

우리가 죄에서 구원받은 것과

그분의 모습을 닮아 가는 것과

그분의 임재를 누리는 것과

주님의 성령으로 역사하시는 모든 일에서

그분의 구원을 마음 깊이 체험하게 하소서.

우리가 누구이며, 어디로 가는지 모른 채 살지 않게 하소서.

우리가 주님의 자녀임을 우리의 영과 더불어 증언하시고,

우리 각 사람이 능히 "내가 나의 구속자를 안다" 말할 수 있게 하시며,

우리에게 복을 내려 이 구원을 더욱 많이 알게 하소서.

이미 그리스도 안에서 깨우쳤으면 더 큰 일들을 보게 하시고,

이미 되살아났으면 더 풍성한 삶을 얻게 하시며,

이미 새롭게 되었으면 힘을 얻고 더 얻어 올라가게 하소서.*

우리를 예수 안에 더욱 가까이 거하게 하셔서,

　더 많은 열매를 맺게 하시고,

　그분께 대한 우리의 의무를 더 깊이 알게 하시며,

　이로써 우리가 모든 것을 내어드리고

　충만한 기쁨을 얻어,

　더욱 완전하게 그분을 섬기도록 하소서.

또한 우리의 믿음이 죽으신 그분을 향하여,

　　　　　주님 안에서 지체된 자들을 향하여,

　　　　　우리의 동료들을 향하여,

　　　　　사랑으로 역사하는 믿음이 되게 하소서.**

---

* 　시편 84:7 참조.
** 　갈라디아서 5:6 참조.

모든 것 위에 계신 하나님

오, 온전히 충족하신 하나님,

주께서 능력의 말씀으로 만물을 지으시고 보살피십니다.

　어둠은 주님의 장막이요,

　주께서는 바람의 날개를 타고 다니십니다.*

　모든 나라가 주님 앞에서는 티끌이요,

　한 세대가 가고 또 한 세대가 오며,

　우리는 서둘러 흙으로 돌아갈 뿐입니다.

　우리가 바라보는 하늘도 이 하늘을 덮은 구름처럼 사라질 것이며,

　우리가 밟는 땅도 이 아침의 꿈처럼 녹아내릴 것입니다.

그러나 변치 않으시고 썩지 아니하시는 주께서는 영원무궁토록,

　모든 것 위에 계신 하나님이시며, 영원히 복되십니다.

주께서는 무한히 크고 영광스러우시며,

우리는 주님의 자녀요 주님의 보살핌 아래 있고,

주님의 손은 우리를 만들고 세우셨습니다.

---

* 시편 104:3 참조.

주께서는 부모의 사랑보다 더한 사랑으로,

　　　어머니의 마음보다 더한 마음으로 우리를 지켜 주셨습니다.

주께서는 우리의 영혼을 살려 두셨으며,

　우리의 실족함을 허락지 아니하셨습니다.

주께서는 그 능력으로

　우리의 생명과 경건에 필요한 모든 것을 주셨습니다.*

우리로 언제나 주님을 찬양하게 하소서.

주께서 우리의 잘못을 용서하시고,

　　　우리의 질병을 치료해 주셨으며,

　　　우리의 생명을 파멸에서 속량하시고,

　　　우리에게 인자와 긍휼로 관 씌우셨으며,

　　　평생을 좋은 것으로 흡족히 채워 주고,

　　　우리의 젊음을 독수리같이 새롭게 해주셨음을, 잊지 않게 하소서.

주님의 말씀으로 우리 삶의 모든 부분을 다스리시고,

　우리의 모든 의무를 잘 이행하도록 바로잡으셔서,

　우리로 하여금 모든 일에서 주님의 교훈을 빛내게 하소서.

---

* 베드로후서 1:3 참조.

주님의 은택

위대하시고 유일하신 주권자 되시는 주님,

주께서 여름과 겨울이며 낮과 밤을 만드셨으니,

　이와 같은 순환과 주기 하나하나가 우리의 행복에 기여하고,

　이 순환과 주기에 주님의 보살핌과 친절이 가득 담겨 있습니다.

우리를 훈련하는 관계와

우리를 지켜 주는 법과

우리를 보호하는 집과

우리를 세워 주는 음식과

우리를 위로하는 의복과

우리의 건강과 지체와 감각과

지식과 기억과 감정과 의지 속에서,

우리가 주님의 은택을 봅니다.

그러나 떠오르는 해 앞에서 별들이 빛을 잃듯이,

　주께서는 주님의 아들 예수에 의한 구속을 계획하신

　지혜와 은혜로, 이 모든 은택마저 희미하게 하셨습니다.

능력 있어 자원하여 행하시는 분에게,

온전히 구원하실 수 있는 분에게 돕는 힘을 더하신

  주님의 자비가 복됩니다.

우리로 하여금 그분의 구원의 은혜와

              깨끗게 하시는 피와

              그분께서 약속하신 안식을 깊이 알게 하소서.

죄 있는 자들을 의롭다 하고, 그들에게 영원한 생명의 권리를 부여하고

  성령을 모시게 하는 그 의를, 우리에게 허락하소서.

그 구원을 거저 주셨음을 사랑하게 하시고,

  그 구원의 거룩함을 기뻐하게 하소서.

우리에게 믿음을 주셔서, 주님의 약속을 붙들게 하소서.

  주님의 약속은 우리의 소망이며,

              긴급하고 절박한 모든 필요와

              모든 악에서 지켜 줍니다.

우리의 마음을 지키시되 금지된 즐거움을 찾아 헤매지 않게 하시며,

주님의 뜻 아래 우리의 모든 소원을 묶어 주소서.

우리로 세상 풍조와 관습에 대해서는 세상 밖에서 살게 하시고,

  우리가 행하고 쓰임 받는 영역에서는 세상 안에서 살게 하소서.

우리의 의무에 대한 주님의 모든 부르심을 세밀히 알아차리게 하시고,

우리의 환경과 섬김에 대한 주님의 결정을 의심 없이 받아들이게 하소서.

창조자요 통치자이신 하나님

지극히 높으신 하나님,

우주와 그 안의 무수한 피조물이 주님의 것이며,

　주님의 말씀으로 지어져 주님의 권능으로 유지되고,

　주님의 뜻으로 다스림을 받습니다.

또한 주께서는 자비의 아버지이시요,

　　　　　　모든 은혜의 하나님이시며,

　　　　　　모든 것의 위로자이시며,

　　　　　　구원받은 이들의 보호자이십니다.

주께서는 우리를 권념하셔서, 우리를 찾아 주셨고,

　우리를 보호해 주셨으며, 우리에게 아름다운 유산을 주셨으니,

　　거룩한 성경과

　　기쁜 복음과

　　영혼의 구주를 주신 것입니다.

그러므로 우리가 예수의 이름으로 주님 앞에 나아가,

　오직 그분의 의로우심만 아뢰고

　그분의 순종과 고난에 호소하니,

그분께서는 이처럼 순종하시고 고난받으심으로

　계명과 형벌 모두와 관련하여 율법을 높이시고,

　율법이 존중받을 수 있게 하셨습니다.

우리가 그분의 피로 의롭게 되었으니,

그분의 생명으로 구원받아, 그분의 성령과 연합하게 하시고,

그분의 십자가를 지고, 그분을 따라가게 하소서.

주님의 은혜의 손으로 우리를 준비시키셔서,

　주님의 직분을 잘 감당하게 하소서.

주께서 우리가 받아야 할 것과, 우리가 지니거나 버려야 할 것과

　감당하거나 누려야 할 것을 결정하실 때도,

　아무런 이의 없이 기쁨으로 받아들이게 하소서.

우리가 재물의 복을 받았으면 그로 인해 시험에 들지 않게 하시고,

　그 유익을 남용하지 아니하며, 온전히 주님을 위해 사용하게 하소서.

우리에게 필요한 고난을 인내와 기쁨으로 감당하게 하시되,

우리가 유혹을 받아 길을 벗어나려 할 때

　우리의 길을 막아 주시고,

　우리 안에 죄에 대한 증오를 일으키시며,

　이 악한 세상에서 우리를 떼어 놓으소서.

우리가 마침내 임마누엘의 땅에 들어가니,

　거기는 누구도 고통받지 아니하고, 언제나 햇빛이 가득한 곳입니다.

잠들기 전에

만유의 통치자 되시는 하나님,

주님의 위대하심은 측량할 길이 없고,

주님의 이름은 지극히 뛰어나시며,

주님의 영광은 하늘보다 높으시니,

수천이 주께 시중들고

수만이 주님을 모시고 서 있습니다.

주님의 장엄하신 임재 앞에서 우리는 티끌보다 못한 존재입니다.

우리가 주님의 눈에 들 만하여 주께 가까이 가는 것이 아니니,

　우리는 다만 죄인들이기 때문입니다.

　우리의 불가항력이 우리를 강요하고,

　주님의 약속이 우리를 격려하며,

　우리의 상한 마음이 우리를 재촉하고,

　우리의 중보자께서 우리를 잡아끄시며,

　주께서 다른 이들을 받아 주심에 우리의 마음이 움직입니다.

부디 우리를 생각하셔서 자비를 베푸시고,

우리에게 죄의 형벌과 더러움을 깨우쳐 주시며,

우리에게 믿음을 주시고, 믿어서 예수의 생명을 얻게 하시며,

우리로 그분의 고난에 참여하게 하시고,

우리의 슬픔에서 주님의 손을 보게 하셔서, 이 모든 것이

  만물을 다스리는 주님의 섭리에서 왔음을 기뻐하게 하소서.

우리가 너무 울어 씨를 뿌리지 못함이 없게 하시고,

  너무 슬퍼 의무를 다하지 못함이 없게 하소서.

변하는 세상에 사는 동안 영원한 도성을 바라보게 하소서.

우리의 여정이 끝날 때까지 주님이 함께하셔서,

  살아 있을 때와 마찬가지로 죽을 때도 주님을 찬송하게 하소서.

보호하심과 채워 주심과 자비를 인하여 우리가 주님을 찬양하며,

  영혼을 지켜 주시는 주께 우리의 모든 존재와 소유를 맡겨 드립니다.

우리에게 악이 닥치지 않게 하시고,

            질병이 가까이 오지 못하게 하시며,

            공포가 찾아와 우리를 엄습하지 않게 하소서!

우리의 양심을 깨끗하게 하시고,

우리의 마음을 순결하게 하시며,

우리에게 단잠을 허락하여 주소서.

그리하여 우리가 졸지도 않고 쉬지도 않는 무리와 연합하여,

  보좌에 앉으신 어린양께, 영원무궁토록

  찬양과 영광과 권능을 돌려드리게 하소서.

참된 기독교 신앙

천국의 주님,

주님의 선하심은 형용할 수도, 헤아릴 수도 없습니다.

창조의 사역에서 주님은 전능하시며,

섭리의 경륜에서 주님은 전적으로 지혜로우시고,

은혜의 복음에서 주님은 완전한 사랑이십니다.

주께서는 주님의 아들 안에서 우리를 위하여,

　우리를 죄의 결과로부터 구원하심과

　우리를 의롭다 하심과

　우리의 본성을 거룩하게 하심과

　우리의 영혼을 생명의 길에서 구원받게 하셨습니다.

우리가 주님의 율법의 두려움 앞에 놓여 있으나

　그 폭풍우를 피해 들어갈 피난처가 있고,

우리가 부정하다 소리칠 수밖에 없으나

　그 더러운 죄를 씻어 낼 샘이 있으며,

우리가 빈방과 같이 공허한 피조물이나

　모두가 얻어도 줄어들지 아니하는 충만함이 있습니다.

예수와 함께 걸으면 다른 모든 즐거움이 그림자요 헛것이 됨을
　언제나 우리로 하여금 알게 하소서.
영원한 것에서 자주 눈을 떼지 않게 하시며,
신앙이 견고하지 못한 사람들과
　관심은 있으나 회심하지 아니하는 사람들과
　다른 마음으로 주님께 마음이 없는 사람들과
　빛과 열정과 확신은 있으나 그리스도가 없는 자들에게
　　속지 않게 하소서.
우리로 하여금 예수를 의지하는 것으로만 아니라
　그분을 사랑하고, 그분을 닮아가며,
　그분을 알아가는 것으로도 신앙을 판단하게 하소서.
우리에게 신앙을 주시되,
　실제적이고 성장하는 신앙과
　굳건히 그 길을 가며 더욱 강해지는 신앙과
　성령 안에서 살고 행하는 신앙과
　책망받을 때마다 유익을 얻는 신앙과
　육체의 욕망으로 훼손되지 아니하는 그런 신앙을 주소서.

온전히 충족하시는 하나님

영광과 위엄의 왕 되신 주님,

모든 완전함으로 주님의 본성이 빛나고,

주님의 보좌가 견고히 서 있습니다.

하늘과 땅이 주님의 것이요,

세상과 거기에 가득찬 것들이 주님의 것입니다.

주님의 권능이 무에서 우주를 창조했으며,

주님의 지혜가 그 안의 무수한 일들을 경영하고,

  온 나라와 가족과 개인을 다스립니다.

주님의 선하심은 끝이 없으니, 모든 피조물이 주님만 바라고,

  주님에게서 받으며, 주님 안에서 만족합니다.

주님의 은혜와 자비를 생각함이 얼마나 귀한지요!

사람들을 주께로 이끄는 주님의 인자하심이 얼마나 아름다운지요!

우리를 가르치셔서, 복된 하나님이신 주께 우리의 복을 두게 하시고,

  결코 땅의 죽은 것들 가운데서 생명을 찾거나

  미혹된 자들을 만족케 하는 것을 구하지 않게 하시며,

다만 우리로 주님의 미소의 빛을 소중히 여기고,

　　　　주님의 구원의 기쁨을 간구하며,

　　　　주님 안에서 우리의 천국을 찾게 하소서.

주께서는 우리의 행복에 우리보다 더 마음을 써 주셨으며,

우리가 타락한 피조물임에도 우리를 무시하지 않으셨습니다.

주께서는 사랑과 긍휼로 우리에게 구주를 마련해 주셨으니,

그분의 구속하심으로 우리의 마음에 들어오셔서,

　우리를 의롭다 하시고, 우리의 본성을 거룩하게 하십니다.

우리가 우리의 범죄를 고백하오니, 불쌍히 여기소서.

우리가 곤핍하오니 안식을 주시고,

　　　　무지하오니 구원에 이르는 지혜를 주시며,

　　　　연약하오니 우리의 약함이 주님의 강함이 되게 하시고,

　　　　가난하고 궁핍하오니 그리스도의 헤아릴 수 없는 부요를

　　　　은총으로 베푸시며,

　어찌할 바를 몰라 유혹을 받으니

　무엇에 걸림도 없고 낙심도 없이 나아가게 하소서.

　주께서 "내가 결코 너를 떠나지도 않고 버리지도 않겠다" 하셨으니,

　주님의 이름을 찬양합니다!

주시는 분

만물을 지으시고 돌보시며 소유하시는 주님,

우리는 주님의 다스림으로부터 달아날 수 없고,

　또한 달아나기를 원치도 않습니다.

주님의 전능하심과 의로우심과 지혜와 오래 참으심과

　자비와 은혜의 손 아래 있음이 우리의 특권이니,

실로 주님은 부모의 사랑보다 더한 사랑이십니다.

우리가 주님의 선하심에 경탄하고,

　　　　주님의 권능에 놀라며,

　　　　주님의 정결하심 앞에서 우리를 낮춥니다.

오직 주님의 선하심을 발견할 때만

　우리의 두려움이 사라질 수 있으며,

　마음을 돌려 주님 계신 곳으로 나아가야만,

　우리의 죄를 슬퍼하며 고백할 수 있습니다.

우리가 과거의 죄를 돌아보고,

　또한 현재의 무익함을 생각합니다.

우리가 주님을 찬양하오니, 주님의 변치 않는 사랑과 속성이

　우리의 복과 소망에 너무나 절대적이기 때문입니다.

주께서는 자연의 은택을 베풀어 주심과

　　　주님의 섭리의 풍성함과

　　　성경의 계시와

　　　주님의 아들을 선물로 주심과

　　　복음의 선포를 통하여 우리에게

　주님의 은혜와 자비를 증언해 주셨습니다.

우리로 하여금 주님의 길에서 구원받기를 기뻐하게 하시고,

　우리 안에서는 아무것도 알지 않게 하시며

　오직 예수 안에서만 모든 것을 알게 하소서.

우리를 도우셔서 그분을 영접하기만 할 뿐 아니라,

　그분 안에서 걷고

　그분을 의지하며

　그분과 사귐을 나누고

　아이처럼 그분을 따르며

　불완전하나 굳건히 앞으로 나아가게 하소서.

　수고를 불평하지 아니하고 그 이후의 쉼을 소중히 여기며,

　시련을 한탄하지 아니하고 지금의 형편을 감사하게 하소서.

우리가 이와 같이 행함으로

어리석은 자들의 무지한 입을 막게 하소서.[*]

보호하심

오, 주 하나님,

주께서는 보호자요 통치자요 구주이시며, 장차 오실 심판자이십니다.

우리의 영혼이 잠잠하므로 주님의 이름을 부르게 하시고,

육체와 감각의 영향에서 우리를 떼어 놓으시며,

우리로 믿음의 능력을 깊이 깨닫게 하소서.

우리 안에 마음과 뜻을 훈련시켜 주소서.

　이로써 우리의 섬김이 주께서 받아 주실 만한 것이 되고,

　우리에게 기쁘고 유익한 것이 될 것입니다.

우리를 인도하셔서 주님의 눈길에 이르게 하시며,

　우리를 준비시키셔서 주님의 사랑의 증거들을 받게 하소서.

우리에게 오는 위험을 보여주셔서, 주께 달아나 피하게 하소서.

우리로 우리 죄의 질병을 알게 하셔서,

　선하신 의사의 소중함을 깨닫게 하시고,

우리에게 십자가를 가져다 대셔서,

　그 십자가로 우리 마음의 미움을 죽여 없애 주소서.

우리를 도우셔서 우리의 길을 살펴 지키게 하시고,

우리의 성향을 경계하게 하시며,

우리의 마음을 지키게 하소서.

우리가 약해지면 새 힘을 주시고,

우리가 방황하면 되살려 주시며,

우리가 잘못된 길로 가면 고쳐 주소서.

생명과도 같은 모든 경건의 원리요 법칙이 되는

　그러한 믿음을 우리가 더 많이 갖추게 하소서.

우리로 하여금 믿음에 부요하고,

믿음이 굳세어지며,

믿음으로 살고,

믿음으로 걸으며,

믿음의 기쁨을 체험하고,

믿음의 일을 행하며,

믿음으로 소망하게 하소서.

우리 안에서는 오직 구주 외에 아무것도 알지 않게 하시고,

　그분 안에서 지혜와 의로우심과 거룩과 구속을 발견하게 하소서.

복음

오, 지극히 높으신 하나님,

주께서는 땅 끝까지 창조하신 분이시요

우주의 통치자이시며

모든 사람들의 심판자요

교회의 머리이시며

죄인들의 구주이시니,

　주님의 위대하심은 헤아릴 길이 없고

　주님의 선하심은 끝이 없으며

　주님의 긍휼하심은 다함이 없고

　주님의 섭리는 무한하며

　주님의 자비는 영원히 새롭습니다.

구원의 말씀을 인하여 우리가 주님을 찬양합니다.

그 화평의 복음의 가르침과 약속과 초대가

　우리에게 얼마나 귀하고, 큰 위로가 되는지요!

우리가 잃은 바 되었으나, 주께서 복음 안에서 우리에게

　충만하고 영원한 구원을 값없이 주셨고,

우리가 연약하나, 우리의 도움이 전능하신 분에게 있음을 가르치셨으며,

우리가 가난하나, 그분 안에서 헤아릴 수 없는 부요를 발견하게 하셨고,

우리가 눈멀었으나, 그분께서 지혜와 지식의 보고임을 알려 주셨습니다.

주님의 말할 수 없는 선물을 인하여 우리가 주께 감사드립니다.

주님의 아들께서 우리의 유일한 피난처요 기초요 소망이요 신뢰이시니,

우리가 그분의 죽음을 의지하고,

> 그분의 의에 기대며,

> 그분의 모습을 닮고자 합니다.

그분의 영광이 우리 마음에 가득하게 하시고,

그분의 사랑이 우리의 감정을 다스리게 하시며,

그분의 십자가로 우리를 불타오르게 하소서.

그리스도인으로서 삶의 여러 형편에 처할 줄 알게 하시고,

> 거기서 만나는 올무들을 피하게 하시며,

> 거기서 발생하는 의무를 이행하게 하시고,

> 거기서 나오는 유익을 알맞게 누리게 하시며,

> 거기서 보이는 쓰임새를 힘써 활용하게 하소서.

우리가 가는 곳과 만나는 사람들이, 우리로 인하여 유익을 얻게 하소서.

중보자

오, 아브라함과 이삭과 야곱의 하나님,

우리가 주님의 말씀을 소망합니다.

　주께서 무서운 심판의 보좌가 아니라 은혜의 보좌에 앉으시니,

　은혜를 베푸시려고 기다리시며,

　우리를 불쌍히 여기시어 일어나시는 주님을 봅니다.

　거기서 우리가 "저주받은 자들아, 내게서 떠나라" 하지 않으시고,

　"모두 나에게 돌아와서 구원을 받으라.

　내가 하나님이며, 나밖에 다른 신은 없다" 하시는

　주님의 음성을 듣습니다.

주님의 이름을 아는 이들은 주님을 신뢰합니다.

이제 하늘에서 영광스럽게 된 수많은 이들과

　땅에 사는 수많은 이들이 주님의 증인이 됩니다.

　오, 하나님, 그들이 타락의 멸망에서 회복되어,

　주님의 값없이 주시는 은혜와 부요와 효험을 증거합니다!

일찍이 구원받은 모든 이들은 주님 한분으로 구원받았으니,

---

* 이사야 45:22 참조.

영원토록 외쳐 말하기를, "여호와여, 영광을 우리에게 돌리지 마소서.

우리에게 돌리지 마소서. 오직 주는 인자하시고 진실하시므로

주의 이름에만 영광을 돌리소서"* 할 것입니다.

주께서 우리와 관련한 모든 일을 중보자를 통해 행하기로 작정하셨으니,

그분 안에는 모든 것이 충만하며,

그분께서 높임을 받으시고, 왕이요 구주가 되셨습니다.

우리가 그분을 바라보고, 우리가 그분을 의지하며,

우리가 그분을 통하여 의롭게 되었습니다.

우리로 그분의 고난받으심을 인하여 안심하게 하소서.

죄를 미워하고 거룩함을 열망하는 일을 그치지 않게 하시며,

양심을 평안하게 하고 깨끗게 하는 그분의 피의 효력을 믿어,

그분의 희생을 기뻐할 뿐 아니라 그분을 섬기는 일도 기뻐하게 하소서.

그분의 사랑에 사로잡혀 그분을 위해 살지 않고는 못 견디게 하시며,

감사하고 기뻐할 줄 아는 마음을 사랑하게 하소서.

우리의 소원을 받아 주지 아니하신다 해서, 우리의 기쁨에

시련이 밀려온다 해서, 불평하거나 한탄하지 않게 하시며,

다만 우리가 받은 것들을 헤아려 보고,

주께서 베푸신 크고 많은 은혜를 마음 깊이 깨달으며,

늘 주께 감사하며 주님을 찬양하게 하소서.

---

* 시편 115:1 참조.

하나님의 은혜로우신 뜻

주권자 되시는 주님,

주님의 뜻은 하늘과 땅에서 으뜸이며,

  모든 존재는 주께서 능력으로 지으신 피조물입니다.

주께서는 우리 영의 아버지이시니,*

  주님의 감동하심으로 우리가 깨달음을 얻고,

  주님의 섭리로 우리 삶이 다스림을 받습니다.

오, 하나님, 그러나 주님 앞에서 우리가 죄인이요,

  주께서 그와 같이 판정하셨으니,

  우리가 이를 부인하면 주님을 거짓말하는 분으로 여기는 것입니다.

그럼에도 주께서는 그리스도 안에서

  주님의 반역하는 백성들과 화해하셨습니다.

  우리에게 그분의 말씀을 듣는 믿음의 귀를 주시고,

        그분을 보는 믿음의 눈을 주시며,

        그분을 영접해 모시는 믿음의 손을 주시고,

        그분을 양식으로 삼아 살아가는 믿음의 입을 주셔서,

  그분 안에서 빛과 부요와 영광과 영원한 생명을 발견하게 하소서.

---

* 히브리서 12:9 참조.

주께서는 초청하시는 분이시니, 우리로 주님의 음성을 듣게 하시며,

전능하신 교사이시니, 우리를 가르쳐 주님 위해 살게 하소서.

빛에 거하시는 분이시니, 사람과 천사가 가까이 할 수 없었고,

주님 스스로 만물의 원소 뒤에 숨으셨으나

예수 안에서 우리에게 알려진 바 되셨습니다.

우리 마음을 주님의 완전하심의 위엄으로 가득 채우소서.

예수 안에서 우리를 향하신 주님의 사랑은 견고하고 변함이 없어서,

아무것도 우리를 그 사랑에서 떼어 놓을 수 없으며,

아무것도 그 사랑을 받아 누리는 우리를 불행하게 할 수 없습니다.

신앙의 위선과 형식에 물들지 않도록 우리를 지켜 주시고,

우리로 주님이 누구이시며, 우리가 누구인지 기억하게 하시며,

주님의 거룩하심과 우리의 무익함을 생각하게 하소서.

우리를 도우셔서 겸손의 옷을 입고 주님 앞에 나아가게 하소서.

우리 마음에는 헛됨과 주제넘음과 무관심과 무질서한 감정과

의무를 게을리함과 악의 성향이 있습니다.

우리로 주님의 오래 참으심과 지혜와 능력과 신실하심과 보살핌을

잊지 않게 하시며,

주님의 초청에 응답하기를 멈추지 않게 하소서.

장래의 은총

오, 주 하나님,

주께서 주실 수 있으며, 주시기로 약속하셨고,

　　　이미 셀 수 없이 많은 자들, 곧 우리와 같이

　　　무익하고 죄 많은 모든 자들에게 주신 은총 외에,

　우리가 주께 간구하는 은총은 없습니다.

주께서 우리를 생각하셔서 베풀어 주시는 것을 기꺼이 받게 하소서.

이를 위하여 우리에게 죄를 깨우쳐 주시고,

　　　　우리의 단단한 마음을 부드럽게 하셔서,

　　　　우리의 어리석음과 배은망덕과 교만과

　　　　불신과 반역과 부패를 슬퍼하게 하소서.

우리로 하여금 율법으로 말미암아 율법에 대하여 죽게 하시고,

　주께서 죄인들을 구원하시는 일에서

　주님의 이름을 영광스럽게 하시려고 마련하신 것을

　　　놀라움과 기쁨과 순종으로 바라보게 하소서.

우리를 실망시키지 아니하는 소망을 주시고,

우리 마음에 거룩한 순종을 불러일으키는 사랑을 주시며,

우리의 힘이신 주님을 기뻐하는 마음을 주시고,

우리를 사랑하셔서 우리를 위해 죽으신

주님의 아들을 믿는 믿음을 주소서.

우리가 의무에 임하여 온전히 주님을 느끼지 못할 때는

      의무를 행하는 자리에 더욱 오래 앉아 있게 하시고,

      주님을 기다리고 주님의 길을 지키게 하시며,

      주님의 발 아래 겸손히 앉아 애원하는 자 되게 하시고,

      곧 영원에 들어갈 사람처럼 살게 하소서.

우리로 신앙의 의무뿐 아니라 삶의 일에 대해서도

      주님의 처분에 따르게 하시고,

      우리의 우선권을 주님의 지혜와 뜻에 맡기게 하시며,

      우리의 절대적 소유주요 가장 좋은 친구이신 주께서 요구하시면

      우리의 즐거움을 내려놓게 하소서.

우리의 무익함과 반역에도 언제나 우리 앞에 있는

  은혜의 방편과 신앙의 규례를 인하여 감사하게 하시고,

  그 방편과 규례로 이전보다 더 많은 유익을 얻도록 가르치소서.

우리를 도우셔서 주님의 날에 성령 안에 거하게 하시고,

  안식일에 들어가되, 그 엄숙함과 의무와 특권을 잊지 않게 하시며,

  주님을 예배하는 동안 세상 모든 일을 뒤로하게 하소서.

주께서 주시는 힘을 얻고,

  천국의 순례길에 오른 사람들은 복이 있음을 알게 하소서.[**]

---

* 갈라디아서 2:19 참조.
** 시편 84:5 참조.

Baxter, Richard. *The Saints' Everlasting Rest.* California, 1859.

　(『성도의 영원한 안식』 크리스천다이제스트)

Brainerd, David. *Diary, Journal and Letters.* Melrose, 1902.

　(『데이비드 브레이너드 생애와 일기』 복 있는 사람)

Bunyan, John. *Grace Abounding to the Chief of Sinners.* London, 1893.

　(『죄인의 괴수에게 넘치는 은혜』 크리스천다이제스트)

Doddridge, Philip. *The Rise and Progress of Religion in the Soul.*

　London, 1892.

Hood, Paxton. *Life of Christmas Evans.* London, 1902.

Jay, William. *Prayers for the Use of Families.* London, 1840.

Law, Henry. *Family Prayers.* London, 1869.

Romaine, William. *The Walk of Faith.* London, 1819.

Shepard, Thomas. *Works.* Vol. 3. Boston, 1853.

Spurgeon, C. H. *The Pastor in Prayer.* Pasadena, 1971.

Toplady, Augustus M. *Works.* Vol. I. London, 1825.

Watson, Thomas. *The Lord's Prayer.* London, 1960.

　(『주기도문 해설』 기독교문서선교회)

Watts, Isaac. 'A Guide to Prayer', *Works.* Vol. 3. London, 1810.

Williams, William. Free translations from *Y Caniedydd Cynulleidfaol*

　Newydd. Swansea, 1921.